에듀윌과 함께 시작하면,
당신도 합격할 수 있습니다!

대학 진학 후 진로를 고민하다 1년 만에
서울시 행정직 9급, 7급에 모두 합격한 대학생

다니던 직장을 그만두고
어릴 적 꿈이었던 경찰공무원에 합격한 30세 퇴직자

용기를 내 계리직공무원에 도전해
4개월 만에 합격한 40대 주부

직장생활과 병행하며 7개월간 공부해
국가공무원 세무직에 당당히 합격한 51세 직장인까지

누구나 합격할 수 있습니다.
시작하겠다는 '다짐' 하나면 충분합니다.

마지막 페이지를 덮으면,

에듀윌과 함께
공무원 합격이 시작됩니다.

우리는 평생을 함께할 에듀윌 동문입니다

공인중개사 최다 합격자 배출 공식 인증
(KRI 한국기록원 / 2016, 2017, 2019년 인증, 2022년 현재까지 업계 최고 기록)

6년간 아무도 깨지 못한 기록

합격자 수 1위 에듀윌

공인중개사 최다 합격자 배출 공식 인증 (KRI 한국기록원 / 2016, 2017, 2019년 인증, 2022년 현재까지 업계 최고 기록)

에듀윌을 선택한 이유는 분명합니다

합격자 수 수직 상승
1,495%

명품 강의 만족도
99%

베스트셀러 1위
38개월 (3년 2개월)

4년 연속 소방공무원 교육
1위

에듀윌 소방공무원을 선택하면
합격은 현실이 됩니다.

합격자 수 1,495%* 수직 상승!
매년 놀라운 성장

에듀윌 공무원은 '합격자 수'라는 확실한 결과로 증명하며
지금도 기록을 만들어 가고 있습니다.

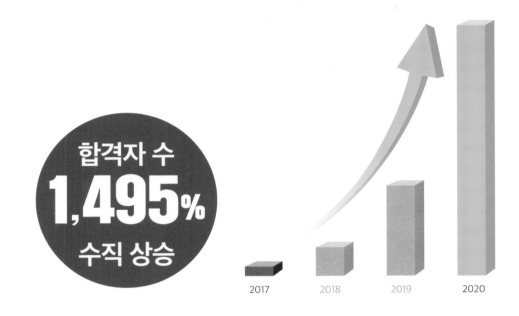

합격자 수
1,495%
수직 상승

2017   2018   2019   2020

합격자 수를 폭발적으로 증가시킨 독한 소방 평생패스

| 합격 시 0원
최대 100% 환급 | + | 합격할 때까지
전 강좌 무제한 수강 | + | 전문 학습매니저의
1:1 코칭 시스템 |

※ 환급내용은 상품페이지 참고. 상품은 변경될 수 있음.

상품
페이지

* 2017/2020 공무원 온라인 과정 환급자 수 비교

누적 판매량 200만 부* 돌파!
38개월* 베스트셀러 1위 교재

합격비법이 담겨있는 교재!
합격의 차이를 직접 경험해 보세요

베스트셀러 1위 에듀윌 공무원 교재 라인업

| 9급공무원 | 7급공무원 | 경찰공무원 | 소방공무원 | 계리직공무원 | 군무원 |

eduwill

강의 만족도 99%[*]
명품 강의

에듀윌 공무원 전문 교수진!
합격의 차이를 직접 경험해 보세요

합격자 수 1,495%[*] 수직 상승으로 증명된 합격 커리큘럼

독한 시작	독한 회독	독한 기출요약	독한 문풀	독한 파이널
기초 + 기본이론	심화이론 완성	핵심요약 + 기출문제 파악	단원별 문제풀이	동형모의고사 + 파이널

에듀윌 직영학원에서 합격을 수강하세요!

우수한 시설과 최강 전문 교수진
독한 에듀윌 합격시스템 '아케르[ācer]'[*]

서울 노량진　02)6337-0600　[에듀윌 1관] 노량진역 4번 출구

서울 노 원　02)6737-6060　노원역 9번 출구

인천 부 평　032)264-0700　부평역 지하상가 31번 출구

부산 서 면　051)923-0702　전포역 7번 출구

에듀윌의 상징 노란색의 환한 학원 입구

언제나 전문 학습 매니저와 상담이 가능한 안내데스크

고품질 영상 및 음향 장비를 갖춘 최고의 강의실

재충전을 위한 카페 분위기의 아늑한 휴게실

넉넉한 수납 공간의 개인사물함

* ācer: '독한, 강한, 예리한'의 뜻을 가진 라틴어

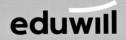

2022 과목개편 완벽대비
소방 합격 명품 교수진

소방학원 1위* 에듀윌 소방
강의 만족도 99%*

9급·7급 수석 합격자* 배출!
합격생들의 진짜 합격스토리

에듀윌 강의·교재·학습시스템의 우수성을
2021년도에도 입증하였습니다!

주변 추천으로 선택한 에듀윌, 합격까지 걸린 시간 9개월
김○준 지방직 9급 일반행정직(수원시) 수석 합격

에듀윌이 합격 커리큘럼으로 유명하다는 것을 알고 있었고 또 주변 친구들에게 "에듀윌 다니고 보통 다 합격했다"라는 말을 듣고 에듀윌을 선택하게 되었습니다. 특히, 기본서의 경우 교재 흐름이 잘 짜여 있고, 기출문제나 모의고사가 실려 있어 실전감각을 키우는 데 큰 도움이 되었습니다. 면접을 준비할 때도 학원 매니저님들이 틈틈이 도와주셨고 스스로 실전처럼 말하는 연습을 하기도 했습니다. 그 결과 면접관님께 제 생각이나 의견을 소신 있게 전달할 수 있었습니다.

고민없이 에듀윌을 선택, 온라인 강의 반복 수강으로 합격 완성
박○은 국가직 9급 일반농업직 최종 합격

공무원 시험은 빨리 준비할수록 더 좋다고 생각해서 상담 후 바로 고민 없이 에듀윌을 선택했습니다. 과목별 교재가 동일하기 때문에 한 과목당 세 교수님의 강의를 모두 들었습니다. 심지어 전년도 강의까지 포함하여 강의를 무제한으로 들었습니다. 덕분에 중요한 부분을 알게 되었고 그 부분을 집중적으로 먼저 외우며 공부할 수 있었습니다. 우울할 때에는 내용을 아는 활기찬 드라마를 틀어놓고 공부하며 위로를 받았는데 집중도 잘되어 좋았습니다.

체계가 잘 짜여진 에듀윌은 합격으로 가는 최고의 동반자
김○욱 국가직 9급 출입국관리직 최종 합격

에듀윌은 체계가 굉장히 잘 짜여져 있습니다. 만약, 공무원이 되고 싶은데 아무것도 모르는 초시생이라면 묻지 말고 에듀윌을 선택하시면 됩니다. 에듀윌은 기초·기본이론부터 심화이론, 기출문제, 단원별 문제, 모의고사, 그리고 면접까지 다 챙겨주는, 시작부터 필기합격 후 끝까지 전부 관리해 주는 최고의 동반자입니다. 저는 체계적인 에듀윌의 커리큘럼과 하루에 한 페이지라도 집중해서 디테일을 외우려고 노력하는 습관 덕분에 합격할 수 있었습니다.

다음 합격의 주인공은 당신입니다!

더 많은
합격스토리

회원 가입하고
100% 무료 혜택 받기

가입 즉시, 공무원 공부에 필요한 모든 걸 드립니다!

혜택 1 **초시생을 위한 합격교과서 제공**

※ 에듀윌 홈페이지 ···▶ 직렬 사이트 선택
　···▶ 합격교과서 무료배포 선택 ···▶ 신청하기

혜택 2 **초보 수험생 필수 기초강의 제공**

※ 에듀윌 홈페이지 ···▶ 직렬 사이트 선택 ···▶ 상단 '처음오셨나요' 메뉴 선택
　···▶ 쌩기초 특강 신청 후 '나의 강의실'에서 확인 (7일 수강 가능)

혜택 3 **전 과목 기출문제 해설강의 제공**

※ 에듀윌 홈페이지 ···▶ 직렬 사이트 선택
　···▶ 상단 '학습자료' 메뉴 선택 ···▶ 기출문제 해설특강
　(최신 3개년 주요 직렬 기출문제 해설강의 제공)

* 배송비 별도 / 비매품

합격의 시작은 잘 만든 입문서로부터

에듀윌 소방 합격교과서

무료배포
선착순 100명

무료배포
이벤트

* 본 혜택과 경로는 예고 없이 변경되거나 대체될 수 있음.

1초 합격예측
모바일 성적분석표

1초 안에 '클릭' 한 번으로 성적을 확인하실 수 있습니다!

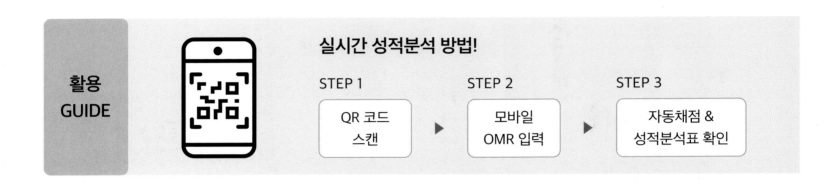

활용 GUIDE

실시간 성적분석 방법!

STEP 1
QR 코드 스캔

▶

STEP 2
모바일 OMR 입력

▶

STEP 3
자동채점 & 성적분석표 확인

STEP 1

QR 코드 스캔

- 교재의 QR 코드를 모바일로 스캔 후 에듀윌 회원 로그인
- QR 코드 하단의 바로가기 주소로도 접속 가능

STEP 2

모바일 OMR 입력

- 회차 확인 후 '응시하기' 클릭
- 모바일 OMR에 답안 입력
- 문제풀이 시간까지 측정 가능

STEP 3

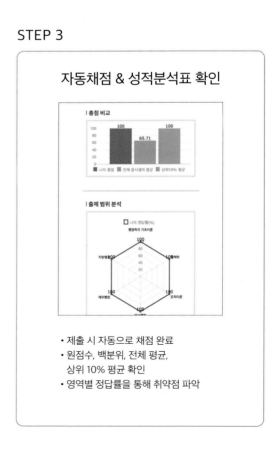

자동채점 & 성적분석표 확인

- 제출 시 자동으로 채점 완료
- 원점수, 백분위, 전체 평균, 상위 10% 평균 확인
- 영역별 정답률을 통해 취약점 파악

※ 본 서비스는 에듀윌 공무원 교재(연도별, 회차별 문항이 수록된 교재)를 구입하는 분에게 제공됨.

시작하라.

그 자체가 천재성이고,
힘이며, 마력이다.

– 요한 볼프강 폰 괴테(Johann Wolfgang von Goethe)

2022
에듀윌 소방공무원

실전동형 모의고사 10회

영어

eduwill

에듀윌이
다 드립니다!

단 기
합격팩

전 회차
무료 해설강의

소방직 전문 교수님의
전 회차 해설강의 무료제공

1초 합격예측!
모바일 성적분석표

응시생들과의 비교를 통해
객관적 실력 진단과 취약점 파악 가능

기출재구성
모의고사

최빈출 문제만 선별하여
재구성한 모의고사 2회분 제공

실전
OMR 카드

잘라서 활용 가능한
OMR 카드 제공

저자의 말

"좋은 문제를 꾸준히 풀어보는 것이 가장 중요합니다."

먼저, 이론과 기출 연습을 거쳐 이제 실전 연습의 단계까지 오신 소방공무원 수험생 여러분들에게 경의를 표합니다.

실전 단계에 도달한 소방공무원 수험생들을 위해 더 좋은 학습 기회를 고민하여 본 교재를 준비하였습니다. 이전에 기출 문제가 공개되지 않았던 탓에 소방직을 준비하는 수험생들은 실제 시험문제와는 다소 거리가 있는 내용들도 함께 공부를 해야 하는 학습의 비효율을 겪었을 것입니다.

그러나 얼마 전 7개년, 총 9회분의 기출문제가 수록된 〈2022 에듀윌 소방공무원 7개년 연도별 기출문제집〉을 출간하면 서 소방 영어의 문제 유형이 명확해졌습니다. 이 기출문제의 철저한 분석을 바탕으로 실전동형 모의고사 10회분을 준비 하였습니다.

실전 단계에서는 문제풀이를 통한 실전 감각의 향상뿐 아니라, 이전 단계를 거치면서 학습했던 내용들의 복습 및 총정리 도 함께 이루어져야 합니다. 이를 위해 각 문제에 최대한 상세한 해설을 수록했으며, 다른 교재를 찾아서 다시 봐야 하는 불편함을 줄이기 위해 주요 문제에는 '더 알아보기'를 수록하여 추가 학습이 용이하도록 했습니다.

또한, 전 회차 무료 해설강의를 통해 아는 문제는 다시 한 번 꼼꼼히, 틀린 문제와 찍은 문제는 확실하게 짚고 넘어갈 수 있습니다.

당연한 말이지만 좋은 문제를 꾸준히 풀어보는 것이 실전에서 합격 점수를 얻을 수 있는 가장 좋은 방법입니다. 그러한 좋은 문제를 본 교재가 제공해줄 것이라 확신합니다. 앞으로 남은 기간 동안 지치지 않고 학습에 정진하여 꼭 소방공무원 이 되시기를 진심으로 기원합니다.

저자 방 재 운

구성과 특징

문제편

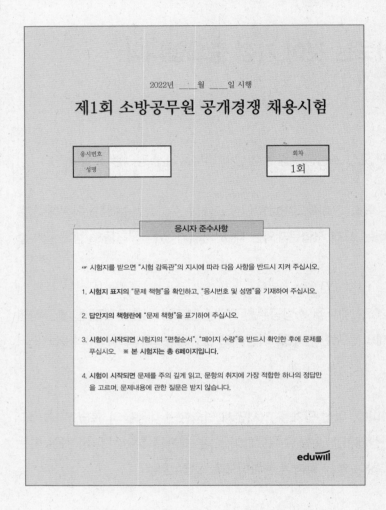

실제 시험지와 크기, 종이, 서체 동일!

실제 시험과 동일한 환경을 구현하여 시험에 응시하는 것 같은 실전 감각을 키울 수 있습니다.

소방 시험 출제경향 완벽 반영!

최신 3회차 기출문제와 1:1 유형 매칭을 통해 소방 시험의 출제경향을 제대로 반영한 소방다운 문제만을 수록하였습니다.

회차별로 잘라서 활용 가능!

회차별로 표지를 수록하여 잘라서 활용할 수 있도록 하였습니다.

무료제공 1초 합격예측 서비스

QR 코드 스캔 후 정답을 입력하면 자동으로 채점이 가능합니다. 성적결과분석으로 취약 영역 파악은 물론, 다른 수험생들과의 성적 비교도 가능합니다.

해설편

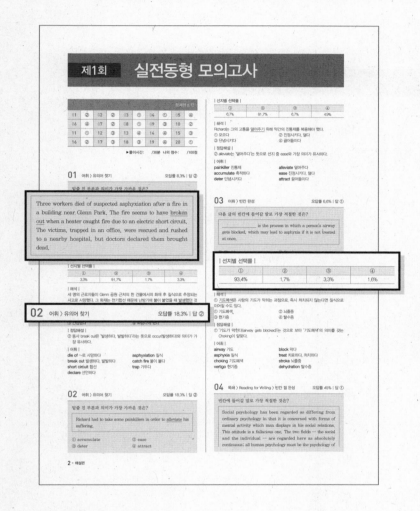

별책부록

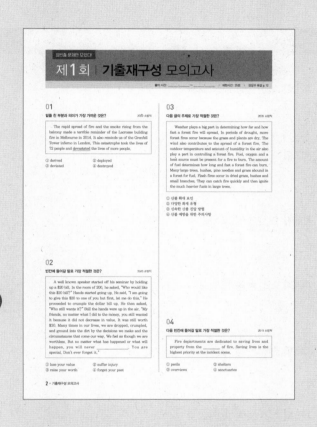

문제편 문제 한 번 더 수록!

문제편에서 풀었던 문제를 한 번 더 수록하여 자동으로 2회독이 가능합니다. 또한 해설의 이해를 도와 효율적으로 학습할 수 있습니다.

전 문항 개념 연계 카테고리 수록 및 상세해설

전 문항 연계학습이 가능하도록 개념 카테고리를 수록하였고, 오답까지 상세한 해설을 수록하였습니다.

문항별 오답률 & 선지별 선택률 제시

문항별 오답률 및 오답률이 높은 TOP 3 문항을 표시하여 고난도 문제 위주로 복습할 수 있으며, 선지별 선택률을 통해 실제 수험생들과 비교해볼 수 있습니다.

기출재구성 모의고사로 확실한 마무리!

기출은 마지막까지 중요하다! 7개년 기출문제 중 반드시 풀어봐야 하는 최빈출 문제를 재구성한 모의고사 2회분을 수록하여 기출문제로 확실히 마무리할 수 있습니다.

CONTENTS

차례

무료 해설강의

수강 방법

영어

한국사

행정법총론

소방학개론+소방관계법규

1 에듀윌 도서몰(book.eduwill.net) ▶ 동영상 강의실 ▶ 공무원 ▶ 소방공무원 실전동형 모의고사 해설 검색

   ※ 에듀윌 회원 가입 후 이용 가능

2 유튜브(www.youtube.com) ▶ 에듀윌 공무원 ▶ 소방공무원 실전동형 모의고사 해설 검색

   ※ 순차적 업로드 예정

3 네이버 카페 닥공사(cafe.naver.com/kts9719), 소방꿈(cafe.naver.com/gsdccompany), 다음 카페 소사모(cafe.daum.net/im119)

   ※ 순차적 업로드 예정

활용 TIP

아직은 불안해!
확실한 마무리 학습이 필요하다면?

1번부터 20번까지 모든 문항의 해설강의를 수강하여
아는 문제도 다시 한 번 꼼꼼히,
확실하게 짚고 넘어간다!

시간이 없다!
빠르게 마무리 하고 싶다면?

맞힌 문제는 과감하게 스킵하고
틀린 문제와 찍은 문제의 해설강의만 수강하여
취약한 내용만 빠르게 복습한다!

2022년 ＿＿＿월 ＿＿＿일 시행

제1회 소방공무원 공개경쟁 채용시험

응시번호	
성명	

회차
1회

응시자 준수사항

☞ 시험지를 받으면 "시험 감독관"의 지시에 따라 다음 사항을 반드시 지켜 주십시오.

1. **시험지 표지의** "문제 책형"을 확인하고, "응시번호 및 성명"을 기재하여 주십시오.

2. **답안지의 책형란에** "문제 책형"을 표기하여 주십시오.

3. **시험이 시작되면** 시험지의 "편철순서", "페이지 수량"을 반드시 확인한 후에 문제를 푸십시오. ※ 본 시험지는 총 6페이지입니다.

4. **시험이 시작되면** 문제를 주의 깊게 읽고, 문항의 취지에 가장 적합한 하나의 정답만을 고르며, 문제내용에 관한 질문은 받지 않습니다.

eduwill

【 영어 】

1. 밑줄 친 부분과 의미가 가장 가까운 것은?

> Three workers died of suspected asphyxiation after a fire in a building near Glenn Park. The fire seems to have broken out when a heater caught fire due to an electric short circuit. The victims, trapped in an office, were rescued and rushed to a nearby hospital, but doctors declared them brought dead.

① ceased   ② occurred
③ interfered   ④ irritated

2. 밑줄 친 부분과 의미가 가장 가까운 것은?

> Richard had to take some painkillers in order to alleviate his suffering.

① accumulate   ② ease
③ deter   ④ attract

3. 다음 글의 빈칸에 들어갈 말로 가장 적절한 것은?

> _____ is the process in which a person's airway gets blocked, which may lead to asphyxia if it is not treated at once.

① Choking   ② Stroke
③ Vertigo   ④ Dehydration

4. 빈칸에 들어갈 말로 가장 적절한 것은?

> Social psychology has been regarded as differing from ordinary psychology in that it is concerned with forms of mental activity which man displays in his social relations. This attitude is a fallacious one. The two fields — the social and the individual — are regarded here as absolutely continuous; all human psychology must be the psychology of associated man, since man as a solitary animal is unknown to us, and every individual _____ _____. The only difference between the two branches of the science lies in the fact that ordinary psychology makes no claim to be practical in the sense of conferring useful foresight, whereas social psychology deals with the complex social life. If, therefore, sociology is to be defined as psychology, it would be better to call it practical or applied psychology than social psychology.

① must present the characteristic reactions of the social animal
② should become an autonomous being as an adult
③ must be allowed to have his or her own time apart from others
④ should try to act independently of society to which he or she belongs

5. 빈칸에 들어갈 말로 가장 적절한 것은?

> Researchers relate Internet addiction with existing mental health issues, most notably depression. Studies indicate that the majority of those who meet the requirements of computer addiction suffer from interpersonal difficulties and stress and that those addicted to online games specifically express the hope to avoid reality. There are numerous ramifications resulting from Internet addiction. For instance, excessive or compulsive computer use may lead to _____. It may also result in Computer Vision Syndrome (CVS), a condition that likely causes headaches, fatigue, blurred vision, eye strain, dry eyes, irritated eyes, double vision, neck pain, vertigo or dizziness.

① rapidly deteriorating eyesight
② an increasing level of tiredness
③ noticeably dropping concentration
④ lack of face-to-face social interaction

6. 다음 글의 내용과 일치하지 <u>않는</u> 것은?

Wildfires are always happening somewhere in the nation. Dedicated men and women endure arduous work, harsh living conditions, and long separations from family and friends to protect the public and our nation's natural resources from the impacts of unwanted wildfires. The work of wildland firefighters benefits us all, yet most people know very little about who they are, what they do and the tools of their trade. High-tech firefighting tools — like satellite imagery, fire behavior modeling, fire-retardant materials and water delivery systems — continue to be enhanced, but the most crucial elements are still wildland firefighters and hand tools.

① Wildland firefighters are working under poor conditions.
② The public has limited knowledge about wildland firefighters.
③ The equipment wildland firefighters use keeps improving.
④ High-tech tools are the most vital factor in wildland firefighters' job.

7. 다음 글의 주제로 가장 적절한 것은?

The Jamesville Fire Department is known as one of the most rapidly growing and aggressive fire departments in the country. The fire department was established in 1964 after Jamesville and Basin City agreed to become separate entities. Since that time, both the fire department and the area have grown substantially. The Jamesville Fire Department operates with full-time, part-time and volunteer personnel. Citizens that reside in and visit our city can rest assured that they are protected with cutting-edge equipment and caring professional personnel from our fire department. The Jamesville Fire Department provides both fire protection and EMS (emergency medical services), public education programs such as CPR (cardio pulmonary resuscitation), fire prevention classes to the public, and an explorer program for children who have an interest in serving in the fire/EMS field. The fire department also participates in various community based functions.

① Jamesville의 행정 편제
② Jamesville 소방서의 역사와 역할
③ Jamesville 소방서의 지휘계통
④ Jamesville 소방서의 대중 교육 프로그램

8. 다음 글의 요지로 가장 적절한 것은?

The term "film" stems from the fact that photographic film (also called film stock) has historically been the medium for recording and showing motion pictures. Many other names exist for an individual motion picture, including picture, picture show, moving picture, photoplay and flick. The most popular term in the United States is movie, whereas film is preferred in Europe. Terms for the field in general include the big screen, the silver screen, the movies and cinema; the latter is commonly used in academic texts and critical writings, especially by European critics. In the early days, the word sheet was sometimes used instead of screen.

① 상황에 따른 영화를 의미하는 많은 용어들이 있다.
② 영화는 시대상을 반영하는 매체로 각광받아 왔다.
③ 영화를 뜻하는 많은 용어들은 혼란을 피하기 위해 통일될 필요가 있다.
④ 영화와 관련된 용어는 주로 유럽에서 생겨났다.

9. 다음 글에서 전체 흐름과 관계 없는 문장은?

Dolphins also possess culture, though it has long been believed that it is unique to humans. ① In 2005, a surprising observation was made in Australia when Indo-Pacific bottlenose dolphins (Tursiops aduncus) were teaching their young how to use tools. ② Adult dolphins cover their snouts with sponges to protect them while foraging (looking or searching for something to eat). ③ The way they breed in their natural environment, according to researchers, is mostly in question. ④ Other transmitted behavior as well as using sponges as mouth protections proves dolphins' intelligence. This knowledge is mostly transferred by mothers to daughters.

10. 빈칸 (A)와 (B)에 들어갈 말로 가장 적절한 것은?

According to the most common explanation of the link between Saint Valentine and the Holiday, marriage was a common tradition at the time of the Roman "Lupercalia" Festival. ___(A)___, when Claudius became Emperor, he changed all of that. He outlawed all marriages because he thought that men would refuse their obligation to fight because they would be reluctant to leave their wives behind. ___(B)___, young couples kept falling in love and wished to marry, so they took these desires to the Catholic Bishop Valentine who, understanding love, began to secretly marry couples. Once Claudius found out, he arrested Valentine and sentenced him to death. While confined in prison, Valentine began exchanging letters with a daughter of his fellow prisoner and soon fell in love with her. The day he was to be decapitated, he wrote her one last note and signed it: "From Your Valentine".

	(A)	(B)
①	Besides	Still
②	However	Still
③	Besides	Likewise
④	However	Likewise

11. 다음 글의 빈칸에 들어갈 말로 가장 적절한 것은?

Smoking is strictly prohibited in this building; it will _____ the fire alarm.

① set off   ② call off
③ see off   ④ put off

12. 다음 글의 빈칸에 들어갈 말로 가장 적절한 것은?

I have never expected such careless remarks from a fully _____ person.

① innocent   ② juvenile
③ grown   ④ obstinate

13. 밑줄 친 부분의 뜻으로 가장 적절한 것은?

A: Hello, how can I help you?
B: Hello, I'd like to report a possible fire accident. There's a lot of smoke coming out of the building.
A: OK, sir. But this is a police station, not the fire department. Anyway, I'll put you through to the fire department.
B: Alright, thanks. But please hurry. It seems very serious.
A: Do you think anyone got hurt?
B: I'm not sure about that.

① 제가 당신을 소방서에 배치해드릴게요.
② 제가 소방서가 당신에게 연락하도록 조치할게요.
③ 제가 당신에게 소방서 연락처를 전달 드릴게요.
④ 제가 당신을 소방서로 전화 연결해드릴게요.

Anorexia is an eating disorder which is characterizable by typically low body weight, food self-deprivation, an extreme fear of gaining weight, and a craving to be thin. Although those suffering from ① <u>it</u> are severely underweight, they deem themselves as obese. Anorexic people are often in self-denial with regard to their low body weight. ② <u>Its</u> signs include weighing oneself frequently, eating scant amounts of food, eating only certain foods, and forcing themselves to throw up. Unfortunately, ③ <u>its</u> causes have not been clearly identified. However, ④ <u>it</u> is recognized that there are at least two types of factors that lead to this type of eating disorder, namely genetic predisposition and cultural factors.

A campfire can be one of the best parts of camping, or provide necessary warmth to hunters and other outdoor enthusiasts. Just don't forget your responsibility to maintain and extinguish it to prevent wildfires.

(A) Don't burn dangerous things like aerosol cans, pressurized containers, glass or aluminum cans. They could explode, shatter or create harmful fumes or dust. Keep your fire to a manageable size. Before you leave your campsite, allow the wood to burn completely to ash, if possible. Pour lots of water on the fire. Drown all embers, not just the red ones. Pour until hissing sound stops.

(B) The very first thing that you must remember is as follows: never cut whole trees or branches, dead or alive. Live materials won't burn and dead standing trees — called "snags" — are often homes for birds and other wildlife.

(C) If you do not have water, stir dirt or sand into the embers with a shovel to bury the fire. With your shovel, scrape any remaining sticks and logs to remove any embers. Make sure that no embers are exposed and still smoldering. Continue adding water, dirt or sand and stirring with a shovel until all material is cool.

① (A) − (B) − (C)
② (A) − (C) − (B)
③ (B) − (A) − (C)
④ (B) − (C) − (A)

16. 주어진 글 다음에 이어질 글의 순서로 가장 적절한 것은?

> You can see varieties of democracy, some of which show better representation and more freedom for their citizens than others.

> (A) Democracy should be organized in order to keep the government from excluding the people from the legislative process, or any government branch from manipulating the separation of powers in its own favor.
>
> (B) That is, separation of powers is a mode of governance under which the nation is divided into branches, each with independent powers and areas of responsibility so that any single branch does not have more power than the others.
>
> (C) If that happens, a certain branch of the system can seize too much power and impair the democracy.

① (A) − (B) − (C)
② (A) − (C) − (B)
③ (B) − (A) − (C)
④ (B) − (C) − (A)

17. 밑줄 친 부분 중 어법상 틀린 것은?

> By the early 20th century, the total amount of tax in the U.S. ① was just around 10 percent of the gross domestic product(GDP), which is striking compared with more than 30 percent today. Early immigrants who ② inhabited the first American colonies paid a very small amount of tax, and the types of tax were also very limited. The colonial governments usually let their people ③ to live with a nominal amount of money imposed. This minimal tax at the time was one of the reasons immigrants did not return to Europe where governments forced their people ④ to pay high taxes.

18. 밑줄 친 부분 중 어법상 옳지 않은 것은?

> As new technologies and production methods, especially mass production and assembly lines, emerged, the price of once costly daily necessities ① was also lowered to great extent, which enabled ordinary people to afford them. And, in turn, this made it ② possible for manufacturers and capitalists to earn more and more. However, there were some side effects: numerous craftsmen, ③ that had been once highly regarded for their distinguished skills, lost their jobs, though some of them managed ④ to be rehired as factory foremen to supervise an increasing number of unskilled and semi-skilled laborers.

19. 밑줄 친 부분이 가리키는 대상이 나머지 셋과 다른 것은?

> Buddhism was not an indigenous religion of China. ① Its founder was Gautama of India in the sixth century B.C. Some centuries later ② it found its way into China by way of central Asia. There is a tradition that as early as 142 B.C. Chang Ch'ien, an ambassador of the Chinese emperor, Wu Ti, visited the countries of central Asia, where he first learned about the new religion which was making such headway and reported concerning ③ it to his master. ④ It was how Buddhism spread to China for the first time.

20. 다음 글의 주장으로 가장 적절한 것은?

> The savage made sacrifices to his idols, that is, he paid tribute, chiefly out of fear, but partly in the hope of getting something better in return. The moderns do not offer human or animal sacrifice, and it is true; but it must be borne in mind that the wealth of the savage consisted of his sheep, oxen, oils, and wines, not money. Today, the devout offer a sacrifice of money to the Deity. We are all familiar with the requests of religious institutions for gifts, which nearly always finish with the phrase, "And the Lord will repay you many fold." In other words, sacrifice part of your worldly goods to the idol, and he will repay with high interest. He will give in return long life and much wealth.

① 원시시대와 마찬가지로 현대 종교에서도 공물을 바친다.
② 원시시대와 현대의 종교의식은 큰 차이가 있다.
③ 현대 종교의 발달 양상은 원시종교의 그것과 유사하다.
④ 원시 종교의 흔적은 현대 종교에서는 찾아볼 수 없다.

해설편 ▶ p.2

2022년 ____월 ____일 시행

제2회 소방공무원 공개경쟁 채용시험

응시번호	
성명	

회차
2회

응시자 준수사항

☞ 시험지를 받으면 "시험 감독관"의 지시에 따라 다음 사항을 반드시 지켜 주십시오.

1. **시험지 표지의** "문제 책형"을 확인하고, "응시번호 및 성명"을 기재하여 주십시오.

2. **답안지의 책형란에** "문제 책형"을 표기하여 주십시오.

3. **시험이 시작되면** 시험지의 "편철순서", "페이지 수량"을 반드시 확인한 후에 문제를 푸십시오.   ※ 본 시험지는 총 5페이지입니다.

4. **시험이 시작되면** 문제를 주의 깊게 읽고, 문항의 취지에 가장 적합한 하나의 정답만을 고르며, 문제내용에 관한 질문은 받지 않습니다.

eduwill

【 영어 】

1. 다음 밑줄 친 표현과 유사한 것을 고르시오.

> The negotiation became <u>at a standstill</u> since the association kept nitpicking at small things in the draft contract.

① harmonized   ② smooth
③ deadlocked   ④ skewed

2. 다음 글의 빈칸에 들어갈 말로 가장 적절한 것은?

> The word "vigour" is an acceptable _____ to "vigor" though the latter is more commonly used in the U.S. Both mean the same thing.

① risk   ② alternative
③ order   ④ obligation

3. 다음 글의 빈칸에 들어갈 말로 가장 적절한 것은?

> Those two arguments do not just differ but strikingly _____ each other.

① resemble   ② approve
③ oppose   ④ advertise

4. 밑줄 친 they/their가 가리키는 대상으로 가장 적절한 것은?

> Microscope is the name of an instrument for enabling the eye to see distinctly small objects which are placed at a very short distance from it, or to see magnified images of small objects, and therefore to see small objects. The name is derived from the two Greek words, expressing this property, MIKROS, *small*, and SKOPEO, *to see*. So little is known of the early history of the microscope, and so certain is it that the magnifying power of microscopes must have been discovered as soon as <u>they</u> were made, that there is no reason for presenting any doubtful speculations on the question of discovery. We shall proceed therefore at once to describe the simplest forms of microscopes, to explain <u>their</u> later and more important improvements, and finally to exhibit the instrument in its present perfect state.

① microscopes   ② Greek words
③ speculations   ④ improvements

5. 다음 글의 제목으로 가장 적절한 것은?

> There is an irresistible charm in the effort to trace beginnings in nature. We know that we can never succeed; that each discovery, which confirms some elementary law or principle, only indicates how much still lies behind it: but just as the geologist nevertheless loves to search out the first or oldest traces of life upon our globe, the microbiologist enjoys viewing the simplest structures and faculties, of all living organisms. When applied to other sciences, it leads to the most important results.

① The charms microbiology has
② Microbiology as a foundation of living things
③ Why do we study microbes?
④ The origin of microbiology as a promising field

6. 다음 글의 주제로 가장 적절한 것은?

There is no requirement for exhaust ventilation for storage cabinets, although most cabinets have plugged fittings that can be used for such purpose. Exhaust ventilation should only be provided when warranted by the materials in the cabinet, for example for particularly toxic or noxious materials. If provided, the manufacturer's instructions should be followed. Typically, this will involve small diameter steel duct or pipe leading directly and by the shortest route to the exterior of the building. Exhaust must be taken from the bottom of the cabinet.

① 배기장치의 작동 원리
② 배기장치 설치의 장점들과 단점들
③ 배기장치와 관련된 규정들
④ 배기장치의 효과

7. 다음 글에서 필자가 주장하는 바로 가장 적절한 것은?

The old saying, "A workman is known by his tools," is equally true of the body. The carpenter who cares for his saws, chisels and planes, who keeps them sharp and free from rust, will be able to do better work than the one who carelessly allows them to become broken or rusted. The finer the work which one does, the greater the care he must take of the instruments with which he works. We speak of health and physical conditions in discussing the question of your value, just like we are discussing the instrument that demonstrates workman's value. It is a pity many young people think it nonsense to pay attention to the preservation of health.

① 장인은 도구를 소중히 해야 한다.
② 신체적 건강은 인간의 가치를 나타낸다.
③ 장인의 가치는 도구에 나타난다.
④ 젊은 사람들은 건강에 덜 신경을 쓰는 것이 당연하다.

8. 다음 글의 요지로 가장 적절한 것은?

Dear all staff,

As it was notified, we will replace all the computers in the office tomorrow. The main reason is that most of them are outdated, and the budget proposal for new computers has been finally approved. The replacing work will start at 9:00 A.M. tomorrow and is expected to be completed in three hours. If you need to use a computer, you should go to a computer lab in the building or you can borrow a laptop computer. If you would like to use a laptop computer, please visit the technical support department on the third floor and present your employee ID card. I apologize for any potential inconvenience, but we will be able to work more efficiently once this work is done. Thank you for your cooperation.

Jennifer Windle
Maintenance Manager, Langdon Insurance

① 직원들에게 예정된 작업을 알리는 것
② 갑작스러운 일정 변화를 알리는 것
③ 컴퓨터 교체 작업의 과정을 설명하는 것
④ 랩탑을 대여하는 절차를 설명하는 것

9. 다음 글에서 전체 흐름과 관계 없는 문장은?

There are many ways in which the problem of identifying trees may be approached. The majority attempt to recognize trees by their leaf characters. Leaf characters, however, do not differentiate the trees during the other half of the year when they are bare. ① So the characterizations must be based, as far as possible, on peculiarities that are evident all year round. ② The main reason numerous trees shed their leaves for a certain period of time is to endure the intense cold by saving their energy. ③ In almost every tree there is some one trait that marks its individuality and separates it, at a glance, from all other trees. ④ It may be the general form of the tree, its mode of branching, bark, bud or fruit. It may be some variation in color, or, in case of the evergreen trees, it may be the number and position of the needles or leaves.

10. 다음 글의 내용과 일치하지 <u>않는</u> 것은?

Wolfgang Amadeus Mozart's father, Leopold Mozart, belonged to a respectable tradesman's family in the free city of Augsburg. Conscious of being gifted with no small portion of intellectual endowments, he followed the impulse that led him to aim at a higher position in life, and went to the then celebrated University of Salzburg in order to study jurisprudence. As he did not, however, at once succeed in procuring employment in this profession, he was forced to enter the service of Canon Count Thun as valet. Subsequently, however, his talents and thorough knowledge of music obtained for him a better position. In the year 1743 he was received into the band (Kapelle) of the Salzburg cathedral by Archbishop Sigismund; and as his capabilities and fame as a violinist increased, the Archbishop shortly afterwards promoted him to the situation of Hof-Componist (Court Composer) and leader of the orchestra, and in 1762 he was appointed Hof-Kapellmeister (conductor of the Court music).

① Leopold Mozart는 높은 지위를 얻으려는 목표가 있었다.
② Leopold Mozart는 대학 졸업 직후 자신의 전공과 관련된 직장을 얻었다.
③ Leopold Mozart는 자신의 재능을 알고 있었다.
④ Leopold Mozart는 궁정 지휘자로 승진되었다.

11. 밑줄 친 부분 중 어법상 <u>틀린</u> 것은?

This book was written only for the non-scientific, as the scientific entomologist must be already ① <u>familiar with</u> the elementary facts ② <u>recorded</u>; but it is hoped that the detailed descriptions based on scientific observations will make exploration into nature ③ <u>more easily</u>. After reading this book, readers will see themselves ④ <u>understand nature</u> more deeply.

12. 밑줄 친 부분 중 어법상 <u>틀린</u> 것은?

A reaction called a peanut allergy, ① <u>which is</u> less common in Asian countries, occurs when your body erroneously identifies peanuts as detrimental substances. ② <u>Consuming</u> peanuts or food containing peanuts can cause your immune system, which is a natural defense system that fights diseases and infection, ③ <u>to overreact</u>. This may result in a serious, even ④ <u>life-threatened</u> response.

13. 빈칸에 들어갈 말로 가장 적절한 것은?

Carbon monoxide is an odorless, colorless, tasteless gas produced by burning fuels such as gasoline, wood, propane, and charcoal. Inappropriately ventilated appliances and engines, especially in a tightly sealed or enclosed space, may let carbon monoxide _____.
When carbon monoxide builds up in your bloodstream, carbon monoxide poisoning occurs. When too much carbon monoxide is in the air, your body replaces the oxygen in your red blood cells with carbon monoxide. This can lead to serious tissue damage or even death.

① accumulate to detrimental levels
② get out of your body rapidly
③ continue to spread
④ resolve other chemicals in your body

14. 다음 빈칸에 가장 적절한 말은?

Did you know a house fire can become deadly in as little as two minutes? Fires burn quickly and are more deadly today because of what we have in our homes. Our furniture and belongings are made of plastics and synthetics that make fires burn faster — and they produce deadly smoke. To _____ a fire, you must be able to escape quickly. You need fire sprinklers because they detect and put out the fire. That gives you time to safely escape. The best protection from fires is having working smoke alarms on every level, fire sprinklers, and a fire escape plan.

① survive   ② sustain
③ suppress   ④ delay

15. 빈칸에 들어갈 말로 가장 적절한 것은?

The young of the human species _____ _____ than the young of any other species. Most other creatures are able to walk, or at any rate stand, within a few hours of birth. But the human baby is absolutely dependent and helpless, unable even to manufacture all the animal heat that he requires. The study of his condition at birth at once suggests a number of practical procedures, some of them quite at variance with the traditional procedures.

① tend to be more sensitive to the environment
② are clearly more intelligent
③ are less able to care for itself
④ show much higher survival rates

16. 다음 밑줄 친 부분 중 낱말의 쓰임이 적절하지 <u>않은</u> 것은?

We are to study the mind and its education; but how? It is ① <u>easy</u> to understand how we may investigate the great world of material things about us because we ② <u>can</u> see it, touch it, weigh it, or measure it. But how are we to discover the nature of the mind, or come to know the processes by which consciousness works? It is hard because the mind is ③ <u>tangible</u>; we ④ <u>cannot</u> see it, feel it, taste it, or handle it. Mind belongs not to the realm of matter.

17. 다음 주어진 문장이 들어가기에 가장 적절한 곳은?

These roots are the supports of the tree, and they hold it rigidly in position.

The trees of the forest grow by forming new layers of wood directly under the bark. (①) Trees are held upright in the soil by means of roots which reach to a depth of many feet where the soil is loose and porous. (②) They also supply the tree with food. (③) Through delicate hairs on the roots, they absorb soil moisture and plant food from the earth and pass them along to the tree. (④) The body of the tree acts as a passage way through which the food and drink are conveyed to the top or crown. The crown is the place where the food is digested and the regeneration of trees occurs.

18. 빈칸에 들어갈 말로 가장 적절한 것은?

It has been an instinct in nearly all peoples, savage or civilized, to designate certain days for special celebrations. This tendency to concentrate on special times shows human's need to lift himself above the commonplace and the everyday and to _____ monotony that oppresses him.

① depend on   ② bring about
③ refrain from   ④ escape from

19. 빈칸 (A)와 (B)에 들어갈 말로 가장 적절한 것은?

In order that people understand and judge the question of the extinction or preservation of our wildlife, it is necessary to recall the near past. It is not necessary, ____(A)____, to go far into the details of history; for a few quick glances at several important points will be quite sufficient for the purpose in view. Anyone who are familiar with the development of the American colonies of 1712 will say without hesitation that the American people received this land with a magnificent and endless supply of valuable wild creatures. ____(B)____, the wildlife abundance of early American days is disappearing so fast that children these days see wildlife only in the zoo.

	(A)	(B)
①	besides	Nonetheless
②	however	In the end
③	besides	Likewise
④	however	Nevertheless

20. 주어진 글 다음에 이어질 글의 순서로 가장 적절한 것은?

Our study has brought out certain general results. We have seen that Tinguian folklore has much in common with that of other tribes and lands.

(A) At the same time these traditional accounts undoubtedly exercise a potent influence on the thoughts, beliefs, and actions of the people. In Tinguian society, these tales of past times must tend to cast any new facts or experiences into the same mould.

(B) These tales are so intimately interwoven with the ceremonies, beliefs, and culture of this people that they may safely be considered as having been developed by them.

(C) While a part of this similarity is clearly due to borrowing — a process which can still be seen at work — a considerable portion of the tales is probably of local and fairly recent origin.

① (A) − (C) − (B)
② (B) − (C) − (A)
③ (C) − (A) − (B)
④ (C) − (B) − (A)

해설편 ▶ p.11

2022년 ＿＿＿월 ＿＿＿일ˈ시행

제3회 소방공무원 공개경쟁 채용시험

응시번호	
성명	

회차
3회

응시자 준수사항

☞ 시험지를 받으면 "시험 감독관"의 지시에 따라 다음 사항을 반드시 지켜 주십시오.

1. **시험지 표지의** "문제 책형"을 확인하고, "응시번호 및 성명"을 기재하여 주십시오.

2. **답안지의 책형란에** "문제 책형"을 표기하여 주십시오.

3. **시험이 시작되면** 시험지의 "편철순서", "페이지 수량"을 반드시 확인한 후에 문제를 푸십시오.   ※ 본 시험지는 총 5페이지입니다.

4. **시험이 시작되면** 문제를 주의 깊게 읽고, 문항의 취지에 가장 적합한 하나의 정답만을 고르며, 문제내용에 관한 질문은 받지 않습니다.

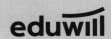

【 영어 】

1. 밑줄 친 부분과 의미가 가장 가까운 것은?

> The prosecutor has gathered <u>plentiful</u> evidence against the accused.

① abundant   ② pompous
③ eligible   ④ precarious

2. 밑줄 친 부분과 의미가 가장 가까운 것은?

> Considering their recent financial difficulties, they decided to <u>put off</u> the scheduled demonstration.

① cancel   ② relieve
③ postpone   ④ deteriorate

3. 밑줄 친 부분과 의미가 가장 가까운 것은?

> When the United States was fighting wars against Japanese in the 1940s, military personnel frequently referred to them as "gooks."* We see this dehumanizing as a rationalization for acts of cruelty; it's easier to commit violent acts against a gook than against a fellow human being. This is because most people find it difficult to <u>inflict</u> pain on another human beings unless they can find some way of dehumanizing their victims.
>
> *gook 아시아인에 대한 멸칭

① conflict   ② eliminate
③ circumscribe   ④ impose

4. 빈칸에 들어갈 말로 가장 적절한 것은?

> The Third Annual Fire Fighting Robot Contest will be held on 10th September. The mission is for robots to rescue four occupants (dummies) and suppress two fires (candles) in a house within five minutes. Fire fighting is a risky but significant task. These robots are designed to detect and put out a fire before it _____ out of control, while preventing any possible injuries to occupants.

① dispels   ② sustains
③ rages   ④ displace

5. 빈칸에 들어갈 말로 가장 적절한 것은?

> A: I can't believe Mark and Richard are brothers!
> B: What do you mean?
> A: I mean, they are _____ in character.
> B: Oh, I see what you mean. Mark is very active and outgoing, while Richard is so calm and timid.

① well off   ② ill at ease
③ in a fix   ④ poles apart

6. 다음 글의 요지로 가장 적절한 것은?

In the examination of a sick horse, it is important to have a method or system. If a definite plan of examination is followed, one may feel reasonably sure, when the examination is finished, that no important point has been overlooked and that the examiner is in a position to arrive at an opinion that is as accurate as is possible for him. Of course, an experienced eye can see, and a trained hand can feel, slight alterations or variations from the normal that are not perceptible to the unskilled observer. A thorough knowledge of the conditions that exist in health is of the highest importance, because it is only by a knowledge of what is right that one can surely detect a wrong condition. A knowledge of anatomy, or of the structure of the body, and of physiology, or the functions and activities of the body, lie at the bottom of accuracy of diagnosis.

① 말이 걸린 병을 살필 때는 체계와 그 병에 대한 대한 철저한 지식이 중요하다.
② 말이 병에 걸렸을 경우 반드시 전문가에게 맡겨서 치료를 해야 한다.
③ 해부학은 말의 병을 살피는 데 있어 가장 중요한 학문이다.
④ 전문가와 비전문가 간의 실력 차이는 생각보다 크다.

7. 다음 글에서 필자가 주장하는 바로 가장 적절한 것은?

It is doubtful if any important scientific idea ever sprang suddenly into the mind of a single man. The great intellectual movements in the world have had long periods of preparation, and often many men were groping for the same truth, without exactly seizing it, before it was fully comprehended. The foundation on which all science rests is the principle that the universe is orderly, and that all phenomena succeed one another in harmony with invariable laws. Consequently, science was impossible until the truth of this principle was perceived, at least as applied to a limited part of nature.

① 과학은 천재적인 소수의 사람들에 의해 검증되어 여러 분야에 적용된다.
② 우주가 질서정연하다는 원칙은 모든 과학의 기본 토대이다.
③ 불변의 법칙이라는 과학의 가정은 오히려 과학의 발전을 저해한다.
④ 과학적 아이디어는 긴 시간에 걸쳐 많은 이들에 의해 확립된다.

8. 밑줄 친 부분 중 어법상 틀린 것은?

Subliminal* messages are not just visual; they can be auditory as well. There is a large market for audiotapes that ① contain subliminal messages to help people lose weight, stop smoking, ② improving their study habits, raise their self-esteem, and even shave a few strokes off their golf scores. In 1990, sales of subliminal self-help tapes ③ were estimated to be $50 million. But are subliminal messages effective? Do they really make us more likely to buy consumer products, or help us ④ to lose weight and stop smoking?

*subliminal 잠재의식의

9. 빈칸에 들어갈 말로 가장 적절한 것은?

The whole structure and pattern and intrinsic tendencies and potentiality cannot be changed. The child has nothing to do with its early environment during the period when impressions sink the deepest and when habits are formed. It is then that the meaning of facts is interpreted. At this time the child is fashioned by the teachings and environment in which it is placed. As the child receives its first impressions, and all along through its development, it is forming habits from those about it. These habits come to be strong, dominating forces in its life. Very few people, if any, can trace definite views of conduct or thought to their conscious effort, but these are born of their structure and the environment that formed their habits after birth. So, in a sense, _____ is the seed, and environment the soil.

① technicality　　　　② heredity
③ substitution　　　　④ acquisition

10. 밑줄 친 부분 중 문맥상 낱말의 쓰임이 적절하지 <u>않은</u> 것은?

It must not be considered that mere nutrition is the sole object of foods, especially for man. Man is a social animal and, from the earliest period of his history, food has exercised an ① <u>important</u> function in his social life. Hence, in the study of food and of its uses, a failure to consider this factor would be ② <u>regrettable</u>. For this reason it is ③ <u>unjustifiable</u> to pay attention to social features of the meal, equal to or greater than that to the mere purpose of nutrition. It is believed that a more careful study of the food he consumes will ④ <u>benefit</u> man in many ways. It will lead to a wider public interest in the problem of the purity of food and the magnitude of the crime committed against mankind in the debasement and adulteration of food articles.

11. 밑줄 친 부분 중 문맥상 낱말의 쓰임이 적절하지 <u>않은</u> 것은?

The founder of Islam was a man named Mohammed. He was born in the year 570, in Mecca, a city of Arabia. His parents died when Mohammed was a child, and his uncle took him home and brought him up. Sometimes he went on journeys with his uncle to different parts of Arabia, to help him in his business as a trader. Mohammed was very ① <u>faithful</u> and honest in all his work. He became so ② <u>well known</u> in Mecca for being truthful and trustworthy that people gave him the name of El Amin, which means "the truthful." At this time he was only sixteen years of age; but the rich traders had so much ③ <u>confidence</u> in him that they gave him important business to attend to. Mohammed had no school education. He could neither read nor write. But he was ④ <u>ignorant</u>. He knew well how to do the work entrusted to him, and was a first-rate man of business.

12. (A)와 (B)에 들어갈 말로 가장 적절한 것은?

Fire extinguishers are the most basic and important firefighting measures to be used by occupants of a building before any professional help arrives. ____(A)____, it is essential that occupants be well aware of which type of fire extinguisher should be used on which type of fire. Since almost all fires begin as a small one, the fire can be relatively easily suppressed if a proper kind and amount of extinguishing agent is applied before the fire gets big and uncontrollable. Locations of fire extinguishers must be obviously identified, and fire extinguishers must be color coded depending on the agent used for each extinguisher. The safety law stipulates that fire extinguishers be located at exits of the building. ____(B)____, occupants must reach the exit first and then return to the fire.

	(A)	(B)
①	Therefore	Accordingly
②	Likewise	Previously
③	Therefore	Reversely
④	Likewise	For example

13. (A)와 (B)에 들어갈 말로 가장 적절한 것은?

It is well known that a great number of animals put some food aside for a rainy day. ____(A)____, perhaps the most unique and clever food conserver is the American polecat. He not only provides for himself, but prepares a larder for his young, so that they will have plenty of food. The nursery is usually comfortably embedded in a cave, and is lined with soft, dry grass. Adjoining this nursery is a larder, which often contains from ten to fifty large frogs and toads, all alive. ____(B)____, they are so dexterously bitten through the brain as to make them incapable of escaping. Mr. and Mrs. Polecat can then visit or hunt as they please, so long as their children have plenty of fresh meat at home!

	(A)	(B)
①	For example	However
②	Meanwhile	On the contrary
③	As a matter of fact	Without doubt
④	Nevertheless	In other words

14. 주어진 글 다음에 이어질 글의 순서로 가장 적절한 것은?

> Due to high densities of buildings resulting from the population increase, especially in large cities, skyscrapers are in grave danger of fires. Fire hoses and fire ladders hardly reach the height of fifty meters, and their operations are usually confined to one side of a building.

> (A) In addition, various other factors including heavy traffic and narrow access road around a building can delay firefighters arriving at the location of a fire in time, given that skyscrapers are mostly located in the center of cities.
>
> (B) Furthermore considering multiple drones can work simultaneously, firefighting jobs can be carried out much faster and safer than conventional ways.
>
> (C) Fortunately, firefighting drones have been developed in recent years, which are expected to function as a safer and more efficient alternative for suppressing fires in high-rise buildings. One firefighting drone can carry enough firefighting materials to put out fire in more than one building in a single trip.

① (A) − (B) − (C)
② (A) − (C) − (B)
③ (B) − (A) − (C)
④ (C) − (A) − (B)

15. 주어진 글 다음에 이어질 글의 순서로 가장 적절한 것은?

> Long before the beginning of the period known as the Middle Ages, a tribe of barbarians called the Goths lived north of the River Danube in the country which is now known as Roumania. It was then a part of the great Roman Empire, which at that time had two capitals, Constantinople — the new city of Constantine — and Rome.

> (A) Valens punished them for this by crossing the Danube and devastating their country. At last the Goths had to beg for mercy.
>
> (B) The Gothic chief was afraid to set foot on Roman soil, so he and Valens met on their boats in the middle of the Danube and made a treaty of peace.
>
> (C) The Goths had come from the shores of the Baltic Sea and settled on this Roman territory, and the Romans had not driven them back. During the reign of the Roman Emperor Valens, some of the Goths joined a conspiracy against him.

① (A) − (C) − (B)
② (B) − (A) − (C)
③ (C) − (A) − (B)
④ (C) − (B) − (A)

16. 밑줄 친 부분이 가리키는 대상이 나머지 셋과 <u>다른</u> 것은?

> The first thing which strikes us as soon as we begin studying the struggle for existence under both its aspects — direct and metaphorical — is the abundance of facts of mutual aid, not only for rearing progeny, as recognized by most evolutionists, but also for the safety of the individual, and for providing ① it with the necessary food. With many large divisions of the animal kingdom, ② it is the rule. It is observed even amidst the lowest animals, and we must be prepared to learn some day, from the students of microscopical pond-life, facts about ③ it, even from the life of micro-organisms. Of course, our knowledge of the life of the invertebrates, save the termites, the ants, and the bees, is extremely limited; and yet, even as regards the lower animals, we may be able to glean abundant evidence on ④ it.

17. 밑줄 친 부분이 가리키는 대상이 나머지 셋과 <u>다른</u> 것은?

Adélie penguins stand about two feet five inches in height, walking very upright on their little legs. Their manner is confident as they approach you over the snow, curiosity in ① <u>their</u> every movement. When within a yard or two of you, as you stand silently watching ② <u>them</u>, they halt, poking their head forward with little jerky movements, first to one side, then to the other, using their right and left eye alternately during their inspection. They seem to prefer using one eye, not both eyes, at a time when viewing any near object, but when looking far ahead, or walking along, they look straight ahead of them, using both of ③ <u>them</u>. They do this, too, when their anger is aroused, holding their head very high, and appearing to squint at you along ④ <u>their</u> beak.

18. 다음 글의 내용과 일치하지 <u>않는</u> 것은?

Cooking is the most common cause of a fire accident. Here are some tips about home cooking safety. If you are drowsy or under influence of alcohol, never use the stove. While you are baking, roasting, boiling, grilling, or frying something, stay in the kitchen the whole time. Remove anything that can catch fire such as towels, food packaging, and oven mitts from your stove. Be sure to cook with a lid right next to your pan all the time. That way, you can easily put out fire on the pan by sliding the lid over the pan and turning off the stove. If you have a fire in your kitchen, the best thing you can do is to get out of the kitchen. When you do it, leave the kitchen door closed behind you. That will help the fire not to spread to other parts of your house. And then call 911 from outside. In case you try to put out the fire, make sure you have a clear way out.

① 요리는 안전사고의 가장 흔한 원인이다.
② 부엌에서 불이 나면 즉시 911에 연락해서 도움을 청해야 한다.
③ 화재가 난 상태에서 부엌을 떠날 경우 반드시 문을 닫아야 한다.
④ 팬으로 요리를 할 경우 항상 뚜껑을 옆에 두고 조리해야 한다.

19. 다음 글에서 전체 흐름과 관계 <u>없는</u> 문장은?

In North Carolina, the system of black slavery was long controlled by custom rather than by legal enactment. It was recognized by law in 1715, however, and police regulations to govern the slaves were enacted. In South Carolina, the history of slavery is particularly noteworthy. The natural resources of this colony clearly needed the system, and the laws here formulated were as explicit as any ever enacted. ① <u>Slaves were first imported from Barbados, and their status received official confirmation in 1682.</u> ② <u>At first there was a feeling that native Americans were to be treated not as slaves but as on the same basis as Englishmen.</u> ③ <u>By 1698, the fear from the preponderance of the black population was such that a special act was passed to encourage white immigration.</u> ④ <u>That led to the increase in the influx of white workers, but it also became a cause of another conflict.</u>

20. 다음 글의 내용과 일치하지 <u>않는</u> 것은?

Neither the monarchy nor the priesthood commanded the services of the artist in Greece, as in Assyria and Egypt. The chosen leaders of the Greeks never, until the late days, arrogated art to themselves. It was something for all the people. In religion there was a pantheon of gods established and worshipped from the earliest ages, but these gods were more like epitomes of Greek ideals than spiritual beings. They were the personified virtues of the Greeks, exemplars of perfect living; and in worshipping them the Greek was really revering order, conduct, repose, dignity, perfect life. The great bulk of Greek architecture, sculpture, and painting was put forth to honor these gods or heroes, and by so doing the artist repeated the national ideals and honored himself. The first motive of Greek art, then, was to praise Hellas and the Hellenic view of life. In part it was a religious motive, but with little of that spiritual significance and belief which ruled in Egypt, and later on in Italy.

① 그리스의 지도자들은 예술을 독점하지 않았다.
② 그리스에서 신은 영적인 존재라기보다는 이상의 본보기였다.
③ 그리스 예술은 신과 영웅을 명예롭게 하기 위해 제시되었다.
④ 그리스 예술에서 종교적 동기는 철저히 배제되었다.

해설편 ▶ p.19

제4회 소방공무원 공개경쟁 채용시험

응시번호	
성명	

회차
4회

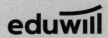

【 영어 】

1. 다음 밑줄 친 부분과 의미가 가장 가까운 것은?

> The audience in the auditorium were surprised when Gregory, who was usually very eloquent, <u>dropped the ball</u> several times during his speech.

① made believe   ② made a mistake
③ made a face   ④ made an argument

2. 다음 밑줄 친 부분과 의미가 가장 가까운 것은?

> Residents are still <u>standing up for</u> Jamie though all evidence is against him.

① advocating   ② overlooking
③ criticizing   ④ complimenting

3. 다음 빈칸에 가장 적절한 것은?

> To save energy and our environment, please _____ from using unnecessary electric devices in the building.

① exclude   ② remove
③ convert   ④ refrain

4. 다음 빈칸에 들어갈 말로 가장 적절한 것은?

> FAQ
> 1. Does the Fire Department help install smoke detectors?
>   - Yes, we do. To make an appointment for smoke detector installation, contact James Lloyd at 555-515-5238 during business hours. Our business hours are 9 a.m. to 6 p.m., Monday through Friday.
> 2. How often should I change the batteries in my smoke detectors?
>   - We urge that you change the batteries in your smoke detectors once every six months. The simplest way to remember is to change them when Daylight Savings Time starts and ends.
> 3. What should I do when the Emergency sirens ring?
>   - If the alarms are activated because of severe weather, tune in to your local television or radio station to learn the details of the emergency. Please refrain from calling our emergency switchboard (911) _____ _____.

① in case you intend to report a serious fire
② unless you have an emergency
③ if you have difficulty giving first aid to the patient
④ when you cannot resuscitate the patient

5. 다음 빈칸에 들어갈 말로 가장 적절한 것은?

A sandbox may be used as a training aid for fire safety education. The sandboxes created for the Centerville Fire Prevention Workshops are made of aluminum and are about 40" x 40" and contain about 3-5 gallons of clean sand. Learning is often best achieved when participants _____ _____ instead of simply discussing it. Each instructor will have a sandbox, with two to four sandboxes used at a workshop depending upon class size. About seven class members, plus the instructor, can use each box comfortably. The class will be divided up and assigned to one of the sandboxes. Approximately the same instruction will be provided by each instructor. Each box is provided with a variety of objects to be used as symbols that can be manipulated while illustrating various burning topics.

① will be given a certificate
② are allowed to take an online course
③ can visually work out a procedure
④ get help from professionals

6. 다음 글의 내용과 일치하지 <u>않는</u> 것은?

The Centerville Fire Department is devoted to providing safety to the city's residents. We endeavor to protect the public from damage resulting from fires, accidents and other emergencies or natural disasters. We are capable of securing public safety through immediate responsiveness, quick fire suppression, public education and through the ongoing certification and training of our staff. All Centerville firefighters are certified through the Centerville Firefighter Personnel Standards Commission and are nationally registered and licensed Emergency Medical Technicians (EMT) through the Centerville Department of Public Health, as an EMT, Advanced EMT or Paramedic.

① Centerville 소방서는 지방 정부의 지원을 받아 운영된다.
② Centerville 소방서는 일반인들을 대상으로 하는 교육을 실시한다.
③ Centerville 소방서의 소방관들은 국가적 등록과 인증을 받은 인력들이다.
④ Centerville 소방서는 직원 교육을 실시한다.

7. 다음 글의 주제로 가장 적절한 것은?

It is in many ways useful, on entering upon the study of any science, to cast a glance at its historical development. The saying that "everything is best understood in its growth" has a distinct application to science. While we follow its gradual growth, we get a clearer insight into its aims and objects. Moreover, we shall see that the present condition of the science of human evolution, with all its characteristics, can only be rightly understood when we examine its historical growth.

① 과학계와 역사학계는 서로 보완적인 분야임이 최근에 인정되었다.
② 과학 발전의 역사를 연구함으로써 과학의 목적에 대한 통찰력을 얻을 수 있다.
③ 과학은 과학에 대한 역사 연구를 배제함으로써 객관성을 확보할 수 있다.
④ 인간 진화에 대한 설명은 과학의 발전사에 대한 고려 없이도 가능하다.

8. 다음 글의 요지로 가장 적절한 것은?

The first and chief point of interest here is whether the numerous domesticated varieties of the dog have descended from a single wild species, or from several. Some authors believe that all have descended from the wolf, or from the jackal, or from an unknown and extinct species. Others again believe, and this of late has been the favorite tenet, that they have descended from several species, extinct and recent, more or less commingled together. We shall probably never be able to ascertain their origin with certainty. Paleontology does not throw much light on the question, owing, on the one hand, to the close similarity of the skulls of extinct as well as living wolves and jackals, and owing, on the other hand, to the great dissimilarity of the skulls of the several breeds of the domestic dogs.

① 가축화된 동물들 중 개가 사람들의 흥미를 끈다.
② 가축화된 개는 아마 멸종된 동물의 후손일 것으로 추정된다.
③ 고생물학도 개의 기원을 밝히는 데는 유용하지 못하다.
④ 가축화된 개의 기원은 여러 설들이 있으며 확실하지 않다.

9. 다음 글에서 전체 흐름과 관계 없는 문장은?

Vessels from Massachusetts, Rhode Island, Connecticut, and New Hampshire were early and largely engaged in the carrying slave-trade. "We know," said Thomas Pemberton in 1795, "that a large trade to Guinea was carried on for many years by the citizens of Massachusetts Colony, who were the proprietors of the vessels and their cargoes. Some of the slaves purchased in Guinea, and I suppose the greatest part of them, were sold in the West Indies." ① Yet the trade of this colony was said not to equal that of Rhode Island. ② Newport was the mart for slaves offered for sale in the North, and a point of reshipment for all slaves. ③ New Hampshire, also called the Granite State, boasted about its extensive granite formations and quarries. ④ Connecticut, too, was an important slave-trader, sending large numbers of horses and other commodities to the West Indies in exchange for slaves, and selling the slaves in other colonies.

10. 다음 빈칸 (A), (B)에 들어갈 말로 가장 적절한 것은?

A garden is the personal part of an estate, the area that is most intimately associated with the private life of the home. Originally, the garden was the area inside the enclosure or lines of fortification, in distinction from the unprotected area or fields that lay beyond; and this latter area was the particular domain of agriculture.   (A)   , we must not make the mistake of defining it by dimensions, because one may have a garden in a flower-pot or on a thousand acres.   (B)   , I declare that every bit of land that is not used for buildings, walks, drives, and fences, should be planted. What we shall plant — whether sward, lilacs, thistles, cabbages, pears, chrysanthemums, or tomatoes — we shall talk about as we proceed.

	(A)	(B)
①	For instance	That is
②	At first	Instead
③	In other words	Furthermore
④	However	Therefore

11. 다음 빈칸에 가장 적절한 것은?

Many insects _____ themselves as inedible things to avoid predators.

① retain   ② camouflage
③ appreciate   ④ survive

12. 다음 빈칸에 가장 적절한 것은?

When you meet somebody for the first time, especially someone who you would like to give a good impression to, it is desirable for you to start a conversation by talking about things on which you would both _____. This will build common ground from which you can maintain a good relationship with the person.

① agree   ② impose
③ doubt   ④ change

13. 다음 대화의 빈칸에 들어갈 말로 가장 적절한 것은?

A: Hi, I came here to ask why I was charged a fine.
B: Can I have your name and room number?
A: Amy Lang, room 501.
B: It says you used a halogen lamp in your dorm room.
A: What's wrong with that?
B: _____
A: Oh, I didn't know that. Then, what kind of lamps am I allowed to use?
B: The information is in the handbook.

① They're going to change the policy, but it will take some time.
② It's against the rules, because it's prone to catch fire.
③ I guess the lamp is pretty popular with college students.
④ That lamp is way out of our budget range.

14. 다음 밑줄 친 his[him/He]가 가리키는 대상이 나머지 셋과 다른 것은?

After the death of Caesar, Rome was in confusion; consternation seized the people, and the "liberators" failed to rally them to their own support. In possession of Caesar's treasure, Antony, the surviving consul, bided ① his time. His oration at Caesar's funeral stirred the populace against the "liberators," and made ② him for the moment master of Rome; but his self-seeking soon turned the people against him. The young Octavius, Caesar's heir, had become popular with the army. ③ He returned to Rome and claimed his inheritance, demanded from Antony Caesar's moneys, but in vain, and assumed the title of Caesar. The rivalry between the two leaders rapidly approached a crisis. The partisans of Antony and Octavius began to clash, and civil war followed. Defeated, Antony retreated across the Alps. Octavius was elected consul, and began negotiations with ④ him.

15. 주어진 글 다음에 이어질 글의 순서로 가장 적절한 것은?

When the mantis is in response, its weapons are folded and pressed against the thorax, and are perfectly inoffensive in appearance. The insect is apparently praying.

(A) But let a victim come within reach, and the attitude of prayer is promptly abandoned. Suddenly unfolded, the three long joints of the deadly forelimbs shoot out their terminal weapons.

(B) Crickets, grasshoppers, and even more powerful insects, once seized in this trap with its four rows of teeth, are lost irreparably. Their frantic struggles will never release the hold of this terrible engine of destruction.

(C) Those strike the victim and drag it backwards between the two saw-blades of the thighs. Any insects can be its victim.

① (A) − (C) − (B)   ② (B) − (A) − (C)
③ (B) − (C) − (A)   ④ (C) − (A) − (B)

16. 주어진 글 다음에 이어질 글의 순서로 가장 적절한 것은?

Did you ever on a winter's day, when the ground was as hard as a stone, the ponds all frozen, and everything cold and still, stop for a moment, as you were running along the road or skating over the ice, to wonder at yourself and ask following two questions?

(A) These two questions neither you nor anyone else can answer fully; but we may answer them in part, and the knowledge which helps us to the answer is called physiology.

(B) Why am I so warm when all things around me, the ground, the trees, the water, and the air, are so cold? How is it that I am moving about, running, walking, jumping, when nothing else that I can see is stirring at all, except perhaps a stray bird seeking in vain for food?

(C) Physiology is the scientific study of how people's and animals' bodies function, and of how plants function.

① (B) − (A) − (C)   ② (B) − (C) − (A)
③ (C) − (A) − (B)   ④ (C) − (B) − (A)

17. 밑줄 친 부분 중 어법상 가장 옳지 <u>않은</u> 것은?

PKM2 is a central component of cancer cell metabolism ① providing a distinct survival advantage to tumor cells over the surrounding immune microenvironment. However, if PKM2 is constitutively activated and ② deprived of its unique conversion abilities, it may starve cancer cells and prevent their proliferation ③ to happen while ④ relieving immune blockade.

18. 밑줄 친 부분 중 어법상 가장 옳지 <u>않은</u> 것은?

The most fundamental justification for learning sociology is ① <u>the idea which</u> this discipline help students ② <u>gain</u> important qualities of mind ③ <u>that lay</u> the foundations they will need for productive and innovative lives ④ <u>including</u> rigor, critical reasoning, creativity, communications skills, ethical capacities, respect for human diversity, and the like.

19. 다음 밑줄 친 it 중에서 가리키는 대상이 나머지와 <u>다른</u> 것은?

The blood in your body is the great circulating market of the whole body; in ① <u>it</u>, all the things that are wanted by all parts, by the muscles, by the brain, by the skin, by the lungs, liver, and kidney, are bought and sold. The muscle buys what ② <u>it</u> wants from the blood; ③ <u>it</u> later sells back what it bought to the blood; and so with every other organ and part. As long as life lasts, this buying and selling is forever going on, and this is why the blood is forever on the move. When the blood ceases to move, in contrast, the market is blocked, the muscle, for example, ceases the buying and selling, and ④ <u>it</u> will eventually die, starving for the lack of the things which it wants.

20. 다음 글의 주장으로 가장 적절한 것은?

Suppose a number of boys are in a field playing football, whose superfluous garments are lying about everywhere in heaps; and suppose you want, for some reason, to find out in what order the boys arrived on the ground. How would you set about the business? Surely you would go to one of the heaps of discarded clothes, and take note of the fact that this boy's jacket lay under that boy's waistcoat. Moving on to other heaps, you might discover that in some cases a boy had thrown down his hat on one heap, his tie on another, and so on. This would help you all the more to make out the general series of arrivals.

① 체계적 관찰은 스포츠의 효율성에 적용될 수 있다.
② 소년들의 도착 순서는 옷 더미가 여러 개일 경우 추론이 불가능하다.
③ 옷이 쌓인 순서로 소년들의 도착 순서를 추론할 수 있다.
④ 스포츠 의류의 내구성은 해당 스포츠의 종류와 무관하다.

해설편 ▶ p.27

2022년 _____월 _____일 시행

제5회 소방공무원 공개경쟁 채용시험

응시번호	
성명	

회차
5회

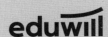

【 영어 】

1초 합격예측! 모바일 성적분석표

QR 코드로 접속하여 문제풀이 시간을 측정하고, 〈1초 합격예측! 모바일 성적분석표〉 서비스를 통해 지금 바로! 실력을 점검해 보세요.
http://eduwill.kr/QAVF

---

1. 다음 밑줄 친 부분과 의미가 가장 가까운 것은?

> Since the newly found snail has such a <u>distinctive</u> pattern on its shell, entomologists agree to give it a new scientific name.

① unique
② splendid
③ dissimilar
④ ordinary

---

2. 다음 빈칸에 들어갈 말로 가장 적절한 것은?

> Typically, a workplace is required to have at least two exit routes to allow prompt _____ of employees and other building occupants during an emergency. A building must have more than three exits, however, if the number of occupants, size of the building, or arrangement of the office will not permit employees to escape safely. Exit routes must be located as far away as possible from each other in case that one route is inaccessible by fire or smoke.

① suppression
② responses
③ evacuation
④ revival

---

3. 다음 빈칸에 들어갈 말로 가장 적절한 것은?

> It is essential for you to have a well-stocked first aid kit in your home so you can _____ minor accidents and injuries. A first aid kit should be kept in a cool, dry place out of the reach of children. Many people also need to equip their car with a small first aid kit for emergencies.

① feed on
② cope with
③ make up for
④ take after

---

4. 다음 밑줄 친 it[its]가 가리키는 대상이 나머지 셋과 <u>다른 것</u>은?

> Modern astronomy began a little more than three centuries ago with the invention of the telescope and Galileo's application of ① <u>it</u> to the study of the heavenly bodies. ② <u>Its</u> use at once revealed to him celestial bodies under observation in a way that no one had dreamed of before. In our view today, the planets of the solar system are worlds; we can examine their surfaces and judge where they resemble or differ from our earth. To the ancients, they were but points of light; to us, they are vast bodies that we have been able to measure and to weigh. ③ <u>It</u> has enabled us also to penetrate deep into outer space; we have learnt of other systems besides that of our own sun and ④ <u>its</u> dependents, many of them far more complex.

---

5. 다음 글의 제목으로 가장 적절한 것은?

> In the early days of the New England colonies, there was nothing more embarrassing than to be unmarried. What could he do, how could he live in that new land without a wife? There were no housekeepers — and he would scarcely have been allowed to have one if there were. What could a woman do in that new settlement among unbroken forests, uncultivated lands, without a husband? The colonists married early, and they married often. Widowers and widows hastened to join their fortunes and sorrows. The father and mother of Governor Winslow had been widow and widower seven and twelve weeks, respectively, when they joined their families and themselves in mutual benefit, if not in mutual love. At a later day the impatient Governor of New Hampshire married a lady but ten days widowed.

① Colonial laws regulating marriage
② Marriage variations among different cultures
③ Financial advantages of remarriage
④ Marriage customs in colonies

6. 다음 글의 주제로 가장 적절한 것은?

Art probably owes more to form for its range of expression than to color. Many of the noblest things it is capable of conveying are expressed by form more directly than by anything else. And it is interesting to notice how some of the world's greatest artists have been very restricted in their use of color, preferring to depend on form for their chief appeal. It is reported that Apelles only used three colors, black, red, and yellow, and Rembrandt used little else. Drawing, although the first, is also the last thing the painter usually studies. There is more in drawing that can be taught and that repays constant application and effort.

① The necessity to limit the number of colors in art
② Interesting painters in art
③ Skillfulness in art as a result of education
④ Form as the most important element in art

7. 다음 글에서 필자가 주장하는 바로 가장 적절한 것은?

Anthropology is the child of Darwin. Darwinism makes it possible. Reject the Darwinian point of view, and you must reject anthropology also. What, then, is Darwinism? Not a cut-and-dried doctrine. Not a dogma. Darwinism is a working hypothesis. You suppose something to be true, and work away to see whether, in the light of that supposed truth, certain facts fit together better than they do on any other supposition. What is the truth that Darwinism supposes? It is simply that all the forms of life in the world are related together; and that the relations manifested in time and space between the different lives are sufficiently uniform to be described under a general formula, or law of evolution.

① 인류학은 Darwinism을 바탕으로 하며 인류학을 거부하는 것은 Darwinism을 거부하는 것이다.
② 인류학자들은 그들의 작업에 반드시 Darwinism을 고려해야 한다.
③ Darwinism은 작업 가설이며 모든 생명체들이 서로 연관되어 있다고 가정한다.
④ 생물의 다양성은 보편적인 법칙의 적용을 거의 불가능하게 만든다.

8. 다음 글의 요지로 가장 적절한 것은?

If there is a subject of really universal interest and utility, it is the art of writing and speaking one's own language effectively. It is the basis of culture, as we all know. However, it is definitely more than that: it is the basis of business. No salesman can sell anything unless he can explain the merits of his goods in effective English (among our people), or can write an advertisement equally effectively, or present his ideas and the facts. Indeed, the way we talk, and write letters, largely determines our success in business.

① Language skills are essential in business.
② Language education should be centered on writing.
③ Reading skills are relatively unpractical.
④ Writing business letters is universal across cultures.

9. 다음 글에서 전체 흐름과 관계 <u>없는</u> 문장은?

It has been said that Australia has the most comfortable climate for human beings in the world, and to a very great extent this is perfectly true. Its climate is more stable and milder than any other part of the world. ① <u>This is because there is not such a marked difference between the hot and the cooler months in Australia.</u> ② <u>In the New England States of North America, as exemplified by New York, there are intensely hot summers and extremely cold winters.</u> ③ <u>Australia, separated for a long time, has been referred to as an exhibition room of numerous unique creatures that can be found nowhere else.</u> ④ <u>And lastly, in India, the thermometer stands at such a height, in winter as well as in summer, that Australian can only be thankful their lines are cast in more pleasant places.</u>

10. 다음 글의 내용과 일치하지 <u>않는</u> 것은?

The hiring process for the Centerville Fire Department comprises four phases. The first step is a written test. It is a 100 question test about reading comprehension, analyzing tables, estimate of the situation, logical reasoning, reading gauges, applying basic math rules, mechanical aptitude, space perception, map reading, and vocabulary. There is no study guide available for this test. A passing score of 80% is required to advance to the next step. The second one is a physical ability test. An information session for the test is held 2 months before the test. The applicant must attend the session to take the test. The time limit to complete the test is 12 minutes. The test consists of stair climb, hose drag, equipment carry, ladder raise and extension, forcible entry, search, and rescue. Successful completion of this test is required to advance to the next step. The final stage is an interview. It is conducted by a board of three fire fighters who interview each candidate who passed the preceding stages. The board recommends the top applicants for the final interview. Then the fire chief conducts the final interview. After all recommended applicants are interviewed, the chief makes the final decision.

① Centerville 소방서의 채용은 총 4단계로 구성된다.
② 총 지원자들 중 80%가 두 번째 단계로 진출한다.
③ 체력 시험에 대한 설명회가 시험 2개월 전 제공된다.
④ 면접은 총 두 번에 걸쳐 진행되며 2차 면접은 소방서장에 의해 이루어진다.

11. 다음 밑줄 친 부분 중 어법상 <u>틀린</u> 것은?

The current year's license tag must be kept ① <u>displaying</u> on a dog's collar or harness at all times. Alabama law allows Animal Control Officers ② <u>to confine</u> dogs ③ <u>that are not</u> wearing a license, even from the dog owner's yard. The maximum penalty for a violation is a $150 fine. For more ④ <u>detailed</u> information, please refer to the following web site.

12. 다음 밑줄 친 부분 중 어법상 <u>틀린</u> 것은?

Employees ① <u>who have</u> been telecommuting will begin returning to the research center in June to resume high-priority research activities and in July ② <u>to prepare</u> for the new projects. Your health is important, so laboratories, offices and other spaces ③ <u>are modifying</u> to encourage social distancing and, where needed, provide plexiglass barriers. It's important that we all work together to promote safety and ④ <u>support the community</u>.

13. 다음 빈칸에 들어갈 말로 가장 적절한 것은?

The small yellow tree frogs, Hyla microcephala and its relatives, are among the most frequently heard and commonly collected frogs in the lowlands of southern Mexico and Central America. The similarities in size, proportions, and coloration of the different species have resulted not so much in a multiplicity of specific names as in differences of opinion on the application of existing names to the various species. For example, the populations on the Atlantic lowlands have been known by three names, two of which have been applied to other species. Much of the _____ has been the result of previous workers' unfamiliarity with the animals and unawareness of the intraspecific geographic variation in the most widespread species.

① confusion   ② reflection
③ duplication   ④ infusion

14. 다음 빈칸에 들어갈 말로 가장 적절한 것은?

> It pays well to take some time to find a good spot for a camp. If you are only to stop one night, it matters not so much; but even then you should camp on a dry spot near wood and water, and where your horse, if you have one, can _____ well for the next day's trip. Look out for rotten trees that may fall; see that a sudden rain will not drown you out; and do not put your tent near the road, as it frightens horses.

① grow ② rest

③ emerge ④ discern

15. 다음 빈칸에 들어갈 말로 가장 적절한 것은?

> The subject of diet and its relation to human welfare is one deserving of the most careful consideration. It should be studied as a science, to enable us to choose such materials as are best adapted to our needs under the varying circumstances of climate, occupation, and the numerous changing conditions of the human system; as an art, we may become so skilled in the preparation of the articles selected as to make them both appetizing and healthful. It is an unfortunate fact that even among _____ housekeepers the scientific principles, which govern the proper preparation of food, are but little understood, and much unwholesome cookery is the result.

① sensitive ② audacious

③ experienced ④ self-interested

16. 다음 밑줄 친 부분 중 문맥상 낱말의 쓰임이 적절하지 <u>않은</u> 것은?

> The soaring tower of Notre Dame Cathedral in Paris has collapsed in flames, and a church spokesman says the entire wooden interior of the 12th century landmark is burning and ① <u>likely</u> to be destroyed. A massive fire engulfed the roof of the cathedral in the heart of the French capital on Monday afternoon as Parisians watched in ② <u>relief</u>. Notre Dame spokesman Andre Finot told French media: "Everything is burning, nothing will remain from the frame." The cathedral is home to ③ <u>incalculable</u> works of art and is one of the world's most famous tourist attractions. The cause of the blaze isn't yet known, but scaffolding could be seen on the roof of the burning structure. The tower was undergoing renovation. The police in Paris say the cause of the massive fire enveloping the tower of Notre Dame Cathedral isn't yet ④ <u>known</u>. The French capital's police department is investigating all possibilities including arson.

17. 다음 주어진 문장이 들어가기에 가장 적절한 곳은?

> Our standard of business letters is very low.

> The American people are noted for being hasty in all they do. Their manufactures are quickly made and cheap. They have not had time to secure perfection in minute details which constitutes "quality." (①) The slow-going Europeans still excel in nearly all fine and high-grade forms of manufacture — fine pottery, fine carpets and rugs, fine cloth, fine bronze and other art wares. (②) In our language, too, we are hasty, and therefore imperfect. (③) Fine logical accuracy requires more time than we have had to give to it, and we read the newspapers, which are very poor models of language, instead of books, which should be far better. (④) It is rare to find a letter of any length without one or more errors of language, to say nothing of frequent errors in spelling made by ignorant stenographers and not corrected by the business men who sign the letters.

18. 다음 빈칸에 들어갈 말로 가장 적절한 것은?

The origin of painting is unknown. The first important records of this art are met with in Egypt; but before the Egyptian civilization, the men of the early ages probably used color in ornamentation and decoration. Traces of this rude primitive work still remain to us on the pottery, weapons, and stone implements of the cave-dwellers. But while indicating the awakening of intelligence in early man, they can hardly be considered as art. The first aim of this primitive painting was undoubtedly decoration. The second, and perhaps later aim, was by imitating the shapes and colors of men, animals, and the like, to ＿＿＿＿＿＿＿＿＿＿＿＿ of the proportions and characters of such things. An outline of a cave-bear or a mammoth was perhaps the cave-dweller's way of telling his fellows what monsters he had killed.

① convey an idea
② regulate behavior
③ set the limit
④ embellish caves

19. 다음 빈칸 (A), (B)에 들어갈 말로 가장 적절한 것은?

Dogs differ from each other in both the size and conformation of the skeleton, and in many other important points, almost as much as if they belonged to entirely different species. Notice, ＿＿(A)＿＿, how dissimilar the bulldog is to the greyhound, or the Scotch toy-terrier to the English mastiff; yet, from the toy-terrier upwards to the giant Saint Bernard, they are all dogs, every one of them. Among the various breeds of cats, ＿＿(B)＿＿, there exists no such characteristic differences, so in proposing a classification one almost hesitates to use the word "breed" at all, and feels inclined to search for another and better term.

	(A)	(B)
①	furthermore	without doubt
②	furthermore	in short
③	for instance	that is
④	for instance	however

20. 주어진 글 다음에 이어질 글의 순서로 가장 적절한 것은?

해설편 ▶ p.35

Carbon monoxide(CO) is one of the most lethal chemicals, usually in a form of gas, which shows no detectable signs. Equipment and vehicles powered by internal combustion engines are a common source of carbon monoxide.

(A) Low level CO poisoning can often be confused with flu symptoms, food poisoning, and other illnesses. Some symptoms include shortness of breath, nausea, vomiting, dizziness, lightheadedness or headaches.

(B) Vehicles running in an attached garage or generators running inside a home or attached garage can quickly produce dangerous levels of carbon monoxide. The dangers of CO depend on a number of variables, including the person's health and activity level.

(C) Infants, pregnant women, and people with physical conditions that limit their body's ability to use oxygen can be more severely affected by lower concentrations of CO than healthy adults would be. A person can be poisoned by a small amount of CO over a longer period of time.

① (B) − (A) − (C)
② (B) − (C) − (A)
③ (C) − (A) − (B)
④ (C) − (B) − (A)

하루하루가 힘들다면
지금 높은 곳을 오르고 있기 때문입니다.

– 조정민, 『인생은 선물이다』, 두란노

2022년 ____월 ____일 시행

제6회 소방공무원 공개경쟁 채용시험

응시번호	
성명	

회차
6회

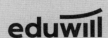

【 영어 】

1. 다음 빈칸에 가장 적절한 것은?

> The tenants association initially had trouble reaching a consensus on the expansion of the parking lot, but all residents finally agreed to _____ the method suggested by Ms. Wellington.

① adopt   ② adjust
③ adapt   ④ admit

2. 다음 빈칸에 가장 적절한 것은?

> The team finally won the championship after _____ its long-time rival team.

① noticing   ② defeating
③ approaching   ④ suspecting

3. 다음 빈칸에 가장 적절한 것은?

> It had been more than five month, but the _____ impacts by the catastrophic hurricane made all the citizens exhausted.

① delicate   ② temperate
③ impressive   ④ enduring

4. 다음 빈칸에 가장 적절한 것은?

> James is still considering all three options. His _____ attitude makes his employees anxious because one of the rival companies is likely to release a very similar product anytime soon.

① immovable   ② adamant
③ versatile   ④ irresolute

5. 다음 글의 빈칸에 들어갈 말로 가장 적절한 것은?

> As children and youth grow up, they are expected to take on the characteristics of adulthood by easy stages. At the end of the process it is expected that they will be able to do the things that adults do; to think as they think; to bear adult responsibilities; to be efficient in work; to be thoughtful public-spirited citizens; and the like. The individual who reaches this level of attainment is educated, even though he may never have attended school. _____, the one who falls below this level is not truly educated, even though he may have had a surplus of schooling.

① With few exceptions   ② In other words
③ Regardless   ④ On the other hand

6. 다음 대화의 빈칸에 들어갈 말로 가장 적절한 것은?

> A: Who bought the concert tickets?
> B: My brother did.
> A: _____
> B: Don't worry. I gave him my credit card.

① Did he get any help?
② Where is my ticket?
③ Did you pay him back?
④ Why did you invite him?

7. 다음 글의 제목으로 가장 적절한 것은?

The three things essential to all wealth production are land, labor, and capital. "The dry land" was created before there appeared the man, the laborer, to work it. With his bare hands the worker could have done nothing with the land either as a grazer, a farmer or a miner. Then he needed the most important component, capital, that is, the tools to work the land. The first tool may have been a pole, one end hardened in the fire, or a combined hoe and axe, made by fastening with a suitable stone to the end of a stick; but no matter what the kind of tool, or the means of producing it, it represented capital, and the man who owned this tool was a capitalist as compared with the man without any such appliance.

① What is capital and how did it start?
② Three essentials in forming wealth
③ Anything can be capital.
④ The power of a capitalist in ancient times

8. 다음 밑줄 친 it[It]이 가리키는 대상이 나머지 셋과 다른 것은?

Do you have a glass breaker? You should not take ① it for granted that you won't face any emergency. ② It is an essential safety tool for your car, four-wheel drive, caravan, home or workplace. ③ It is designed to quickly and easily break through automotive and double-glazed glass, so in an emergency situation if you need to evacuate through a locked or jammed window, ④ it is a potentially life-saving device.

9. 다음 글에 따르면 반려동물 주인이 비상상황에서 해서는 안되는 일은?

If you evacuate in an emergency, take your pet. First, if it isn't safe for you, it isn't safe for your pets. You can't be sure how long you'll be kept out of the area, and you may not be able — or allowed — to return for your pets. Pets left behind in a disaster can easily be wounded, lost, or killed. Make sure to make plans for all your pets; during natural disasters, decent plans for outdoor cats, horses, and other animals on farms can be lifesavers. Second, evacuate early. Don't wait for a mandatory evacuation order. Some people who have waited to be evacuated by emergency officials have been told to leave their pets behind. The smell of smoke or the sound of storms or thunder may make your pet more fearful and difficult to load into a crate or carrier. Evacuating before conditions become serious will keep everyone safer and make the process less stressful.

① Taking your pet with you in an emergency
② Making good plans for your farm animals in case of any natural disasters
③ Waiting until you gather accurate information about the potential disaster
④ Trying to escape before circumstances turn severe

10. 다음 밑줄 친 부분과 의미가 가장 가까운 것은?

While reading a newspaper at a cafe, Janice realized that one of the articles rang a bell.

① looked familiar   ② seemed weird
③ was interesting   ④ became calm

11. 다음 글의 주제로 가장 적절한 것은?

Before sunset on the memorable day on which King Charles the First was executed, the House of Commons passed an act declaring it treason for any one to proclaim the Prince of Wales — or anybody else — King of England. Soon afterwards, it declared that the House of Lords was useless and dangerous, and ought to be abolished; and directed that the late King's statue should be taken down from the Royal Exchange in the city and other public places. Having laid hold of some famous Royalists who had escaped from prison, and having beheaded the Duke Of Hamilton, Lord Holland, and Lord Capel in Palace Yard (all of whom died very courageously), they then appointed a Council of State to govern the country. It consisted of forty-one members, of whom five were peers. Bradshaw was made president. The House of Commons also re-admitted members who had opposed the King's death, and made up its numbers to about a hundred and fifty.

① How the House of Commons got to seize power
② Why the king of England was deprived of power
③ The conflict between the House of Commons and the House of Lords
④ Who constituted the House of Commons

12. 다음 글의 주제로 가장 적절한 것은?

Although Greece (or Hellas) is only half as large as the State of New York, it has been deemed a very important area throughout the world history. It is situated in the southern part of Europe, cut off from the rest of the continent by a chain of high mountains which form a great wall on the north. It is surrounded on nearly all sides by the blue waters of the Mediterranean Sea, which stretch so far inland that it is said no part of the country is forty miles from the sea, or ten miles from the hills. Thus shut in by sea and mountains, it forms a little territory by itself, but it was the home of noted people.

① Greece holds a significant position in history.
② Greece is quite an isolated place.
③ Greece is surrounded by sea and mountains.
④ A small territory of Greece makes it attempt to find new places.

13. 다음 밑줄 친 부분 중 문맥상 낱말의 쓰임이 적절하지 <u>않은</u> 것은?

If you reside or work in a multistory building, you definitely want to have an emergency evacuation ladder. This is because if a fire or other emergency situation occurs, you need more than one option to get ① <u>down</u> to the lower level and safely evacuate. Elevators are often out of action and should not be used during a fire, and if the stairs are blocked for any reason during an emergency, it pays to have a backup plan. It is highly ② <u>advisable</u> for you to have emergency ladders in your building that can be used to exit from ③ <u>lower</u> stories safely in the event of an evacuation. Because those ladders can be folded compactly, it will allow for ④ <u>easy</u> storage when not in use.

14. 다음 밑줄 친 부분 중 어법상 적절하지 <u>않은</u> 것은?

Human history is full of instantly-recognizable symbols ① <u>which take</u> all sorts ② <u>of forms</u>, from 2D art to 3D buildings to great achievements. ③ <u>These show</u> the capacity of humanity to create and achieve, to change the environment around us, and ④ <u>understanding</u> how the world, our psyches, and societies work.

15. 다음 밑줄 친 부분 중 어법상 적절하지 <u>않은</u> 것은?

Steam power would create the first train, and thus the modern railroad was born in 1784. James Watt, ① <u>who</u> was a Scottish inventor, made improvements to Thomas Newcomen's steam engine, which was used ② <u>to move</u> water out of mine. With these improvements ③ <u>achieving</u>, he could create smaller and smaller engines, ④ <u>finally patenting</u> the design for the steam locomotive in 1784.

16. 다음 글의 요지로 가장 적절한 것은?

The purpose of the designers of the Constitution was to avoid having a dictator or king who had absolute power. To prevent this event, they created two systems. One system they set up was federalism. This called for a balance between federal and state governments. Another system was the checks and balances written into the Constitution. Checks and balances are an important part of the wonderful way the early leaders of the United States designed the Constitution. With these checks and balances, each of the three separate parts of our government has different roles and can provide a check on the power of any other. The powers of all three are balanced to work together.

① 연방제는 미국 헌법에 있어 가장 중요한 개념들 중 하나이다.
② 삼권분립에 관한 논란은 오늘날까지 이어지고 있다.
③ 견제와 균형은 왕의 과도한 권력을 막기에는 부족했다.
④ 절대 권력의 폐해를 막기 위해 연방제와 더불어 견제와 균형이 도입되었다.

17. 다음 글에서 전체 흐름과 관계 없는 문장은?

Grebes are birds having a ducklike body, but with pointed bills. Their feet, too, are unlike those of the ducks, each toe having its separate web, and having a broad flat nail. ① Their wings are very small for the size of the body, making it impossible for them to rise in flight from the land. ② They rise from the water by running a few yards along the surface until they have secured sufficient headway to allow them to launch themselves into the air. ③ Most of the time, they search for and eat a range of plants near their habitat, but they dig up fields to find worms in winter. ④ After having risen from the water, their flight is very swift and strong. On land they are very awkward and can only progress by a series of uncomfortable hops.

18. 다음 주어진 문장이 들어가기에 가장 적절한 것은?

The colonists had no choice but to pay it because there was only one company selling tea.

There were several factors which led to the Revolutionary War, beginning with the British trying to overtax the colonists in America. In 1770, many of the colonists protested against the British because they were being forced to give money to the government in Britain, yet they had no say or vote in that government. This is called taxation without representation. (①) The protests led to more violence in 1770 when the British soldiers fired at the colonists killing five men. (②) This became known as the Boston Massacre. A few years later, the British placed a tax on tea. (③) In protest against the unfair tax, several people from Boston, who were dressed as Indian, went aboard some British ships and dumped the tea into the water as another protest. (④) This became known as the Boston Tea Party. The British became angry and attempted to pass stricter rules, but the colonists resisted and war began.

But more importantly, it showed that we as one people could overcome both the fundamental forces of nature and our fear of death to achieve impossible feats.

Our understanding of the world has led us to one of the most symbolic achievements in history — landing on the Moon. (①) The Moon itself has a multitude of symbolic qualities, from full moons being bad luck in medieval times, to being associated with the yin to the Sun's yang. (②) The first 1969 Apollo 11 Moon landing showed the capitalism of the United States winning out over the communism of the Soviet Union. (③) For example, you don't say 'Neil Armstrong and Buzz Aldrin went to the Moon,' you say 'we went to the Moon.' (④)

The sons of Codrus were appointed archons, or rulers for life. An office was at first handed down from father to son, but it soon became elective; that is to say, all the people voted for and elected their own rulers. Then nine archons were chosen at once, but they kept their office for only one year.

(A) As the rich held the reins of the government, they often used their power to oppress the poor, and this gave rise to many quarrels. Little by little the two parties, the rich and the poor, grew to hate each other so much that it was decided that a new code or set of laws should be made, and that they should be obeyed by all alike.

(B) A severe archon called Draco was chosen to draw up these new laws (602 B.C.); and he made them so strict and cruel that the least sin was punished as if it had been a crime, and a man was sentenced to be hanged for stealing even a cabbage.

(C) As these men received no pay for serving the state, only the richest citizens could accept the office. Thus Athens, from a monarchy, or country ruled by a king, became an oligarchy, or state ruled by the rich and noble citizens.

① (A) − (C) − (B)
② (B) − (A) − (C)
③ (C) − (A) − (B)
④ (C) − (B) − (A)

해설편 ▶ p.46

2022년 ____월 ____일 시행

제7회 소방공무원 공개경쟁 채용시험

응시번호	
성명	

회차
7회

응시자 준수사항

☞ 시험지를 받으면 "시험 감독관"의 지시에 따라 다음 사항을 반드시 지켜 주십시오.

1. **시험지 표지의** "문제 책형"을 확인하고, "응시번호 및 성명"을 기재하여 주십시오.

2. **답안지의 책형란에** "문제 책형"을 표기하여 주십시오.

3. **시험이 시작되면** 시험지의 "편철순서", "페이지 수량"을 반드시 확인한 후에 문제를 푸십시오. ※ **본 시험지는 총 5페이지입니다.**

4. **시험이 시작되면** 문제를 주의 깊게 읽고, 문항의 취지에 가장 적합한 하나의 정답만을 고르며, 문제내용에 관한 질문은 받지 않습니다.

eduwill

【 영어 】

1. 밑줄 친 부분과 의미가 가장 가까운 것은?

> Senator Miller has been under such <u>intense</u> criticism for how he handled the refugee problem.

① uneasy ② complicated
③ vague   ④ severe

2. 밑줄 친 부분과 의미가 가장 가까운 것은?

> The new government, though denying all suspicion, is accused of <u>oppressing</u> religious minorities.

① sustaining   ② eliminating
③ suppressing ④ threatening

3. 빈칸에 들어갈 말로 가장 적절한 것은?

> Because the call was _____, we had no way to identify the person who had witnessed the fire accident.

① anonymous   ② immune
③ determinate ④ meticulous

4. 빈칸에 들어갈 말로 가장 적절한 것은?

> When the water naturally existing in plants is expelled by exposure to the air or a gentle heat, the residual dry matter is found to be composed of a considerable number of different substances, which have been divided into two great classes, called the organic and the inorganic, or mineral constituents of plants. The former are readily combustible, and on the application of heat, catch fire, and are entirely consumed, leaving the inorganic matters in the form of a white residuum or ash. All plants contain both classes of substances; and though their relative proportions vary within very wide limits, the former always greatly exceed the latter. It was at one time believed that the inorganic substances formed no part of the true structure of plants; but this opinion _____, and it is no longer doubted that both classes of substances are equally essential to their existence.

① has secured its own logical basis
② is being hotly debated
③ is now entirely abandoned
④ has its own validity

5. 빈칸에 들어갈 말로 가장 적절한 것은?

> The story of Robinson Crusoe is an allegory of human history. Man is a castaway upon a desert planet, isolated from other inhabited worlds — if there be any such — by millions of miles of untraversable space. He _____ _____, because this world of his, as Wells says, has no imports except meteorites and no exports of any kind. Man has no wrecked ship from a former civilization to draw upon for tools and weapons, but must utilize as best he may such raw materials as he can find.

① has no choice but to pay a high price
② is absolutely dependent upon his own efforts
③ realizes he has got out of all the social obligations
④ finds what he has learned from society useful

6. 다음 글의 내용과 일치하는 것은?

Before the dawn of history, mankind was engaged in the study of dreaming. The wise man among the ancients was pre-eminently the interpreter of dreams. The ability to interpret successfully or plausibly was the quickest road to royal favor; failure to give satisfaction in this respect led to banishment from court or death. But the psychologist rarely paid attention to dreams except incidentally in his study of imagery, association and the speed of thought. But now a change has come. The subject of the significance of dreams, so long ignored, has suddenly become a matter of energetic study and of fiery controversy the world over. The cause of this revival of interest is the new point of view brought forward by Professor Bergson in his paper. It is the idea that we can explore the unconscious substratum of our mentality and the storehouse of our memories, by means of dreams, because these memories are by no means inert, but have a life and purpose of their own.

① 꿈에 대한 연구는 비교적 현대적인 현상이다.
② 꿈은 심리학자들이 언제나 관심을 가져왔던 현상이다.
③ 꿈은 현재 전세계적으로 논쟁의 대상이 되었다.
④ 꿈의 여러 기능들 중 하나는 불필요한 기억을 삭제하는 것이다.

7. 다음 글의 주제로 가장 적절한 것은?

There are quite a few different types of fire extinguishers. Of course, you must use the right extinguisher depending on the type of fire. The following are the most popular types of fire extinguishers. The first one is a water fire extinguisher. This type of extinguisher oppresses fire by removing the heat elements of the fire triangle, which are fuel, oxidizer, and sufficient heat. The second one is a dry chemical fire extinguisher. It extinguishes fires by stopping the chemical reaction of the fire triangle. The last one CO_2 fire extinguisher. It puts out fires by taking away the oxygen element from the fire triangle and getting rid of the heat with a cold discharge.

① The most commonly used fire extinguishers and their features
② The history of fire extinguishers and their development
③ How to operate a water fire extinguisher
④ The three heat elements and their relationship with various fires

8. 다음 글의 요지로 가장 적절한 것은?

We schedule evacuation and shelter-in-place drills every three months throughout the year to secure the readiness of the apartment complex in responding to any sort of crisis that requires building residents to evacuate a building or to seek a safe place inside of a building. Evacuation and sheltering-in-place are the converse of each other. You evacuate a building if the situations inside the building present a danger to human life, health or safety. On the contrary, if the situations outside of a building presented a hazard to human life, health or safety, one would invert the evacuation stages and seek refuge inside a building.

① Regular evacuation and shelter-in-place drills have their lifesaving value.
② Evacuation and sheltering-in-place are the same thing despite their different terms.
③ There are two types of emergency response procedures, each of which shows reverse procedures of the other.
④ There are strict government regulations related to a shelter-in-place order.

9. 다음 글에서 전체 흐름과 관계 <u>없는</u> 문장은?

The yin-yang represents two complementary forces which are technically in opposition, but which cannot exist separately. ① This cuts to the core of our understanding of the universe. ② There can be no light without darkness, no summer without winter, no male without female. ③ The yin-yang philosophy has hardly been known to the western society, mainly because there have never been serious translations about it by both eastern scholars and western scholars. ④ This complementary relationship between seemingly opposite forces has taught us much about the mechanisms which govern both how our bodies work and how the world works.

10. 빈칸 (A)와 (B)에 들어갈 말로 가장 적절한 것은?

This is perhaps the most destructive insect attacking the apple. Every year, when we have a good apple crop, there are thousands of bushels of wormy apples which are practically worthless. ____(A)____, they cause an actual loss of thousands of dollars a year to the apple growers of this country. ____(B)____, each apple grower should come to know the life history, habits and injury of this pest. It is most destructive to the apple though the pear comes in for its share.

	(A)	(B)
①	Relatively	In the meantime
②	In other words	Nonetheless
③	Relatively	Accordingly
④	In other words	Therefore

11. 빈칸에 들어갈 말로 가장 적절한 것은?

Inhaling fumes from the fire has a _____ effect on your body, especially damaging your respiratory system.

① repetitive ② dissatisfactory
③ deleterious ④ defective

12. 빈칸에 들어갈 말로 가장 적절한 것은?

As opposed to what people commonly believe, tigers are not _____. Even after they are fully grown, they actively interact with one another throughout their lives.

① predatory ② solitary
③ nocturnal ④ inactive

13. 다음 대화의 빈칸에 들어갈 말로 가장 적절한 것은?

A: Did you hear the news about the conflagration?
B: What? No. Where and when did it happen?
A: It started in a small factory.
B: _____
A: Unfortunately, there are several casualties.

① The fire was suppressed already.
② So where did that break out?
③ Don't worry about it.
④ I hope no one got hurt.

14. 밑줄 친 부분이 가리키는 대상이 나머지 셋과 <u>다른</u> 것은?

The study of bacteria practically began with the use of the microscope. It was toward the close of the seventeenth century that the Dutch microscopist, Leeuwenhoek, working with his simple lenses, first saw the organisms which we now know under this name, with sufficient clearness to describe ① <u>them</u>. Beyond mentioning ② <u>their</u> existence, however, his observations told little or nothing. Nor could much more be said of the studies which followed during the next one hundred and fifty years. During this long period, many a microscope was used to observe ③ <u>these</u>, but the majority of observers were contented with simply seeing them, marveling at their minuteness and at the wonders of Nature. ④ <u>Those</u> of more strictly scientific natures paid some attention to them.

15. 주어진 글 다음에 이어질 글의 순서로 가장 적절한 것은?

You can treat first-degree burns by yourself. However, it's important to know how to do it. Though first-degree burns aren't as severe as higher-degree burns, you can suffer from pain, and it can leave a scar unless properly treated. To treat a first-degree burn, doctors recommend the following tips:

(A) Dip the burn in cool tap water or apply something cold as soon as possible. Do this for at least 10 minutes or until the pain diminishes. Never apply ointments or butter to the burn, since they may result in an infection.

(B) Once the burn heals, you should guard the area from the sun by wearing protective clothing or applying water-resistant sunblock with an SPF of 30 or higher. This will help to minimize scarring.

(C) Cover the burn with an antiseptic bandage. If you find blisters formed, let them disappear on their own while keeping the area covered.

① (A) – (C) – (B) ② (B) – (A) – (C)
③ (C) – (A) – (B) ④ (C) – (B) – (A)

16. 주어진 글 다음에 이어질 글의 순서로 가장 적절한 것은?

Business owners argued that higher wages would bring about higher prices for the consumers. In the 1890's, the government called the unions organizations operating 'in restraint of trade.'

(A) The unions did not want these problems to be handled by laws. They wanted to use the power of the labor unions to bargain with employers. Businesses persuaded unions to accept workers' compensation deals which were not as good as the workers wanted.

(B) Several states passed laws to provide minimum wages for women, do away with child labor, and provide funds for workers hurt on the job. Workers' compensation is the phrase describing financial help for those workers injured at work.

(C) The government used the Sherman Antitrust Act against unions instead of against businesses. Between 1890 and 1920, a period called the Progressive Era, many groups were organized to fight low wages, child labor and long hours for factory workers. And their efforts started paying off to some extent.

① (B) – (A) – (C) ② (B) – (C) – (A)
③ (C) – (A) – (B) ④ (C) – (B) – (A)

17. 밑줄 친 부분 중 어법상 <u>틀린</u> 것은?

New Hampshire is not a peculiarly wealthy state, but it has some resources ① <u>hardly found</u> in other states. The White Mountains, though useless to the farmer, is a piece of real estate which ② <u>yields</u> a sure and abundant income by numerous tourists and their money; and this revenue is certain to increase, ③ <u>unless</u> they are mismanaged. The White Mountains is at present a unique object of attraction; but they ④ <u>may easily spoil</u>, and the yearly tide of tourists will thus be turned towards other states that have their own attractions.

18. 밑줄 친 부분 중 어법상 틀린 것은?

A proper noun is a name ① applied to a particular object, whether person, place, or thing. It specializes or limits the thing ② to which it is applied, ③ reducing it to a narrow application. Thus, *city* is a word used for any one of its kind; but *Chicago* is a name of one city, the one in the U.S. Midwest, and ④ fix the attention upon that particular city. *King* means any ruler of a kingdom, but *Alfred the Great* is the name of only one king.

19. 다음 밑줄 친 it[It]/its가 가리키는 대상이 다른 하나는?

In artificial selection the breeder chooses out for pairing only such individuals as possess the character desired by him in a somewhat higher degree than the rest of the race. Some of the descendants inherit this character, often in a still higher degree. If ① it is pursued throughout several generations, the race is transformed in respect of that particular character. Natural selection depends on the same three factors as artificial selection: on variability, inheritance, and selection for breeding, but this last is here our focal point. It cannot be carried out by a breeder but by what Darwin called the "struggle for existence." Of course, Darwin is not the first one who used and develop ② its concept, but he is the first one who popularize it. ③ It is also the most special feature of the Darwinian conception of nature. Numerous scholars including biologists and evolutionists are still discussing ④ its validity and applications.

20. 다음 글에서 필자가 주장하는 바로 가장 적절한 것은?

We first begin to trace the clear outlines of the doctrine of witchcraft not far from the commencement of the Christian era. It presupposes the belief of the Devil. Early observers of nature in the East were led to the conclusion that the world was a divided empire, ruled by the alternate or simultaneous energy of two great antagonistic beings, one perfectly good, and the other perfectly bad. It was for a long time, and perhaps is at this day, a prevalent faith among Christians, that the Bible teaches a similar doctrine; that it presents, to our adoration and obedience, a being of infinite perfections in the Deity; and to our abhorrence and our fears, a being infinitely wicked, and of great power, in the Devil.

① 기독교의 선과 악은 동양의 사상에 영향을 받았다.
② 마술에 대한 경외심이 기독교의 발전에 영향을 끼쳤다.
③ 악에 대한 사람들의 두려움은 시대와 지역과 관계없이 보편적이다.
④ 선과 악이라는 이분법은 기독교 초기부터 존재해왔다.

해설편 ▶ p.54

2022년 ____월 ____일 시행

제8회 소방공무원 공개경쟁 채용시험

응시번호	
성명	

회차
8회

eduwill

【 영어 】

1초 합격예측! 모바일 성적분석표

QR 코드로 접속하여 문제풀이 시간을 측정하고, 〈1초 합격예측! 모바일 성적분석표〉 서비스를 통해 지금 바로! 실력을 점검해 보세요.
http://eduwill.kr/kAVF

1. 밑줄 친 부분과 의미가 가장 가까운 것은?

> The cat has very different nature from the dog. The former shows independence while the latter is sociable.

① frugal   ② active
③ gregarious   ④ aloof

2. 다음 빈칸에 들어갈 말로 가장 적절한 것은?

> I'm sure everyone knows smoking is harmful. But people must be also aware of the _____ of secondhand smoking.

① institutions   ② barriers
③ invasions   ④ hazards

3. 다음 빈칸에 들어갈 말로 가장 적절한 것은?

> To save energy, it is efficient to _____ your home; for example, installing storm windows can cut down on heating costs in winter.

① drench   ② evade
③ obliterate   ④ insulate

4. 밑줄 친 it[It]이 가리키는 대상이 나머지 셋과 다른 것은?

> Before setting up a campfire, make sure if ① it is legally permitted to do so. You can ask your local fire department. If it is permitted, ② it must be 25 feet away at a minimum from any building and anything flammable. Clear away combustible things such as dry leaves, sticks, overhanging low branches and shrubs. You should also avoid setting up a fire on windy, dry days. ③ It tends to easily spread out of control on such days. You must monitor your children while the fire is burning. Under no circumstance should kids play or stand too close to the fire. Keep an eye on ④ it at all times. A campfire unattended for only several minutes can develop into a disastrous fire. Have a good supply of water nearby to put out the fire.

5. 다음 글의 제목으로 가장 적절한 것은?

> No man has a right, either moral or legal, to destroy or squander an inheritance of his children that he holds for them in trust. And man, the wasteful and greedy spendthrift that he is, has not created even the humblest of the species of birds, mammals and fishes that adorn and enrich this earth. The wild things of this earth are not ours, to do with as we please. They have been given to us in trust, and we must account for them to the generations which will come after us and audit our accounts. But human beings persistently exterminate one species after another.

① The basic human right to use nature
② The inability of humans to create species
③ Human, the destroyer of nature
④ Human, the master of all creatures

6. 다음 글의 주제로 가장 적절한 것은?

A healthy body struggles continually to purify itself of poisons that are inevitably produced while going about its business of digesting food, moving about, and repairing itself. The body is a marvelous creation, a carbon, oxygen combustion machine, constantly burning fuel, disposing of the waste products of combustion, and constantly rebuilding tissue by replacing worn out, dead cells with new, fresh ones. Every seven years virtually every cell in the body is replaced. All by itself this would be a lot of waste disposal for the body to handle. The waste products of digestion, of indigestion, of cellular breakdown and of the general metabolism are all poisonous to one degree or another. Another word for this is toxic. If these toxins were allowed to remain and accumulate in the body, it would poison itself and die in agony. So the body has a processing system to eliminate toxins. And when that system does break down, the body does die in agony, as from liver or kidney failure.

① Becoming a new person every seven years
② Operation of the body to deal with toxins
③ Metabolism as the cause of various kinds of toxic chemicals
④ Cellular breakdown as the main activity of your liver and kidney

7. 다음 글에서 필자가 주장하는 바로 가장 적절한 것은?

The earlier forms of music were very simple; the range of tones employed was narrow, and the habits of mind in the people employing them were apparently calm and almost inactive. As time passed on, more and more tones were added to the musical scales, and more and more complicated relations were recognized between them, and the music thereby became more diversified in its tonal effects, and therein better adapted for the expression of a more energetic or more sensitive action of mind and feeling. This has been the general course of the progress, from the earliest times in which there was an art of music until now.

① If you develop music further, you can cultivate your mind better.
② We can expect some medicinal effects by listening to music.
③ Music reflects the inactive aspect of humans.
④ Mind and music are interrelated, and music of the present is richer than that of the past.

8. 다음 글의 요지로 가장 적절한 것은?

Perhaps some of you have gardens or grass plots at your own homes. If you see some dandelions in the lawn, or groundsel among the flowers or vegetables in the garden beds, you say, "Those weeds must be pulled up." You call the Dandelion and the Groundsel weeds, but they have flowers all the same; the Dandelion is perhaps one of the most lovely yellow flowers that we have. They are weeds certainly in your lawn or garden beds, because they ought not to be there. Weeds are plants in the wrong place. By and by, in the farmer's fields, we shall see many pretty flowers which he calls weeds. We speak of the Nettle as a weed, and do not usually admire it; yet the Nettle has a flower, as we shall see.

① What is food to one is to others bitter poison.
② The squeaky wheel gets the grease.
③ A rotten apple spoils the barrel.
④ Every cloud has a silver lining.

9. 다음 글에서 전체 흐름과 관계 <u>없는</u> 문장은?

If human beings have been long in solitary confinement, they have lost speech either partially or entirely, and required to have it renewed through gestures. There are also several recorded cases of children, born with all their faculties, who, after having been lost or abandoned, have been afterwards found to have grown up possessed of acute hearing, but without anything like human speech. ① <u>One of these was Peter, "the Wild Boy," who was found in the woods of Hanover in 1726, and taken to England.</u> ② <u>Vain attempts were made to teach him language, though he lived to the age of seventy.</u> ③ <u>When we take an evolutionist perspective into account, fluency in any language must be acquired not congenital; in other words, you can master any foreign language under certain circumstances.</u> ④ <u>Another was a boy of twelve, found in the forest of Aveyron, in France, about the beginning of this century, who was destitute of speech, and all efforts to teach him failed.</u>

10. 다음 글의 내용과 일치하지 <u>않는</u> 것은?

The first and most important of the laws to be considered here is that of similarity. It is by virtue of this law that the peculiar characters, qualities and properties of the parents, whether external or internal, good or bad, healthy or diseased, are transmitted to their offspring. This is one of the plainest and most certain of the laws of nature. Children resemble their parents, and they do so because these are hereditary. The law is constant. Within certain limits, progeny always and everywhere resemble their parents. If this were not so, there would be no constancy of species, and a horse might beget a calf or a sow have a litter of puppies, which is never the case. But the constancy is not absolute and perfect, and this introduces us to another law, that of variation. All organic beings, whether plants or animals, possess a certain flexibility, making them capable of change to a greater or less extent. When in a state of nature, variations are comparatively slow and infrequent, but when in a state of domestication, they occur much oftener and to a much greater extent.

① 유사성의 법칙에 의해 부모의 특징이 자식에게 전해진다.
② 유사성의 법칙은 특정한 한계 내에서 대체적으로 일정하다.
③ 동물과 식물 모두 종의 변화의 가능성도 지니고 있다.
④ 자연 상태보다는 가축화 상태에서 종의 변화가 덜 발생한다.

11. 다음 밑줄 친 부분 중 어법상 적절하지 <u>않은</u> 것은?

All oral languages were at some past time far less useful to ① <u>those using</u> them than they are now, and as each particular language has been thoroughly studied, ② <u>it</u> has become evident that it grew out of some other and less advanced form. In the investigation of these old forms, it has been ③ <u>very difficult</u> to find out how any of them first became a useful instrument of inter-communication that many conflicting theories on this subject ④ <u>have been advocated</u>.

12. 다음 밑줄 친 부분 중 어법상 적절하지 <u>않은</u> 것은?

Almost all plants, including large trees, have flowers — they are flowering plants. ① <u>Just a few</u> plants have no flower; ferns have none, ② <u>nor has</u> the mosses and lichens which grow on walls and rocks and on the stems of trees. Fungi, too, such as the mushroom, have no flowers. Nearly all other plants have flowers. It is by the flower ③ <u>that</u> a plant is reproduced. After the flower has faded comes the fruit and seed; the seed falls into the ground or is sown, and from it springs another plant. Without the flower, ④ <u>there would be</u> no seed.

13. 다음 빈칸에 들어갈 말로 가장 적절한 것은?

The theory of relativity is intimately connected with the theory of space and time. I shall therefore begin with a brief investigation of the origin of our ideas of space and time, although in doing so I know that I introduce a controversial subject. The object of all science, whether natural science or psychology, is to coordinate our experiences and to bring them into a logical system. How are our customary ideas of space and time _____ the character of our experiences?

① contrary to   ② related to
③ indifferent to   ④ exposed to

14. 다음 빈칸에 들어갈 말로 가장 적절한 것은?

The Industrial Revolution inspired many other great _____ during the rest of the 19th century and well into the 20th century, including the light bulb by Thomas Edison in 1878, the telephone by Alexander Graham Bell in 1877, and the automobile by Karl Benz in 1885.

① politicians   ② inventions
③ cultures   ④ nations

15. 다음 빈칸에 들어갈 말로 가장 적절한 것은?

Rachel Carson is often given credit for advancing the environmental movement globally. She was a marine biologist as well as conservationist. One of her main _____ to the environmental movement, a movement which focuses on preserving the earth, was the book *Silent Spring*, a book that highlights the effects of manmade production of chemicals and industry and what it does to the environment.

① characteristics   ② limitations
③ directions   ④ contributions

16. 다음 밑줄 친 부분 중 낱말의 쓰임이 적절하지 <u>않은</u> 것은?

Carbon monoxide is a gas that you cannot smell or taste. Inhaling it can make you sick, and it can even kill you when you are exposed to ① <u>high</u> levels. Each year almost 100 people are killed by accidental carbon monoxide poisoning nationwide. Once carbon monoxide is ② <u>inhaled</u>, it enters your bloodstream and mixes with hemoglobin, which is essential in carrying oxygen around your body. After this, the blood is no longer able to perform its task, which leads to ③ <u>abundance</u> of oxygen in the body. Subsequently, cells and tissue fail and die. In case you think you suffer a low level of carbon monoxide poisoning, seek medical advice although you are most unlikely to need hospital treatment. It is highly ④ <u>desirable</u> to check your residence for safety.

17. 다음 주어진 문장이 들어가기에 가장 적절한 곳은?

A conjunction, then, is a word that conjoins, or joins together something.

A conjunction is a part of speech that is chiefly used to connect sentences, joining two or more simple sentences into one compound sentence: it sometimes connects only words; for instance, "You and he are happy, because you are good." (①) Conjunctions are those parts of language, which, by joining sentences in different ways, mark the connections and various dependences of human thought. (②) The term CONJUNCTION comes from the two Latin words, *con*, which signifies together, and *jungo*, to join. (③) Before you can fully comprehend the nature and office of these sort of words, it is requisite that you should know what is meant by a sentence, a simple sentence, and a compound sentence, because conjunctions are chiefly used to connect sentences. (④)

18. 다음 빈칸에 들어갈 말로 가장 적절한 것은?

Our foundation keeps providing assistance to those in need. Grants are offered to assist local fire victims, fire prevention education, volunteer fire department device purchase, and community programs for safety. If you or your organization is interested in a grant, please ensure to describe how funding will be used and whether this is a _____ or one time program and/or equipment purchase.

① regular　　　　② required
③ redundant　　　④ relevant

19. 다음 빈칸 (A), (B)에 들어갈 말로 가장 적절한 것은?

We may define a food to be any substance which will repair the functional waste of the body, increase its growth, or maintain the heat, muscular, and nervous energy. In its most comprehensive sense, the oxygen of the air is a food, as although it is admitted by the lungs, it passes into the blood, and there reacts upon the other food which has passed through the stomach. It is usual, _____(A)_____, to restrict the term food to such nutriment as enters the body by the intestinal canal. Water is often spoken of as being distinct from food, _____(B)_____ there is no sufficient reason for this.

	(A)	(B)
①	however	but
②	however	additionally
③	as a result	yet
④	as a result	nonetheless

20. 주어진 글 다음에 이어질 글의 순서로 가장 적절한 것은?

On Monday morning July 16, 1945, the world was changed forever when the first atomic bomb was tested in an isolated area of the New Mexico desert. Conducted in the final month of World War II by the top-secret Manhattan Engineer District, this test was code named Trinity.

(A) The Trinity test took place on the Alamogordo Bombing and Gunnery Range, about 230 miles south of the Manhattan Project's headquarters at Los Alamos, New Mexico. Today this 3,200 square mile range, partly located in the desolate Jornada del Muerto Valley, is named the White Sands Missile Range and is actively used for non-nuclear weapons testing.

(B) The other possible sites were not located in New Mexico. The last choice for the test was in the beautiful San Luis Valley of south-central Colorado, near today's Great Sand Dunes National Monument.

(C) The selection of this remote location in the Jornada del Muerto Valley for the Trinity test was from an initial list of eight possible test sites. Besides the Jornada, three of the other seven sites were also located in New Mexico.

① (A) − (C) − (B)
② (B) − (A) − (C)
③ (B) − (C) − (A)
④ (C) − (A) − (B)

해설편 ▶ p.63

2022년 ____월 ____일 시행

제9회 소방공무원 공개경쟁 채용시험

응시번호	
성명	

회차
9회

응시자 준수사항

☞ 시험지를 받으면 "시험 감독관"의 지시에 따라 다음 사항을 반드시 지켜 주십시오.

1. **시험지 표지**의 "문제 책형"을 확인하고, "응시번호 및 성명"을 기재하여 주십시오.

2. **답안지의 책형란**에 "문제 책형"을 표기하여 주십시오.

3. **시험이 시작되면** 시험지의 "편철순서", "페이지 수량"을 반드시 확인한 후에 문제를 푸십시오.   ※ 본 시험지는 총 5페이지입니다.

4. **시험이 시작되면** 문제를 주의 깊게 읽고, 문항의 취지에 가장 적합한 하나의 정답만을 고르며, 문제내용에 관한 질문은 받지 않습니다.

eduwill

【 영어 】

1초 합격예측! 모바일 성적분석표

QR 코드로 접속하여 문제풀이 시간을 측정하고, 〈1초 합격예측! 모바일 성적분석표〉 서비스를 통해 지금 바로! 실력을 점검해 보세요.
http://eduwill.kr/2AVF

1. 다음 빈칸에 들어갈 단어로 가장 적절한 것은?

> Since he started telecommuting last year, Richard, who had once enjoyed outdoor activities, has become rather _____.

① inert
② extrovert
③ vigorous
④ precarious

2. 다음 빈칸에 들어갈 단어로 가장 적절한 것은?

> I know there are a lot of advocates for the theory that human nature is fundamentally good. However, I am convinced that the cruel civil war, broadcast by the media all over the world, proves the _____ side of human nature.

① destructive
② salutary
③ experiential
④ animated

3. 다음 빈칸에 들어갈 단어로 가장 적절한 것은?

> There is a _____ fear that we are constantly under surveillance. Many of us are overly conscious of the omnipresence of security cameras.

① limited
② pervasive
③ void
④ furtive

4. 다음 빈칸에 들어갈 단어로 가장 적절한 것은?

> It was a really _____ decision. Since that decision of the CEO, the enterprise has expanded into the world. The company is currently the highest ranked furniture manufacturer worldwide.

① trivial
② mediocre
③ meager
④ momentous

5. 다음 글의 빈칸에 들어갈 말로 가장 적절한 것은?

> Short breath and gasping are brought about when an irritant such as cold or dry air, smoke, pollen, or dust adversely affects the airways. _____, stress, oscillations in the hormone profile, and anger also trigger an attack. Breathing difficulty arises because the bronchi which allow oxygen into the lungs go into a spasm. It is also associated with coughing and tightness in the chest. Severe conditions including wheezing, air hunger and chest pain can be alarmingly scary. Strenuous exercise, extreme temperatures, high altitude, and obesity have proved to set off shortness of breath in a healthy person. Other than these, if you experience breathlessness, it is typically indicative of a disorder and must be examined without delay.

① In addition
② Nonetheless
③ To illustrate
④ Specifically

6. 다음 대화의 빈칸에 들어갈 말로 가장 적절한 것은?

A: Would you show me that scooter?
B: Sure. It's the latest model, so it's popular with kids.
A: Well, I'm a little concerned about its weight, though.
B: _____
A: I mean, this is for my daughter. So this looks too heavy for a six-year-old girl to carry around with.
B: Then, I'll bring you another model.
A: That would be great. Thanks.

① Do you mean you need a bigger one?
② Do you think it's too heavy for you?
③ What color would you like?
④ How much do you weigh?

7. 다음 글의 제목으로 가장 적절한 것은?

In newspaper literature, women made her entrance at an early period and in an important manner. The first daily newspaper in the world was established and edited by a woman, Elizabeth Mallet, in London, March, 1702. It was called *The Daily Courant*. The first newspaper printed in Rhode Island was by Anna Franklin in 1732. She was aided by her two daughters, who were correct and quick compositors. The woman servant of the house usually worked the press. The third paper established in America was *The Mercury* in Philadelphia. After the death of its founder, in 1742, it was suspended for a week, but his widow, Mrs. Cornelia Bradford, revived it and carried it on for many years, making it both a literary and a pecuniary success.

① American newspapers
② The history of newspapers
③ Literary value of newspapers
④ Women in newspapers

8. 다음 밑줄 친 부분이 가리키는 대상이 나머지 셋과 <u>다른</u> 것은?

For more than 42 years, the Centerville Fire Academy has offered fire fighter training. With service demands on fire departments expanding, ① it has developed EMS(emergency medical service) training, hazardous materials courses, rescue technician training, and other programs to meet those increasing needs. ② Its capacity to accommodate these changes is directly attributable to the commitment of the full and part-time staff and to the guidance and direction of the Fire Academy's governing body, the Centerville Education Commission. Since ③ it is our duty to provide local, state, and federal fire fighters with training, ④ it is devoted to ensuring they receive the best educational experience possible and the training also meets national standards.

9. 다음 글의 Wells가 마감시한을 지키기로 결정하면 생기게 될 일은?

Dear Ms. Wells,
Just yesterday, I received an urgent phone call from our contractor informing me that some paints are currently unavailable. He said that we can wait until the manufacturer can provide those paints next month, but then we cannot meet our original work deadline and have to put off our grand opening. In order to meet the deadline, we can purchase the same colors from a different manufacturer, but, in this case, we will have to pay about 10 percent more than we originally planned. Since you are a general manager, please decide which option would be better and let me know as soon as possible. I will take care of the rest.
Michael Dawson

① They will hold their grand opening in a different venue.
② They will have to cancel the whole project.
③ They are likely to do business with the existing manufacturer.
④ The final cost will exceed the original one.

10. 다음 밑줄 친 표현과 가장 유사한 것은?

In expectation of a highly effective new medicine for lung cancer, the pharmaceutical company had steadily invested a lot of money. Surprisingly, however, the findings from the research were at odds with what the company had expected.

① faced　　　　　② conflicting
③ equipped　　　④ complying

11. 다음 글의 주제로 가장 적절한 것은?

The art of China and Japan appears to have been more influenced by this view of natural appearances than that of the West has been, until quite lately. The Eastern mind does not seem to be so obsessed by the objectivity of things as is the Western mind. With us the practical sense of touch is all powerful. "I know that is so, because I felt it with my hands" would be a characteristic expression with us, whereas I do not think it would be an expression the Eastern mind would use. With them the spiritual essence of the thing seen appears to be the more real, judging from their art.

① Reevaluating techniques used in the Eastern art
② The difference that the Eastern art has from the Western art
③ Lack of practicality and reality in the Eastern art
④ Similarities between the Eastern art and the Western art

12. 다음 글의 주제로 가장 적절한 것은?

I am now prepared to give the following general direction; Fix upon a high standard of character. To be thought well of is not sufficient. The point you are to aim at is the greatest possible degree of usefulness. Some may think there is danger of setting too high a standard of action. I am fully convinced, however, that this is not so. The more perfect homework you demand from a student, the better. He who only aims at little, will accomplish but little. Expect great things, and attempt great things. A neglect of this rule produces more of the difference in the character, conduct, and success of men, than is commonly supposed.

① Risks of high standards
② Aiming high in forming character and its benefit
③ Achieving great things from a humble start
④ Disadvantages of changing your aim

13. 다음 밑줄 친 부분 중 문맥상 낱말의 쓰임이 적절하지 않은 것은?

The soil is cleared to a great extent, fit for the reception of the best seeds, ready to give a rich return for the skill and labor spent upon it — a return more than sufficient for all the wants of humanity. The methods of rational cultivation are known. While the ancient hunter had to search a vast area to find food for his family, the ① civilized man supports his household, with far ② less pains, and far more certainty. Climate is no longer an ③ obstacle. When the sun fails, man replaces it by artificial heat; and we see the coming of a time when artificial light also will be used to stimulate vegetation. Man makes a given space ten and fifty times ④ less productive than it was in its natural state.

14. 다음 밑줄 친 부분 중 어법상 <u>어색한</u> 것은?

You will see the terrible snow-storms which sweep over the northern portion of Eurasia in the later part of the winter, and the ① glazed frost that often ② follows them; the frosts and the snow-storms which return every year in the second half of May, ③ which the trees are already in full blossom and insects swarm everywhere; the early frosts and, occasionally, the heavy snowfalls in July and August, which suddenly ④ destroy myriads of insects.

15. 다음 밑줄 친 부분 중 어법상 어색한 것은?

They all tried ① to prove that Man, owing to his higher intelligence and knowledge, may mitigate the harshness of the struggle for life between men; but they all recognized at the same time that the struggle for the means of existence of every animal against all its congeners ② and of every man against all other men ③ was "a law of Nature." This view, however, I could not accept, because I was persuaded that to admit a pitiless inner war for life within each species and to see in that war a condition of progress ④ was to admit something which not only had not yet been proved, but also lacked confirmation from direct observation.

16. 다음 글의 요지로 가장 적절한 것은?

Numbers govern the world — *mundum regunt numeri*. This proverb applies as aptly to the moral and political as to the sidereal and molecular world. The elements of justice are identical with those of algebra; legislation and government are simply the arts of classifying and balancing powers; all jurisprudence falls within the rules of arithmetic. Filled with admiration and enthusiasm for this profound and majestic simplicity of Nature, we shall shout with the apostle: "Yes, the Eternal has made all things by number, weight, and measure!" We shall understand not only that equality of conditions is possible, but that all else is impossible.

① 만물이 수의 법칙에 지배된다.
② 법학은 연산 법칙에 속한다.
③ 우리는 자연의 단순함에 감탄해야 한다.
④ 수는 도덕과 정치 분야에 적용된다.

17. 다음 글에서 전체 흐름과 관계 <u>없는</u> 문장은?

The forests which once covered it have been cleared, the marshes drained, the climate improved. It has been made habitable. ① <u>The soil, which bore formerly only a coarse vegetation, is covered today with rich harvests.</u> ② <u>There have been some evident signs of nature's revenge: global warming, depletion of natural resources, and new diseases to name a few.</u> ③ <u>The rivers have been made navigable; the coasts, carefully surveyed, are easy of access; artificial harbors, laboriously dug out and protected against the fury of the sea, afford shelter to the ships.</u> ④ <u>At the crossings of the highways have sprung up great cities, and within their borders all the treasures of industry, science, and art have been accumulated.</u>

> For example, man begin them with the drawing of nourishment from the mother's breast.

The egoistic activities mean that the effort is directed towards the ego or self, and includes all of those activities directed to the support, protection, defense and development of oneself. As illustrated in the plant organism, the taking of nourishment from the air and soil, the development of the stem, branches, roots and leaves, are egoistic activities. (①) However, the plant is by no means the only one engaging in egoistic activities. (②) In the animal, the egoistic activities begin as soon as it is born. (③) A very large part of the activities of the self-supporting human subject are directed towards the earning of his daily bread, and of clothing and shelter. (④)

19. 다음 주어진 문장이 들어가기에 가장 적절한 곳은?

> Marriage is primarily an economic arrangement, an insurance pact.

The popular notion about marriage and love is that they are synonymous, that they spring from the same motives, and cover the same human needs. Like most popular notions, this also rests not on actual facts, but on superstition. (①) Marriage and love have nothing in common; they are as far apart as the poles. (②) At any rate, while it is true that some marriages are based on love, and while it is equally true that in some cases love continues in married life, I maintain that it does so regardless of marriage, and not because of it. (③) It differs from the ordinary life insurance agreement only in that it is more binding, more exacting. (④) Its returns are insignificantly small compared with the investments.

20. 주어진 글 다음에 이어질 글의 순서로 가장 적절한 것은?

> A lecture "On the Law of Mutual Aid," which was delivered at a Russian Congress of Naturalists, in January 1880, by the well-known zoologist, Professor Kessler, the then Dean of the St. Petersburg University, struck me as throwing a new light on the whole subject.

(A) Unfortunately, however, he had not lived to develop the idea further. He died in 1881.

(B) Kessler's idea was that besides the law of Mutual Struggle there is in Nature the law of Mutual Aid, which, for the success of the struggle for life, and especially for the progressive evolution of the species, is far more important than the law of mutual contest.

(C) This suggestion seemed to me so correct and of such great importance, that I began to collect materials for further developing the idea, which Kessler had only cursorily sketched in his lecture.

① (A) − (C) − (B)
② (B) − (A) − (C)
③ (B) − (C) − (A)
④ (C) − (A) − (B)

해설편 ▶ p.72

2022년 ＿＿＿월 ＿＿＿일 시행

제10회 소방공무원 공개경쟁 채용시험

응시번호	
성명	

회차
10회

응시자 준수사항

☞ 시험지를 받으면 "시험 감독관"의 지시에 따라 다음 사항을 반드시 지켜 주십시오.

1. **시험지 표지의** "문제 책형"을 확인하고, "응시번호 및 성명"을 기재하여 주십시오.

2. **답안지의 책형란에** "문제 책형"을 표기하여 주십시오.

3. **시험이 시작되면** 시험지의 "편철순서", "페이지 수량"을 반드시 확인한 후에 문제를 푸십시오.   ※ 본 시험지는 총 5페이지입니다.

4. **시험이 시작되면** 문제를 주의 깊게 읽고, 문항의 취지에 가장 적합한 하나의 정답만을 고르며, 문제내용에 관한 질문은 받지 않습니다.

eduwill

【 영어 】

1. 밑줄 친 부분과 의미가 가장 가까운 것은?

> Attendance is <u>mandatory</u>. That means you are required to attend the event unless you get permission from the management.

① repetitive   ② compulsory
③ mediocre   ④ plentiful

2. 밑줄 친 부분과 의미가 가장 가까운 것은?

> The rumor about the possible layoff attracted a lot of attention from the media. The directors have <u>evaded</u> the press for a few weeks.

① dismissed   ② integrated
③ withdrawn   ④ eluded

3. 다음 빈칸에 들어갈 말로 가장 적절한 것은?

> A stroke can harm your brain by _____ the supply of oxygen to it. Brain cells start to die in minutes, so immediate treatment is vital. Prompt action can minimize brain damage.

① disrupting   ② retaining
③ enlarging   ④ dispersing

4. 다음 빈칸에 들어갈 말로 가장 적절한 것은?

> The name of Greece _____.
> They called their land HELLAS, and themselves HELLENES. At first the word HELLAS signified only a small district in Thessaly, from which the Hellenes gradually spread over the whole country. The names of GREECE and GREEKS come to us from the Romans, who gave the name of GRAECIA to the country and of GRAECI to the inhabitants.

① was first used in prehistoric times
② was not used by the inhabitants of the country
③ was determined by some Greek leaders
④ was legally accepted by its government

5. 다음 빈칸에 들어갈 말로 가장 적절한 것은?

> It has already been stated that oxygen, hydrogen, and nitrogen _____.
> Accurate study has led to the conclusion that all gases work that way to some extent not only in water but in many other liquids. The amount of a gas which will dissolve in a liquid depends upon a number of conditions, and these can best be understood by supposing a vessel to be filled with the gas and inverted over the liquid. Under these circumstances the gas cannot escape or become mixed with another gas.

① are necessary for all living things
② are the most common elements on earth
③ are slightly soluble in water
④ are stable under normal conditions

6. 다음 글의 내용과 일치하지 <u>않는</u> 것은?

> The system of democracy was born in Greece around 500BC, specifically in the city-state of Athens. Athens used to be ruled by kings, but they were overthrown and a democratic system was established, the first in history and in the world. This system was unique in that political leaders could be random citizens voted in by their peers. Also, they had a public legislative forum in which all people with full citizenship could speak and express their views. However, not all were considered equal even under the democratic system, as women, slaves, foreigners, and people under 20 years old were not granted full citizenship, so they were not allowed to vote or express themselves politically.

① 최초의 민주주의는 그리스 아테네의 민주주의였다.
② 아테네는 원래 왕에 의해 통치되었으나 왕권이 무너지고 민주적 체계가 자리잡았다.
③ 아테네의 입법 포럼에는 시민권을 가진 이들 중 일부만 참여할 수 있었다.
④ 외국인들은 정치적 의사를 표현하는 것이 허용되지 않았다.

7. 다음 글의 주제로 가장 적절한 것은?

If there had been no real heroes, people would have created imaginary ones, because men cannot live without them. The hero is just as necessary as the farmer, the sailor, the carpenter and the doctor; society could not get on without him. There have been a great many different kinds of heroes, because in every age and among every people the hero has stood for the qualities that were most admired and sought after; and people have imagined or produced heroes as inevitably as they prepare to fight their enemies. To be some kind of a hero has been the ambition of children from the beginning of history; and if you want to know what the men and women of a country care for most, you must study their heroes. To children, the hero stands for the highest success: to the grown man and woman, he stands for the deepest and richest life.

① Young children in every culture or country needs heroes as their role models.
② Humans grow up as they base their values and actions on those of heroes.
③ There are various types of heroes since there are also many kinds of successes.
④ People need the hero in life because the hero represents what people want and pursue.

8. 다음 글의 요지로 가장 적절한 것은?

The man who works in the gymnasium knows that exercise increases the strength of muscles for a while, but not indefinitely. There comes a time when the limit of a man's hereditary potentiality is reached, and no amount of exercise will add another millimeter to the circumference of his arm. Similarly the handball or tennis player someday reaches his highest point, as do runners or race horses. A similar case is found in a student who takes a college examination. The student may be able to cram to his or her limit by spending all the time and effort he or she can devote. However, the mark the student get will have a limit. It is impossible that the mark rises indefinitely.

① Humans have limitations in ability.
② There are a few people who show abilities beyond limitations.
③ The most influential factor in taking exams is the amount of time one invests.
④ A person's physical potentiality cannot be measured accurately.

9. 다음 글에서 전체 흐름과 관계 없는 문장은?

King Harald of Norway was only a boy of ten years of age when he came to the throne, but he determined to increase the size of his kingdom, which was then but a small one, so he trained his men to fight, built grand new ships, and then began his conquests. ① Norway was at that time divided up into a number of districts or small kingdoms, each of which was ruled over by an Earl or petty King, and it was these rulers whom Harald set to work to conquer. ② Norway on more than one occasion sent its fierce fighting men in ships across the North Sea to invade England. ③ He intended to make one united kingdom of all Norway, and he eventually succeeded in doing so. ④ But he had many a hard fight; and if the Sagas, as the historical records of the North are called, speak truly, he fought almost continuously during twelve long years before he had accomplished his task. And even then he was only just twenty-one years of age.

10. 빈칸 (A)와 (B)에 들어갈 말로 가장 적절한 것은?

Fast and efficient ventilation of a building fire removes heat, smoke, and toxic fire gases away from trapped residents and firefighters alike. Ventilation improves the chances that trapped occupants will survive. Ventilation, at the same time, decreases the chances of a rollover, flashover, or backdraft, which in turn diminishes the probability of firefighters being injured. _____(A)_____, ventilation reduces the number of threats that the firefighters working inside the structure can face during search, rescue, and fire suppression operations. It is essential part of fire oppression for ventilation to be efficient and safe. Ventilation is usually regarded a main duty to be performed by truck companies. It is, _____(B)_____ a function at which all firefighters must be skilled. The results from mindless and indiscriminate breaking of windows or cutting of holes without considering could be injurious or fatal to both citizens and firefighters.

	(A)	(B)
①	Moreover	consequently
②	Moreover	nevertheless
③	Conversely	likewise
④	Conversely	in the end

11. 다음 빈칸에 들어갈 말로 가장 적절한 것은?

_____ is stoppage of respiration in the airway. It usually happens when a foreign body enters the airway, leading to choking. Every five days, a child dies of choking on food.

① Food poisoning　　　② Airway obstruction
③ Migraine　　　④ Hyperventilation

12. 다음 빈칸에 들어갈 말로 가장 적절한 것은?

_____ is a serious heat illness, which is caused by the loss of body fluid through sweating. So it is preventable through water, rest, and shade. Elderly people and infants are especially vulnerable to it because of impaired thermoregulations.

① Heart attack　　　② Shivering
③ Blackout　　　④ Heat exhaustion

13. 다음 대화의 빈칸에 가장 적절한 것은?

A: What did you get?
B: This is my new baseball cap. It costs me only $3.
A: _____
B: It is, isn't it? I could save a lot of money.

① I'm flattered.
② What a rip-off!
③ That's a really good deal.
④ You owe me an apology.

14. 다음 밑줄 친 they[They]가 가리키는 대상이 나머지 셋과 다른 것은?

For the last fifteen years, the subject of bacteriology has developed with a marvelous rapidity. In the past, bacteria were scarcely heard of outside of scientific circles, and very little was known about them even among scientists. Today ① they are almost household words, and everyone who reads is beginning to recognize that ② they have important relations to our everyday life. ③ They comprise simply a small class of low plants, but scientists have proved that they are of such vast importance in its relation to the world in general. As ④ they have learned more and more of them for the last fifty years, it has become more and more evident that life of both animals and plants is based on them.

15. 주어진 글 다음에 이어질 글의 순서로 가장 적절한 것은?

In the last six months of the first World War, Germany sent six submarines to America at intervals starting in April, to lay mines along our shipping lanes, attack merchantmen, drive the fishing fleet ashore, and try to force this country to call back part of its European fleet for home defense — and in any case to give America, geographically aloof from the war, a taste of what war was like.

(A) But in those three weeks, these six submarines destroyed exactly 100 ships and killed 435 people. Most of the ships were peaceful unarmed merchantmen from the West Indies and South America and fishing ships heading back from the Grand Banks.

(B) Moreover, it was in no sense an all-out effort. Only a handful of submarines were used. The attack was launched late in the war. In fact one of them didn't even reach American waters. It was called back by news of the Armistice. Submarines of that day had a cruising range of some three months, could spend only three weeks in our coastal waters, and used the rest of the time getting over and back.

(C) However, these activities didn't get much attention at the time by more serious events, or were hidden by military secrecy. Few people even today know that ships were sunk and men killed by German U-boats within sight of our coast.

① (A) − (B) − (C)   ② (A) − (C) − (B)
③ (C) − (A) − (B)   ④ (C) − (B) − (A)

16. 주어진 글 다음에 이어질 글의 순서로 가장 적절한 것은?

A tornado is a strong rotating wind that moves across the ground in a narrow trail. An updraft develops when the Earth's surface becomes warm and the heated air goes up and becomes powerful.

(A) However, the speeds at which a tornado travels on the ground are not the same as those of the inside. The tornado moves at varying speeds and frequently changes directions. Most tornadoes are destructive.

(B) This can eventually form a tornado. The air rushes in from all directions at a very high velocity, and the air starts to spin. As the tornado gets violent, a funnel will form and in most of the time it will ultimately touch the ground. In the heart of a tornado, the air can move at the rate of around 500 kilometers an hour.

(C) Any object in the course of a tornado can be crushed. Every year, they cost quite a few lives of both humans and livestock. The US Midwest is the place where most tornadoes occur especially during spring and summer.

① (B) − (A) − (C)   ② (B) − (C) − (A)
③ (C) − (A) − (B)   ④ (C) − (B) − (A)

17. 다음 밑줄 친 부분 중 어법상 어색한 것은?

Kenton Furniture reported its annual sales figures for its new line of armchairs yesterday. The sales report ① indicates that this year's sales level increased by 15.4% from that of last year, and the figure exceeded the original sales goal, ② which was 8.0% sales increase. Although this number is ③ comparative low compared to the 18.2% increase which the company recorded in 2012, the management is excited. The directors, especially, showed their confidence, ④ announcing that Kenton Furniture decided to increase the production of other lines of furniture for the next 3 years.

At the press conference yesterday, Bolton Electronics announced that its current CEO, James Norton, would be resigning from his position ① on November 30. Samantha Lloyd, current president of marketing, will take over Mr. Norton's position. Ms. Lloyd ② started working as a 6 month intern for Bolton Electronics while she was in college. Thanks to her excellent performance, she was offered a full time position in 1994 and has been promoted several times. In 2010, she became a president of marketing, and she ③ has successfully completed many marketing projects so far. Mr. Norton said at the press conference, "I have always enjoyed working for Bolton Electronics, but, after 35 years at Bolton, I believe this is about time for me to go back to Toronto, my hometown ④ which my grand children live. I want to spend more time with my family." In honor of Mr. Norton, Bolton Electronics will hold a banquet and plan to give him a certificate of appreciation.

19. 밑줄 친 it이 가리키는 대상이 나머지 셋과 다른 것은?

If steam is let into one end of a cylinder behind an air-tight but freely-moving piston, ① it will strike the piston; then ② it must move. Having thus partly got their liberty, the molecules become less active, and do not rush about so vigorously. The pressure on the piston decreases as ③ it moves. But if ④ it were driven back to its original position against the force of the steam, the molecular activity — that is, pressure — would be restored. We are here assuming that no heat has passed through the cylinder or piston and been radiated into the air; any loss of heat means loss of energy, since heat is energy.

20. 다음 글에서 필자가 주장하는 바로 가장 적절한 것은?

The chief value of nature study is that, like life itself, it deals with realities. One must in life make his own observations, frame his own inductions, and apply them. Nature-study, if it is genuine, is essential and helpful. The rocks and shells, the frogs and lilies, always tell the absolute truth. Every leaf on the tree is an original document in botany. By the study of realities through nature study, wisdom is built up. So long as we deal with realities, wisdom in the form of natural laws stands in front of us. "So simple, so natural, so true," says Agassiz. "This is the charm of dealing with nature herself. She brings us back to absolute truth so often, as we wander."

① 자연을 연구하는 것은 우리에게 진실과 지혜를 준다.
② 자연 과학은 모든 다른 과학들의 근간이 되는 중요한 분야이다.
③ 자연 연구의 핵심은 관찰, 귀납, 그리고 적용이다.
④ 단순한 자연 현상의 연구일수록 더 많은 지혜를 가져다 준다.

해설편 ▶ p.80

끝이 좋아야 시작이 빛난다.

– 마리아노 리베라(Mariano Rivera)

여러분의 작은 소리
에듀윌은 크게 듣겠습니다.

본 교재에 대한 여러분의 목소리를 들려주세요.
공부하시면서 어려웠던 점, 궁금한 점,
칭찬하고 싶은 점, 개선할 점, 어떤 것이라도 좋습니다.

에듀윌은 여러분께서 나누어 주신 의견을
통해 끊임없이 발전하고 있습니다.

에듀윌 도서몰 book.eduwill.net
• 부가학습자료 및 정오표: 에듀윌 도서몰 → 도서자료실
• 교재 문의: 에듀윌 도서몰 → 문의하기 → 교재(내용, 출간) / 주문 및 배송

2022 에듀윌 소방공무원 실전동형 모의고사 영어

발 행 일	2022년 1월 13일 초판
편 저 자	방재운
펴 낸 이	이중현
펴 낸 곳	(주)에듀윌
등록번호	제25100-2002-000052호
주 소	08378 서울특별시 구로구 디지털로34길 55
	코오롱싸이언스밸리 2차 3층

• 이 책의 무단 인용 · 전재 · 복제를 금합니다.   ISBN 979-11-360-1456-6 (13350)

www.eduwill.net
대표전화 1600-6700

소방공무원 신규채용(공개경쟁)

응시분야	
성　명	본인 성명 기재

[필적 감정용 기재란]
(예시) 서울소방 안전 대한민국

책　형
Ⓐ
Ⓑ

※시험감독관 기재 – 확인란
책형

	1회		2회		3회		4회		5회
1	① ② ③ ④ ⑤	1	① ② ③ ④ ⑤	1	① ② ③ ④ ⑤	1	① ② ③ ④ ⑤	1	① ② ③ ④ ⑤
2	① ② ③ ④ ⑤	2	① ② ③ ④ ⑤	2	① ② ③ ④ ⑤	2	① ② ③ ④ ⑤	2	① ② ③ ④ ⑤
3	① ② ③ ④ ⑤	3	① ② ③ ④ ⑤	3	① ② ③ ④ ⑤	3	① ② ③ ④ ⑤	3	① ② ③ ④ ⑤
4	① ② ③ ④ ⑤	4	① ② ③ ④ ⑤	4	① ② ③ ④ ⑤	4	① ② ③ ④ ⑤	4	① ② ③ ④ ⑤
5	① ② ③ ④ ⑤	5	① ② ③ ④ ⑤	5	① ② ③ ④ ⑤	5	① ② ③ ④ ⑤	5	① ② ③ ④ ⑤
6	① ② ③ ④ ⑤	6	① ② ③ ④ ⑤	6	① ② ③ ④ ⑤	6	① ② ③ ④ ⑤	6	① ② ③ ④ ⑤
7	① ② ③ ④ ⑤	7	① ② ③ ④ ⑤	7	① ② ③ ④ ⑤	7	① ② ③ ④ ⑤	7	① ② ③ ④ ⑤
8	① ② ③ ④ ⑤	8	① ② ③ ④ ⑤	8	① ② ③ ④ ⑤	8	① ② ③ ④ ⑤	8	① ② ③ ④ ⑤
9	① ② ③ ④ ⑤	9	① ② ③ ④ ⑤	9	① ② ③ ④ ⑤	9	① ② ③ ④ ⑤	9	① ② ③ ④ ⑤
10	① ② ③ ④ ⑤	10	① ② ③ ④ ⑤	10	① ② ③ ④ ⑤	10	① ② ③ ④ ⑤	10	① ② ③ ④ ⑤
11	① ② ③ ④ ⑤	11	① ② ③ ④ ⑤	11	① ② ③ ④ ⑤	11	① ② ③ ④ ⑤	11	① ② ③ ④ ⑤
12	① ② ③ ④ ⑤	12	① ② ③ ④ ⑤	12	① ② ③ ④ ⑤	12	① ② ③ ④ ⑤	12	① ② ③ ④ ⑤
13	① ② ③ ④ ⑤	13	① ② ③ ④ ⑤	13	① ② ③ ④ ⑤	13	① ② ③ ④ ⑤	13	① ② ③ ④ ⑤
14	① ② ③ ④ ⑤	14	① ② ③ ④ ⑤	14	① ② ③ ④ ⑤	14	① ② ③ ④ ⑤	14	① ② ③ ④ ⑤
15	① ② ③ ④ ⑤	15	① ② ③ ④ ⑤	15	① ② ③ ④ ⑤	15	① ② ③ ④ ⑤	15	① ② ③ ④ ⑤
16	① ② ③ ④ ⑤	16	① ② ③ ④ ⑤	16	① ② ③ ④ ⑤	16	① ② ③ ④ ⑤	16	① ② ③ ④ ⑤
17	① ② ③ ④ ⑤	17	① ② ③ ④ ⑤	17	① ② ③ ④ ⑤	17	① ② ③ ④ ⑤	17	① ② ③ ④ ⑤
18	① ② ③ ④ ⑤	18	① ② ③ ④ ⑤	18	① ② ③ ④ ⑤	18	① ② ③ ④ ⑤	18	① ② ③ ④ ⑤
19	① ② ③ ④ ⑤	19	① ② ③ ④ ⑤	19	① ② ③ ④ ⑤	19	① ② ③ ④ ⑤	19	① ② ③ ④ ⑤
20	① ② ③ ④ ⑤	20	① ② ③ ④ ⑤	20	① ② ③ ④ ⑤	20	① ② ③ ④ ⑤	20	① ② ③ ④ ⑤

응 시 번 호						
(1)						
	⓪	⓪	⓪	⓪	⓪	⓪
	①	①	①	①	①	①
	②	②	②	②	②	②
	③	③	③	③	③	③
(2)	④	④	④	④	④	④
	⑤	⑤	⑤	⑤	⑤	⑤
	⑥	⑥	⑥	⑥	⑥	⑥
	⑦	⑦	⑦	⑦	⑦	⑦
	⑧	⑧	⑧	⑧	⑧	⑧
	⑨	⑨	⑨	⑨	⑨	⑨

소방공무원 신규채용(공개경쟁)

응시분야	
성　명	본인 성명 기재

[필적 감정용 기재란]
(예시) 서울소방 안전 대한민국

책　형
Ⓐ
Ⓑ

※시험감독관 기재 – 확인란
책형

	6회		7회		8회		9회		10회
1	① ② ③ ④ ⑤	1	① ② ③ ④ ⑤	1	① ② ③ ④ ⑤	1	① ② ③ ④ ⑤	1	① ② ③ ④ ⑤
2	① ② ③ ④ ⑤	2	① ② ③ ④ ⑤	2	① ② ③ ④ ⑤	2	① ② ③ ④ ⑤	2	① ② ③ ④ ⑤
3	① ② ③ ④ ⑤	3	① ② ③ ④ ⑤	3	① ② ③ ④ ⑤	3	① ② ③ ④ ⑤	3	① ② ③ ④ ⑤
4	① ② ③ ④ ⑤	4	① ② ③ ④ ⑤	4	① ② ③ ④ ⑤	4	① ② ③ ④ ⑤	4	① ② ③ ④ ⑤
5	① ② ③ ④ ⑤	5	① ② ③ ④ ⑤	5	① ② ③ ④ ⑤	5	① ② ③ ④ ⑤	5	① ② ③ ④ ⑤
6	① ② ③ ④ ⑤	6	① ② ③ ④ ⑤	6	① ② ③ ④ ⑤	6	① ② ③ ④ ⑤	6	① ② ③ ④ ⑤
7	① ② ③ ④ ⑤	7	① ② ③ ④ ⑤	7	① ② ③ ④ ⑤	7	① ② ③ ④ ⑤	7	① ② ③ ④ ⑤
8	① ② ③ ④ ⑤	8	① ② ③ ④ ⑤	8	① ② ③ ④ ⑤	8	① ② ③ ④ ⑤	8	① ② ③ ④ ⑤
9	① ② ③ ④ ⑤	9	① ② ③ ④ ⑤	9	① ② ③ ④ ⑤	9	① ② ③ ④ ⑤	9	① ② ③ ④ ⑤
10	① ② ③ ④ ⑤	10	① ② ③ ④ ⑤	10	① ② ③ ④ ⑤	10	① ② ③ ④ ⑤	10	① ② ③ ④ ⑤
11	① ② ③ ④ ⑤	11	① ② ③ ④ ⑤	11	① ② ③ ④ ⑤	11	① ② ③ ④ ⑤	11	① ② ③ ④ ⑤
12	① ② ③ ④ ⑤	12	① ② ③ ④ ⑤	12	① ② ③ ④ ⑤	12	① ② ③ ④ ⑤	12	① ② ③ ④ ⑤
13	① ② ③ ④ ⑤	13	① ② ③ ④ ⑤	13	① ② ③ ④ ⑤	13	① ② ③ ④ ⑤	13	① ② ③ ④ ⑤
14	① ② ③ ④ ⑤	14	① ② ③ ④ ⑤	14	① ② ③ ④ ⑤	14	① ② ③ ④ ⑤	14	① ② ③ ④ ⑤
15	① ② ③ ④ ⑤	15	① ② ③ ④ ⑤	15	① ② ③ ④ ⑤	15	① ② ③ ④ ⑤	15	① ② ③ ④ ⑤
16	① ② ③ ④ ⑤	16	① ② ③ ④ ⑤	16	① ② ③ ④ ⑤	16	① ② ③ ④ ⑤	16	① ② ③ ④ ⑤
17	① ② ③ ④ ⑤	17	① ② ③ ④ ⑤	17	① ② ③ ④ ⑤	17	① ② ③ ④ ⑤	17	① ② ③ ④ ⑤
18	① ② ③ ④ ⑤	18	① ② ③ ④ ⑤	18	① ② ③ ④ ⑤	18	① ② ③ ④ ⑤	18	① ② ③ ④ ⑤
19	① ② ③ ④ ⑤	19	① ② ③ ④ ⑤	19	① ② ③ ④ ⑤	19	① ② ③ ④ ⑤	19	① ② ③ ④ ⑤
20	① ② ③ ④ ⑤	20	① ② ③ ④ ⑤	20	① ② ③ ④ ⑤	20	① ② ③ ④ ⑤	20	① ② ③ ④ ⑤

응 시 번 호						
(1)						
	⓪	⓪	⓪	⓪	⓪	⓪
	①	①	①	①	①	①
	②	②	②	②	②	②
	③	③	③	③	③	③
(2)	④	④	④	④	④	④
	⑤	⑤	⑤	⑤	⑤	⑤
	⑥	⑥	⑥	⑥	⑥	⑥
	⑦	⑦	⑦	⑦	⑦	⑦
	⑧	⑧	⑧	⑧	⑧	⑧
	⑨	⑨	⑨	⑨	⑨	⑨

영어

소방공무원 신규채용(공개경쟁)

응시분야	
성 명	본인 성명 기재

[필적 감정용 기재란]
(예시) 서울소방 안전 대한민국

책 형
Ⓐ
Ⓑ

※시험감독관 기재 – 확인란
책형

응 시 번 호						
(1)						
	⓪	⓪	⓪	⓪	⓪	⓪
	①	①	①	①	①	①
	②	②	②	②	②	②
	③	③	③	③	③	③
(2)	④	④	④	④	④	④
	⑤	⑤	⑤	⑤	⑤	⑤
	⑥	⑥	⑥	⑥	⑥	⑥
	⑦	⑦	⑦	⑦	⑦	⑦
	⑧	⑧	⑧	⑧	⑧	⑧
	⑨	⑨	⑨	⑨	⑨	⑨

연습용 (×5)

답안 문항 1~20, 각 ① ② ③ ④ ⑤ (5개 열)

소방공무원 신규채용(공개경쟁)

응시분야	
성 명	본인 성명 기재

[필적 감정용 기재란]
(예시) 서울소방 안전 대한민국

책 형
Ⓐ
Ⓑ

※시험감독관 기재 – 확인란
책형

응 시 번 호						
(1)						
	⓪	⓪	⓪	⓪	⓪	⓪
	①	①	①	①	①	①
	②	②	②	②	②	②
	③	③	③	③	③	③
(2)	④	④	④	④	④	④
	⑤	⑤	⑤	⑤	⑤	⑤
	⑥	⑥	⑥	⑥	⑥	⑥
	⑦	⑦	⑦	⑦	⑦	⑦
	⑧	⑧	⑧	⑧	⑧	⑧
	⑨	⑨	⑨	⑨	⑨	⑨

연습용 (×5)

답안 문항 1~20, 각 ① ② ③ ④ ⑤ (5개 열)

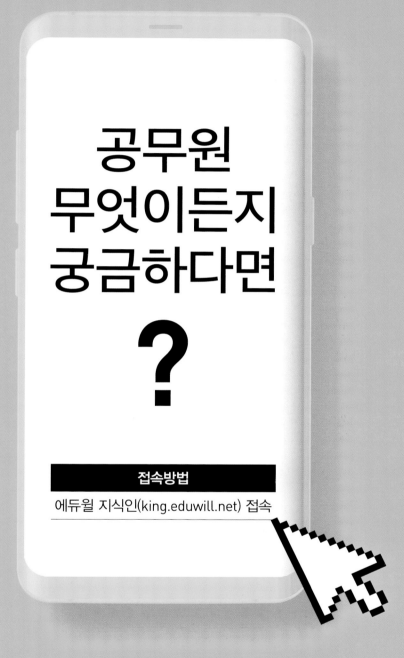

38개월* 베스트셀러 1위
에듀윌 공무원 교재

7·9급공무원 교재

※ 기본서·단원별 기출&예상 문제집은 국어/영어/한국사/행정학/행정법총론/(운전직)사회로 구성되어 있음.

기본서(국어)

기본서(영어)

기본서(한국사)

기본서(행정법총론)

기본서(운전직 사회)

단원별 기출&예상 문제집(국어)

7·9급공무원 교재

※ 기출문제집은 국어/영어/한국사/행정학/행정법총론/(운전직)사회로 구성되어 있음.

기출문제집(국어)

기출문제집(영어)

기출문제집(한국사)

기출문제집(행정학)

기출문제집(운전직 사회)

기출PACK
공통과목(국어+영어+한국사)
/전문과목(행정법총론+행정학)

7·9급공무원 교재

※ 실전동형 모의고사는 국어/영어/한국사/행정학/행정법총론으로 구성되어 있음.

실전동형 모의고사
(행정법총론)

봉투모의고사 실전형1/2/3
(국어+영어+한국사)

PSAT 기본서
(언어논리/자료해석/상황판단)

PSAT 기출문제집

PSAT 민경채 기출문제집

7급 기출문제집
(행정학/행정법/헌법)

경찰공무원 교재

기본서(경찰학)

기본서(형사법)

기본서(헌법)

기출문제집
(경찰학/형사법/헌법)

실전동형 모의고사
1차 시험 대비
(경찰학/형사법/헌법)

경찰면접

소방공무원 교재

기출문제집
(한국사/영어/행정법총론
/소방학+관계법규)

실전동형 모의고사
(한국사/영어/행정법총론/
소방학+관계법규)

봉투모의고사
(국어+한국사+영어)/(소방학+관계법규)

군무원 교재

※ 기출문제집은 국어/행정법/행정학으로 구성되어 있음.

기출문제집(국어)

기출문제집(행정학)

봉투모의고사
(국어+행정법+행정학)

계리직공무원 교재

※ 단원별 문제집은 한국사/우편상식/금융상식/컴퓨터일반으로 구성되어 있음.

기본서(한국사)

기본서(우편상식)

기본서(금융상식)

기본서(컴퓨터일반)

단원별 문제집(한국사)

기출문제집
(한국사+우편·금융상식+컴퓨터일반)

영어 집중 교재

기출 영단어(빈출순)

매일 3문 독해
(기본완성/실력완성)

빈출 문법(4주 완성)

단기 공략(핵심 요약집)

한국사 집중 교재

흐름노트

행정학 집중 교재

단권화 요약노트

국어 집중 교재

매일 기출한자(빈출순)

문법 단권화 요약노트

비문학 데일리 독해

기출판례집(빈출순) 교재

행정법

헌법

형사법

더 많은
공무원 교재

취업, 공무원, 자격증 시험준비의 흐름을 바꾼 화제작!

에듀윌 히트교재 시리즈

에듀윌 교육출판연구소가 만든 히트교재 시리즈!
YES24, 교보문고, 알라딘, 인터파크, 영풍문고 등 전국 유명 온/오프라인 서점에서 절찬 판매 중!

공인중개사 기초서/기본서/핵심요약집/문제집/기출문제집/실전모의고사 외 11종 · 주택관리사 기초서/기본서/핵심요약집/문제집/기출문제집/실전모의고사

7·9급공무원 기본서/단원별 기출&예상 문제집/기출문제집/기출팩/실전, 봉투모의고사 · 공무원 국어 한자·문법·독해/영어 단어·문법·독해/한국사 모의고사·흐름노트/행정학 요약노트/행정법 판례집/헌법 판례집

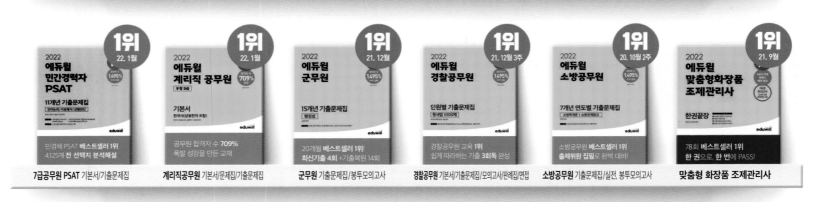

7급공무원 PSAT 기본서/기출문제집 · 계리직공무원 기본서/문제집/기출문제집 · 군무원 기출문제집/봉투모의고사 · 경찰공무원 기본서/기출문제집/모의고사/판례집면접 · 소방공무원 기출문제집/실전, 봉투모의고사 · 맞춤형 화장품 조제관리사

검정고시 고졸/중졸 기본서/기출문제집/실전모의고사/총정리 · 사회복지사(1급) 기본서/기출문제집/핵심요약집 · 직업상담사(2급) 기본서/기출문제집 · 경비 기본서/기출/1차 한권끝장/2차 모의고사 · 전기기사 필기/실기/기출문제집 · 전기기능사 필기/실기

2022
에듀윌
소방공무원

해설편
영어

방재운 편저

eduwill

소방공무원 교육 **1위**
전문 교수진 해설강의 **ALL 무료**

해설편

영어

소방공무원 교육 **1위**
전문 교수진 해설강의 **ALL** 무료

2022

에듀윌 소방공무원

실전동형 모의고사 10회
해설편

영어

문제편 p.12

01	②	02	②	03	①	04	①	05	④
06	④	07	②	08	①	09	③	10	②
11	①	12	③	13	④	14	④	15	③
16	②	17	③	18	③	19	④	20	①

▶풀이시간: /30분 나의 점수: /100점

01 어휘 〉 유의어 찾기   오답률 8.3% | 답 ②

밑줄 친 부분과 의미가 가장 가까운 것은?

> Three workers died of suspected asphyxiation after a fire in a building near Glenn Park. The fire seems to have <u>broken out</u> when a heater caught fire due to an electric short circuit. The victims, trapped in an office, were rescued and rushed to a nearby hospital, but doctors declared them brought dead.

① ceased   ② occurred
③ interfered   ④ irritated

| 선지별 선택률 |

①	②	③	④
3.3%	91.7%	1.7%	3.3%

| 해석 |
세 명의 근로자들이 Glenn 공원 근처의 한 건물에서의 화재 후 질식으로 추정되는 사고로 사망했다. 그 화재는 전기합선 때문에 난방기에 불이 붙었을 때 발생했던 것으로 보인다. 사무실에 갇혀 있던 희생자들은 구출되어 근처 병원으로 급히 이송되었으나, 의사들은 그들이 이미 사망한 채로 도착했다고 알렸다.
① 멈췄다   ② 발생했다
③ 간섭했다   ④ 짜증나게 했다

| 정답해설 |
② 동사 break out은 '발생하다, 발발하다'라는 뜻으로 occur(발생하다)와 의미가 가장 유사하다.

| 어휘 |
die of ~로 사망하다   asphyxiation 질식
break out 발생하다, 발발하다   catch fire 불이 붙다
short circuit 합선   trap 가두다
declare 선언하다

02 어휘 〉 유의어 찾기   오답률 18.3% | 답 ②

밑줄 친 부분과 의미가 가장 가까운 것은?

> Richard had to take some painkillers in order to <u>alleviate</u> his suffering.

① accumulate   ② ease
③ deter   ④ attract

| 선지별 선택률 |

①	②	③	④
6.7%	81.7%	6.7%	4.9%

| 해석 |
Richard는 그의 고통을 <u>덜어주기</u> 위해 약간의 진통제를 복용해야 했다.
① 모으다   ② 진정시키다, 덜다
③ 단념시키다   ④ 끌어들이다

| 정답해설 |
② alleviate는 '덜어주다'는 뜻으로 선지 중 ease와 가장 의미가 유사하다.

| 어휘 |
painkiller 진통제   alleviate 덜어주다
accumulate 축적하다   ease 진정시키다, 덜다
deter 단념시키다   attract 끌어들이다

03 어휘 〉 빈칸 완성   오답률 6.6% | 답 ①

다음 글의 빈칸에 들어갈 말로 가장 적절한 것은?

> _____ is the process in which a person's airway gets blocked, which may lead to asphyxia if it is not treated at once.

① Choking   ② Stroke
③ Vertigo   ④ Dehydration

| 선지별 선택률 |

①	②	③	④
93.4%	1.7%	3.3%	1.6%

| 해석 |
① 기도폐색은 사람의 기도가 막히는 과정으로, 즉시 처치되지 않는다면 질식으로 이어질 수도 있다.
① 기도폐색   ② 뇌졸중
③ 현기증   ④ 탈수증

| 정답해설 |
① '기도가 막힌다(airway gets blocked)'는 것으로 보아 '기도폐색'의 의미를 갖는 Choking이 알맞다.

| 어휘 |
airway 기도   block 막다
asphyxia 질식   treat 치료하다, 처치하다
choking 기도폐색   stroke 뇌졸중
vertigo 현기증   dehydration 탈수증

04 독해 〉 Reading for Writing 〉 빈칸 절 완성   오답률 45% | 답 ①

빈칸에 들어갈 말로 가장 적절한 것은?

> Social psychology has been regarded as differing from ordinary psychology in that it is concerned with forms of mental activity which man displays in his social relations. This attitude is a fallacious one. The two fields — the social and the individual — are regarded here as absolutely continuous; all human psychology must be the psychology of

associated man, since man as a solitary animal is unknown to us, and every individual _____. The only difference between the two branches of the science lies in the fact that ordinary psychology makes no claim to be practical in the sense of conferring useful foresight, whereas social psychology deals with the complex social life. If, therefore, sociology is to be defined as psychology, it would be better to call it practical or applied psychology than social psychology.

① must present the characteristic reactions of the social animal
② should become an autonomous being as an adult
③ must be allowed to have his or her own time apart from others
④ should try to act independently of society to which he or she belongs

| 선지별 선택률 |

①	②	③	④
55%	3.4%	8.3%	33.3%

| 해석 |

사회 심리학은 인간이 그의 사회적 관계에 있어서 보여주는 정신적 활동의 형태들에 관한 것이라는 점에서 일반 심리학과는 다르게 여겨져 왔다. 이 태도는 잘못된 것이다. 여기서 그 두 분야는 – 사회적인 것과 개인적인 것 – 절대적으로 연속적인 것으로 여겨진다. 모든 인간 심리학은 연관된 인간의 심리학이어야 하는데, 혼자 사는 동물로서의 인간은 우리에게 알려지지 않았고, 모든 개인은 ① 사회적 동물의 특징적인 반응을 보여줘야 하기 때문이다. 그 두 학문 분야 간의 유일한 차이는, 사회 심리학이 복잡한 사회적 삶을 다루는 반면, 일반 심리학은 유용한 선견지명을 제공한다는 점에서 실용적이라고 주장하지 않는다는 사실에 놓여있다. 따라서, 만약 사회학이 심리학으로 규정되어야 한다면, 사회 심리학보다는 실용 심리학 또는 응용 심리학이라고 그것을 부르는 것이 더 나을 것이다.
① 사회적 동물의 특징적인 반응을 보여줘야 한다
② 성인으로서 주체적인 존재가 되어야 한다
③ 타인들로부터 떨어진 자신만의 시간을 가지도록 허용되어야 한다
④ 자신이 속해있는 사회로부터 독립적으로 행동하려고 노력해야 한다

| 정답해설 |

① 빈칸이 포함된 문장에서 혼자 사는 동물로서의 인간이 알려지지 않았다고 했으므로 인간의 사회적 측면을 언급하는 것이 문맥에 적합하다.

| 오답해설 |

②, ③, ④ 모두 인간의 '개인성'에 관한 내용이므로 부적합하다.

| 어휘 |

social psychology 사회 심리학
differ from ~와는 다르다
be concerned with ~와 관련 있다
fallacious 틀린, 잘못된
field 분야
continuous 지속적인, 계속되는
lie in ~에 놓여있다
in the sense of ~라는 점에서
foresight 선견지명
define 규정하다, 정의하다
present 제시하다, 보여주다
autonomous 주체적인, 자주적인

regard 여기다, 간주하다
ordinary 보통의
attitude 태도
science 학문
absolutely 절대적으로
solitary 혼자의, 단독의
practical 실용적인
confer 수여하다
whereas ~인 반면에
applied 응용의
reaction 반응

---

05 독해 〉 Reading for Writing 〉 빈칸 구 완성　오답률 76.3% | 답 ④

빈칸에 들어갈 말로 가장 적절한 것은?

Researchers relate Internet addiction with existing mental health issues, most notably depression. Studies indicate that the majority of those who meet the requirements of computer addiction suffer from interpersonal difficulties and stress and that those addicted to online games specifically express the hope to avoid reality. There are numerous ramifications resulting from Internet addiction. For instance, excessive or compulsive computer use may lead to _____. It may also result in Computer Vision Syndrome (CVS), a condition that likely causes headaches, fatigue, blurred vision, eye strain, dry eyes, irritated eyes, double vision, neck pain, vertigo or dizziness.

① rapidly deteriorating eyesight
② an increasing level of tiredness
③ noticeably dropping concentration
④ lack of face-to-face social interaction

| 선지별 선택률 |

①	②	③	④
28.8%	33.9%	13.6%	23.7%

| 해석 |

연구자들은 인터넷 중독을 기존의 정신 건강 문제들, 가장 눈에 띄는 것으로는 우울증과 연관 짓는다. 연구들은 컴퓨터 중독의 요건들을 충족시키는 이들의 대다수가 대인관계의 어려움과 스트레스로 고통을 받으며 온라인 게임에 중독된 이들은 현실을 피하고 싶은 희망을 특히 표현한다는 것을 보여준다. 인터넷 중독에서 비롯되는 수많은 영향들이 있다. 예를 들면, 과도한 혹은 강박적인 컴퓨터 사용은 ④ 대면으로 이루어진 사회적 상호작용의 결여를 초래할 수도 있다. 그것은 또한 두통, 피로, 흐릿한 시력, 눈의 피로, 건조한 눈, 따가운 눈, 복시, 목의 통증, 현기증이나 어지러움을 유발할 수 있는 질환인 컴퓨터 화면 신드롬(CVS)을 유발할 수 있다.
① 빠르게 나빠지는 시력
② 증가하는 피로도
③ 눈에 띄게 떨어지는 집중력
④ 대면으로 이루어진 사회적 상호작용의 결여

| 정답해설 |

④ 빈칸의 앞 문장들에서 제시된 단점 중 대인관계의 어려움(interpersonal difficulties)과 현실 회피(to avoid reality)가 있으므로 빈칸에는 이와 관련된 내용이 적합하다.

| 오답해설 |

①, ②, ③ 다음 문장에서 언급되는 신체적 현상과 관련된 다른 단점들(It may also results in ~)을 나타내므로 부적합하다.

| 어휘 |

relate 관련 짓다
existing 현존하는, 기존의
indicate 보여주다
requirement 요건
avoid 피하다
result from ~에서 비롯되다
compulsive 강박적인
blurred 흐릿한
irritate 자극하다
vertigo 현기증
interaction 상호작용

addiction 중독
notably 특히, 현저히
the majority of 대다수의
interpersonal 대인의
ramification 영향
excessive 과도한
fatigue 피로
eye strain 눈의 피로
double vision 복시
deteriorate 악화되다

06 독해 〉 Micro Reading 〉 내용일치/불일치   오답률 37.3% | 답 ④

다음 글의 내용과 일치하지 <u>않는</u> 것은?

Wildfires are always happening somewhere in the nation. Dedicated men and women endure arduous work, harsh living conditions, and long separations from family and friends to protect the public and our nation's natural resources from the impacts of unwanted wildfires. The work of wildland firefighters benefits us all, yet most people know very little about who they are, what they do and the tools of their trade. High-tech firefighting tools — like satellite imagery, fire behavior modeling, fire-retardant materials and water delivery systems — continue to be enhanced, but the most crucial elements are still wildland firefighters and hand tools.

① Wildland firefighters are working under poor conditions.
② The public has limited knowledge about wildland firefighters.
③ The equipment wildland firefighters use keeps improving.
④ High-tech tools are the most vital factor in wildland firefighters' job.

| 선지별 선택률 |

①	②	③	④
5.1%	11.9%	20.3%	**62.7%**

| 해석 |

산불은 국내 어디선가 늘 발생하고 있다. 헌신적인 남녀들은 원치 않는 산불들의 영향으로부터 대중들과 우리 나라의 천연자원을 보호하기 위해 고된 일, 가혹한 생활 조건들, 그리고 가족과 친구들로부터의 장기간의 분리를 견딘다. 미경지 소방관들의 일은 우리들 모두에게 이롭지만, 대부분의 사람들은 그들이 누구이고, 그들이 무엇을 하는지, 그리고 그들이 일하는 데 필요한 장비들에 관해 거의 알지 못한다. 인공위성 이미지, 화재 패턴 모델링, 화재 억제제, 그리고 급수 시스템과 같은 첨단 소방 장비들은 계속 개선되지만, 가장 중요한 요소들은 여전히 미경지 소방관들과 수공구들이다.
① 미경지 소방관들은 열악한 조건하에서 일하고 있다.
② 대중들은 미경지 소방관들에 대해 제한적 지식을 가지고 있다.
③ 미경지 소방관들이 사용하는 장비는 계속 나아지고 있다.
④ 첨단 장비들은 미경지 소방관들의 일에서 가장 중요한 요소이다.

| 정답해설 |

④ 마지막 문장에 따르면 인력과 수공구들이 여전히 가장 중요한 요소이다.

| 오답해설 |

① 두 번째 문장에 언급되어 있다.
② 세 번째 문장에 언급되어 있다.
③ 마지막 문장의 초반에 언급되어 있다.

| 어휘 |

wildfire 산불	dedicated 헌신적인
endure 견디다	arduous 고된
harsh 가혹한	separation 분리
wildland 미경지, 황무지	benefit ~에게 이롭다
trade 업계, 무역	satellite (인공)위성
retardant 억제하는, 지연시키는	crucial 중요한
vital 중대한	

07 독해 〉 Macro Reading 〉 주제   오답률 8.5% | 답 ②

다음 글의 주제로 가장 적절한 것은?

The Jamesville Fire Department is known as one of the most rapidly growing and aggressive fire departments in the country. The fire department was established in 1964 after Jamesville and Basin City agreed to become separate entities. Since that time, both the fire department and the area have grown substantially. The Jamesville Fire Department operates with full-time, part-time and volunteer personnel. Citizens that reside in and visit our city can rest assured that they are protected with cutting-edge equipment and caring professional personnel from our fire department. The Jamesville Fire Department provides both fire protection and EMS (emergency medical services), public education programs such as CPR (cardio pulmonary resuscitation), fire prevention classes to the public, and an explorer program for children who have an interest in serving in the fire/EMS field. The fire department also participates in various community based functions.

① Jamesville의 행정 편제
② Jamesville 소방서의 역사와 역할
③ Jamesville 소방서의 지휘계통
④ Jamesville 소방서의 대중 교육 프로그램

| 선지별 선택률 |

①	②	③	④
0%	**91.5%**	1.7%	6.8%

| 해석 |

Jamesville 소방서는 국내에서 가장 빠르게 성장하고 적극적인 소방서로 알려져 있습니다. 소방서는 Jamesville과 Basin City가 분리된 독립체가 되는 것에 동의한 후인 1964년에 설립되었습니다. 그때 이후로, 소방서와 지역 모두 상당히 성장해왔습니다. Jamesville 소방서는 정규직, 임시직, 그리고 자원봉사자 요원들로 운영됩니다. 우리 도시에 거주하는 시민들과 우리 도시를 방문하는 시민들은 그들이 우리 소방서에서 나온 최첨단 장비와 친절한 전문 요원들로 보호 받는다고 안심할 수 있습니다. Jamesville 소방서는 화재 방지와 비상의료 서비스 모두를, CPR(심폐소생술)과 같은 대중 교육 프로그램을, 대중들에게 화재 예방 수업들을, 그리고 화재 및 비상의료 서비스 분야에서 일하는 데 관심을 가진 어린이들을 위한 탐구 프로그램을 제공합니다. 소방서는 또한 다양한 지역 기반 행사들에 참여합니다.

| 정답해설 |

② 첫 문장에서는 Jamesville 소방서의 명성을 소개하고, 두 번째 문장부터는 소방서의 역사, 구성, 지역 사회에서의 역할들(화재 방지, 교육, 지역 행사 참여 등)을 설명하고 있다.

| 오답해설 |

① 도시의 행정 편제는 전혀 언급이 없는 내용이다.
③ 소방서의 지휘계통도 글에서 다루고 있지 않다.
④ 소방서의 대중 교육 프로그램을 언급했으나 지엽적인 내용이다.

| 어휘 |

aggressive 적극적인, 공격적인	separate 분리된
entity 독립체	substantially 상당히
operate 운영되다	volunteer 자원자
personnel 직원들, 인적 자원	reside 살다, 거주하다
rest assured 안심하다, 확신하다	cutting-edge 최첨단의
caring 배려하는, 보살피는, 친절한	EMS 응급의료 서비스
emergency 비상, 응급	cardio 심장의
pulmonary 폐의	resuscitation 소생(법)
function 행사	

08 독해 〉 Macro Reading 〉 요지   오답률 20.3% | 답 ①

다음 글의 요지로 가장 적절한 것은?

The term "film" stems from the fact that photographic film (also called film stock) has historically been the medium for recording and showing motion pictures. Many other names exist for an individual motion picture, including picture, picture show, moving picture, photoplay and flick. The most popular term in the United States is movie, whereas film is preferred in Europe. Terms for the field in general include the big screen, the silver screen, the movies and cinema; the latter is commonly used in academic texts and critical writings, especially by European critics. In the early days, the word sheet was sometimes used instead of screen.

① 상황에 따른 영화를 의미하는 많은 용어들이 있다.
② 영화는 시대상을 반영하는 매체로 각광받아 왔다.
③ 영화를 뜻하는 많은 용어들은 혼란을 피하기 위해 통일될 필요가 있다.
④ 영화와 관련된 용어는 주로 유럽에서 생겨났다.

| 선지별 선택률 |

①	②	③	④
79.7%	3.3%	5.1%	11.9%

| 해석 |

"film"이라는 용어는 사진 필름(또한 영화 필름이라고 불리는)이 역사적으로 영화를 녹화하고 보여주는 수단이었다는 사실에서 비롯된다. 많은 다른 이름들이 개별적 영화를 위해 존재하는데, picture, picture show, moving picture, photoplay, 그리고 flick이 있다. 유럽에서는 film이 선호되는 반면, 미국에서 가장 인기 있는 용어는 movie이다. 전반적으로 이 분야를 위한 용어들은 big screen, silver screen, movies, 그리고 cinema를 포함한다. 후자는 학문적 글과 특히 유럽의 비평가들에 의해 비평 글에서 흔히 사용된다. 초기에는, screen 대신에 sheet이라는 단어가 때때로 사용되었다.

| 정답해설 |

① 첫 문장에서 film의 기원을 설명하고, 두 번째 문장부터는 영화 또는 영화산업을 뜻하는 여러 용어들을 나열하고 있다.

| 오답해설 |

② 영화의 시대상 반영은 글에서 다루고 있지 않다.
③ 영화를 뜻하는 용어가 많다는 설명만 있을 뿐 그것으로 인한 혼란은 언급되어 있지 않다.
④ 글에 전혀 언급이 없는 내용이다.

| 어휘 |

term 용어	stem from ～에서 비롯되다
medium 수단, 매체	motion picture 영화
whereas ～인 반면에	field 분야
in general 보통, 대개, 전반적으로	critic 비평가

09 독해 〉 Logical Reading 〉 삭제   오답률 11.9% | 답 ③

다음 글에서 전체 흐름과 관계 <u>없는</u> 문장은?

Dolphins also possess culture, though it has long been believed that it is unique to humans. ① In 2005, a surprising observation was made in Australia when Indo-Pacific bottlenose dolphins (Tursiops aduncus) were teaching their young how to use tools. ② Adult dolphins cover their snouts with sponges to protect them while foraging (looking or searching for something to eat). ③ The way they breed in their natural environment, according to researchers, is mostly in question. ④ Other transmitted behavior as well as using sponges as mouth protections proves dolphins' intelligence. This knowledge is mostly transferred by mothers to daughters.

| 선지별 선택률 |

①	②	③	④
0%	3.4%	88.1%	8.5%

| 해석 |

문화는 인간에게만 유일하다고 오랫동안 믿어져 왔지만 돌고래들 또한 문화를 지니고 있다. ① 2005년에 인도양·서태평양 해역의 큰돌고래(Tursiops aduncus)가 그들의 새끼들에게 도구를 어떻게 사용하는지를 가르치고 있을 때 호주에서 놀라운 관찰이 이루어졌다. ② 다 자란 돌고래들은 먹이를 찾는(먹을 무언가를 찾거나 탐색하는) 동안 그들의 주둥이를 보호하기 위해 그것들을 해면동물로 덮어 씌운다. ③ 연구자들에 따르면, 그들이 그들의 천연 환경에서 번식하는 방식은 대체로 알려져 있지 않다. ④ 주둥이 보호장비로서 해면동물을 이용하는 것뿐 아니라 전수되는 다른 행동은 돌고래의 지적 능력을 증명한다. 이 지식은 주로 어미에 의해 암컷 새끼들에게 전달된다.

| 정답해설 |

③ 첫 문장에서 인간에게만 있다고 여겨졌던 문화를 돌고래도 지니고 있다는 사실이 제시되어 있고 이후에는 그 예인 돌고래의 도구 사용에 대한 내용이 이어진다. ③의 내용은 돌고래 번식이 잘 알려져 있지 않다는 것으로, 전체 흐름과 관련이 전혀 없다.

| 오답해설 |

① 새끼들에게 도구 사용을 가르치는 내용으로 돌고래의 문화를 묘사하고 있다.
② 앞 문장에서 제시된 도구 사용의 구체적인 예시이다.
④ 전수되는 행동(transmitted behavior) 또한 문화이다.

| 어휘 |

possess 소지하다	young 새끼
snout 주둥이, 코	forage 먹이를 찾다
breed 번식하다	in question 불확실한, 의심스러운
transmit 전수하다, 전송하다	transfer 옮기다

| 더 알아보기 | 문장 삭제 유형

문장 삭제 유형에서는 밑줄에 포함되지 않는 초반의 내용들이 가장 중요하다. 이 초반의 내용에서 전체 글의 주제를 파악한 후, 이를 각 선지들과 비교·대조하여 답을 찾아야 한다. 단순히 앞뒤의 문장 간의 관계만 보면 답을 찾기 힘든 경우가 많다.

10 독해 〉 Logical Reading 〉 연결사   오답률 27.6% | 답 ②

빈칸 (A)와 (B)에 들어갈 말로 가장 적절한 것은?

According to the most common explanation of the link between Saint Valentine and the Holiday, marriage was a common tradition at the time of the Roman "Lupercalia" Festival. _____(A)_____ , when Claudius became Emperor, he changed all of that. He outlawed all marriages because he thought that men would refuse their obligation to fight because they would be reluctant to leave their wives behind.

_____(B)_____ , young couples kept falling in love and wished to marry, so they took these desires to the Catholic Bishop Valentine who, understanding love, began to secretly marry couples. Once Claudius found out, he arrested Valentine and sentenced him to death. While confined in prison, Valentine began exchanging letters with a daughter of his fellow prisoner and soon fell in love with her. The day he was to be decapitated, he wrote her one last note and signed it: "From Your Valentine".

	(A)	(B)
①	Besides	Still
②	However	Still
③	Besides	Likewise
④	However	Likewise

| 선지별 선택률 |

①	②	③	④
6.9%	72.4%	1.7%	19%

| 해석 |

성 발렌타인과 그 휴일 간의 관련성에 대한 가장 흔한 설명에 따르면, 로마의 "Lupercalia" 축제 당시에 결혼은 흔한 전통이었다. (A) 그러나, Claudius가 황제가 되었을 때, 그는 그 모든 것을 바꾸었다. 그는 모든 결혼을 금지했는데, 그가 생각하기에 남자들이 아내를 남겨두고 떠나는 것을 꺼릴 것이기 때문에 싸워야 하는 그들의 의무를 거부하려고 할 것이기 때문이었다. (B) 그런데도, 젊은 커플들은 계속 사랑에 빠졌고 결혼하기를 원했기에, 그들은 이 바람을 가톨릭 주교인 발렌타인에게 가지고 갔는데, 사랑을 이해하는 그는 많은 커플들을 비밀리에 결혼시키기 시작했다. Claudius가 발견한 후, 그는 발렌타인을 체포하고 그에게 사형을 선고했다. 감옥에 갇혀 있는 동안, 발렌타인은 동료 죄수의 딸과 편지를 주고받았고 곧 그녀와 사랑에 빠졌다. 그가 참수되던 날, 그는 그녀에게 마지막 쪽지를 썼고 거기에 서명했다. "당신의 발렌타인으로부터."

① 게다가 – 그런데도
② 그러나 – 그런데도
③ 게다가 – 마찬가지로
④ 그러나 – 마찬가지로

| 정답해설 |

② (A) 앞 문장에서는 결혼이 흔한 전통이라는 내용이 나오는데, 빈칸이 포함된 문장에서는 바뀌었다고 했으므로 역접의 의미인 However가 적합하다.

(B) 앞 문장에서 결혼이 금지된 상황이 묘사되고, 빈칸이 포함된 문장에서는 커플들이 비밀리에 계속 결혼을 했다고 했으므로 Still(그런데도)이 빈칸에 적합하다.

| 어휘 |

outlaw 금하다, 불법화하다	refuse 거부하다
obligation 의무	be reluctant to ~하기를 꺼리다
leave behind 두고 가다	bishop 주교
marry 결혼하다, 결혼시키다	once 일단 ~하고 나서
arrest 체포하다	sentence 선고하다
confine 가두다, 한정하다	fellow 동료
decapitate 참수하다	besides 게다가
still 그런데도	likewise 마찬가지로

11 어휘 〉 빈칸 완성　　　　　　　오답률 39% | 답 ①

다음 글의 빈칸에 들어갈 말로 가장 적절한 것은?

Smoking is strictly prohibited in this building; it will _____ the fire alarm.

① set off
② call off
③ see off
④ put off

| 선지별 선택률 |

①	②	③	④
61%	30.5%	1.7%	6.8%

| 해석 |

이 건물에서는 흡연이 엄격하게 금지됩니다. 그것은 화재 경보기를 ① 울리게 할 것입니다.

① 터뜨리다, 울리다, 유발하다
② 취소하다
③ 배웅하다
④ 미루다

| 정답해설 |

① 문맥상 it이 smoking을 지칭하기 때문에 '화재 경보를 울리다'의 의미가 되는 것이 적합하다.

| 어휘 |

strictly 엄격하게	prohibit 금지하다
set off 터뜨리다, 울리다, 유발하다	call off 취소하다
see off 배웅하다	put off 미루다

오답률 TOP 3

12 어휘 〉 빈칸 완성　　　　　　　오답률 64.4% | 답 ③

다음 글의 빈칸에 들어갈 말로 가장 적절한 것은?

I have never expected such careless remarks from a fully _____ person.

① innocent
② juvenile
③ grown
④ obstinate

| 선지별 선택률 |

①	②	③	④
33.9%	10.2%	35.6%	20.3%

| 해석 |

나는 완전히 ③ 다 자란 사람으로부터 그렇게 경솔한 발언을 결코 예상치 못했다.

① 무죄의, 순진한
② 청소년의
③ 다 자란
④ 고집 센

| 정답해설 |

③ 경솔한 발언을 할 것이라고 예상치 못한 사람이므로 '다 자란'의 의미인 grown이 적합하다.

| 어휘 |

careless 경솔한	remark 발언, 말
innocent 무죄의, 순진한	juvenile 청소년의
obstinate 고집 센	

13 생활영어 〉 회화/관용표현　　　　　　　오답률 11.9% | 답 ④

밑줄 친 부분의 뜻으로 가장 적절한 것은?

A: Hello, how can I help you?
B: Hello, I'd like to report a possible fire accident. There's a lot of smoke coming out of the building.
A: OK, sir. But this is a police station, not the fire department. Anyway, I'll put you through to the fire department.
B: Alright, thanks. But please hurry. It seems very serious.
A: Do you think anyone got hurt?
B: I'm not sure about that.

① 제가 당신을 소방서에 배치해드릴게요.
② 제가 소방서가 당신에게 연락하도록 조치할게요.
③ 제가 당신에게 소방서 연락처를 전달 드릴게요.
④ 제가 당신을 소방서로 전화 연결해드릴게요.

| 선지별 선택률 |

①	②	③	④
1.7%	6.8%	3.4%	88.1%

| 해석 |

A: 안녕하세요, 어떻게 도와드릴까요?

B: 안녕하세요, 가능한 화재 사건을 신고하려고 하는데요. 건물에서 많은 연기가 나오고 있어요.

A: 알겠습니다. 선생님. 그런데 여기는 소방서가 아니라 경찰서입니다. 아무튼. ④ 제가 당신을 소방서로 전화 연결해드릴게요.

B: 알겠어요. 고마워요. 그런데 서둘러주세요. 매우 심각해 보여요.

A: 누군가 다친 것 같나요?

B: 그건 잘 모르겠어요.

| 정답해설 |

④ 「put ~ through to ....」는 '~를 ....로 전화 연결해주다'는 표현으로 여기서는 '제가 당신을 소방서로 전화 연결해드릴게요'의 의미이다.

| 어휘 |

put ~ through to ... ~를 …로 전화 연결해주다

get hurt 다치다

| 더 알아보기 | 생활영어 – 전화통화

생활영어에서는 대화문이 출제되는 만큼 전화통화 상황에서 자주 쓰이는 표현들은 반드시 숙지해야 한다.

14 독해 〉 Logical Reading 〉 문맥상 다양한 추론   오답률 49.2% | 답 ④

밑줄 친 부분이 가리키는 대상이 나머지 셋과 <u>다른</u> 것은?

Anorexia is an eating disorder which is characterizable by typically low body weight, food self-deprivation, an extreme fear of gaining weight, and a craving to be thin. Although those suffering from ① <u>it</u> are severely underweight, they deem themselves as obese. Anorexic people are often in self-denial with regard to their low body weight. ② <u>Its</u> signs include weighing oneself frequently, eating scant amounts of food, eating only certain foods, and forcing themselves to throw up. Unfortunately, ③ <u>its</u> causes have not been clearly identified. However, ④ <u>it</u> is recognized that there are at least two types of factors that lead to this type of eating disorder, namely genetic predisposition and cultural factors.

| 선지별 선택률 |

①	②	③	④
13.6%	25.4%	10.2%	50.8

| 해석 |

거식증은 전형적으로 적은 몸무게, 음식에 대한 자기 통제, 체중 증가에 대한 극단적인 두려움, 그리고 마르고 싶은 열망으로 특징지어질 수 있는 식이 장애이다. ① 그것으로부터 고통을 받는 사람들은 심각하게 체중이 미달이지만, 그들은 자신들을 비만이라고 여긴다. 거식증에 걸린 사람들은 종종 그들의 적은 몸무게에 대해 자기 부정에 빠진다. ② 그것의 징후는 빈번하게 몸무게를 측정하는 것, 소량의 음식을 섭취하는 것, 특정한 음식만 먹는 것, 그리고 자신이 토하도록 강제하는 것을 포함한다. 안타깝게도, ③ 그것의 원인들은 분명히 밝혀지지 않았다. 그러나, 이런 유형의 식이장애를 초래하는 적어도 두 가지 요인들, 즉 유전적 소인과 문화적 요인들이 있음이 인정된다.

| 정답해설 |

④ 다른 선지들은 모두 anorexia(거식증)를 의미하는 반면, ④는 가주어 it으로, 해당 문장의 진주어인 that there are ~를 대신한다.

| 어휘 |

anorexia 거식증

self-deprivation 자기 제어

deem 여기다

eating disorder 식이 장애

craving 열망, 갈망

obese 비만의

self-denial 자기 부정

scant 아주 적은

namely 즉

predisposition 소인, 성향

with regard to ~에 관한

throw up 토하다

genetic 유전적

15 독해 〉 Logical Reading 〉 배열   오답률 11.9% | 답 ③

주어진 글 다음에 이어질 글의 순서로 가장 적절한 것은?

A campfire can be one of the best parts of camping, or provide necessary warmth to hunters and other outdoor enthusiasts. Just don't forget your responsibility to maintain and extinguish it to prevent wildfires.

(A) Don't burn dangerous things like aerosol cans, pressurized containers, glass or aluminum cans. They could explode, shatter or create harmful fumes or dust. Keep your fire to a manageable size. Before you leave your campsite, allow the wood to burn completely to ash, if possible. Pour lots of water on the fire. Drown all embers, not just the red ones. Pour until hissing sound stops.

(B) The very first thing that you must remember is as follows: never cut whole trees or branches, dead or alive. Live materials won't burn and dead standing trees — called "snags" — are often homes for birds and other wildlife.

(C) If you do not have water, stir dirt or sand into the embers with a shovel to bury the fire. With your shovel, scrape any remaining sticks and logs to remove any embers. Make sure that no embers are exposed and still smoldering. Continue adding water, dirt or sand and stirring with a shovel until all material is cool.

① (A) – (B) – (C)

② (A) – (C) – (B)

③ (B) – (A) – (C)

④ (B) – (C) – (A)

| 선지별 선택률 |

①	②	③	④
0%	6.8%	88.1%	5.1%

| 해석 |

캠프파이어는 캠핑에서 최고의 부분들 중 하나일 수 있거나, 사냥꾼들과 다른 야외 활동 마니아들에게 필요한 온기를 제공할 수 있다. 단, 산불을 예방하기 위해 그것을 유지하고 끄는 당신의 책임을 잊지 마라.

(B) 당신이 기억해야 하는 바로 첫 번째 일은 다음과 같다. 살아 있든 죽어 있든 절대 전체 나무나 나뭇가지를 자르지 마라. 살아 있는 물질은 타지 않을 것이고 "snags"라고 불리는 죽은 입목들은 종종 새들과 다른 야생생물의 집이기도 하다.

(A) 에어로졸 캔, 가압된 용기, 유리, 또는 알루미늄 캔과 같은 위험한 것들은 태우지 마라. 그것들은 폭발하거나, 깨지거나 해로운 가스나 먼지를 발생시킬 수도 있다. 당신의 불을 감당할 수 있는 크기로 유지하라. 당신이 당신의 캠프장을 떠나기 전, 가능하다면 나무가 완전히 타서 재가 되도록 하라. 불 위에 많은 물을 부어라. 빨간 것들만이 아닌 타다 남은 모든 장작들을 흠뻑 적셔라. 쉬익 소리가 멈출 때까지 물을 부어라.

(C) 만약 당신이 물이 없다면, 불을 묻기 위해 삽으로 흙이나 모래를 타다 남은 장작 속으로 휘저어라. 당신의 삽으로 타다 남은 장작을 제거하기 위해 남아 있는 막대기와 통나무를 긁어내라. 어떠한 타다 남은 장작도 노출되거나 여전히 연기가 나도록 하지 마라. 모든 물질이 식을 때까지 계속 물, 흙, 또는 모래를 추가하고 삽으로 휘저어라.

| 정답해설 |

③ 주어진 글의 마지막에 산불 예방을 위해 캠프파이어를 유지하고 끄는 책임을 잊지 마라는 것으로 보아, 불을 피우고 끄는 절차가 이후에 설명될 것임을 짐작할 수 있다. (B)에서 The very first thing이라고 언급하는 것으로 보아 절차의 첫 단계임을 알 수 있다. (A)는 불을 피울 때의 주의 사항을, (C)는 불을 끄는 방법을 설명하므로 (A) – (C)의 순서가 알맞다. 따라서 (B) – (A) – (C)의 순서가 된다.

| 어휘 |

enthusiast 마니아	extinguish 끄다, 없애다
wildfire 산불	pressurized 가압된
explode 폭발하다	shatter 깨지다
fume 가스, 매연	manageable 감당할 수 있는
ash 재	pour 붓다, 따르다
drown 흠뻑 젖게 하다	ember 타다 남은 장작
hiss 쉬익 소리를 내다	as follows 다음과 같이
branch 나뭇가지	stir 휘젓다
dirt 흙	shovel 삽
bury 묻다, 매장하다	scrape 긁어내다
log 통나무	make sure 반드시 ~하다
smolder 연기를 피우다	

오답률 TOP 2

16 독해 〉 Logical Reading 〉 배열 오답률 71.2% | 답 ②

주어진 글 다음에 이어질 글의 순서로 가장 적절한 것은?

You can see varieties of democracy, some of which show better representation and more freedom for their citizens than others.

(A) Democracy should be organized in order to keep the government from excluding the people from the legislative process, or any government branch from manipulating the separation of powers in its own favor.

(B) That is, separation of powers is a mode of governance under which the nation is divided into branches, each with independent powers and areas of responsibility so that any single branch does not have more power than the others.

(C) If that happens, a certain branch of the system can seize too much power and impair the democracy.

① (A) – (B) – (C)
② (A) – (C) – (B)
③ (B) – (A) – (C)
④ (B) – (C) – (A)

| 선지별 선택률 |

①	②	③	④
54.2%	28.8%	3.4%	13.6%

| 해석 |

당신은 여러 종류의 민주주의를 볼 수 있는데, 그중 일부는 다른 것들보다 그 시민들을 위한 더 나은 대표성과 더 많은 자유를 보여준다.

(A) 민주주의는 정부가 입법과정으로부터 시민들을 배제하는 것 또는 정부 기관이 자신에게 유리하도록 권력의 분리를 조작하는 것을 막기 위해 조직되어야 한다.

(C) 만약 그런 일이 일어난다면, 시스템의 특정 기관이 너무 많은 권력을 장악하고 민주주의를 해칠 수 있다.

(B) 즉, 권력의 분리는 통치방식의 하나인데 그 아래에서 국가는 기관들로 나뉘고 어느 하나의 기관이 다른 기관들보다 더 많은 권력을 가지지 않도록 각 기관이 독립적 권력과 책무의 범위를 가진다.

| 정답해설 |

② 주어진 문장은 민주주의가 시민을 위한 대표성과 자유를 보여준다는 내용이다.

(A)에서는 시민의 대표성과 자유를 지키기 위한 권력의 분리를 주장하므로 첫 순서로 알맞다. (A)에서 이야기 하는 시민들을 배제하거나 정부 기관이 조작되는 상황을 (C)에서 '만일 그런 일이 일어난다면(If that happens)'으로 가정한 뒤 이는 특정 기관으로의 권력의 쏠림을 초래한다고 설명하는 순서가 알맞으므로 다음 순서가 된다. (C)에서 언급된 불상사를 방지할 방안으로 권력의 분리가 제시되어 있는 (B)는 마지막 순서가 된다.

| 어휘 |

representation 대표성	exclude 배제하다, 제외시키다
legislative 입법의	branch 기관
manipulate 조종하다, 조작하다	in one's (own) favor ~에게 유리하게
that is 즉, 다시 말하면	governance 통치(방식), 관리(방식)
so that ~할 수 있도록	seize 장악하다, 잡다
impair 손상시키다	

17 문법 〉 Modifiers 〉 부정사 오답률 22% | 답 ③

밑줄 친 부분 중 어법상 틀린 것은?

By the early 20th century, the total amount of tax in the U.S. ① was just around 10 percent of the gross domestic product(GDP), which is striking compared with more than 30 percent today. Early immigrants who ② inhabited the first American colonies paid a very small amount of tax, and the types of tax were also very limited. The colonial governments usually let their people ③ to live with a nominal amount of money imposed. This minimal tax at the time was one of the reasons immigrants did not return to Europe where governments forced their people ④ to pay high taxes.

| 선지별 선택률 |

①	②	③	④
11.9%	6.8%	78%	3.3%

| 해석 |

20세기 초 무렵, 미국의 세금 총액은 단지 국내총생산(GDP)의 대략 10퍼센트 정도였고, 이는 오늘날의 30퍼센트가 넘는 것과 비교해봤을 때 놀랍다. 첫 미대륙의 식민지들에 거주했던 초기 이민자들은 아주 적은 금액의 세금을 지불했고, 세금의 종류도 또한 매우 제한적이었다. 식민지 정부들은 보통 그들의 주민들이 소액의 돈만이 부과된 상태로 살도록 해줬다. 그때 당시의 이 최소한의 세금은, 정부들이 그들의 시민들로 하여금 높은 세금을 지불하도록 강제하는 유럽으로 이민자들이 돌아가지 않았던 이유들 중 하나였다.

| 정답해설 |

③ 문장의 동사 let이 사역동사이므로 목적격 보어는 to부정사가 아니라 동사원형(목적어와의 관계가 능동일 경우)이나 be p.p.(목적어와의 관계가 수동일 경우)가 쓰여야 한다. 여기서는 능동의 관계이므로 to live는 동사원형인 live가 되어야 한다.

| 오답해설 |

① 주어가 단수(the total amount)이며 과거 시점(By the early 20th century)이므로 과거형 be동사가 적합하게 쓰였다.
② 동사 inhabit은 타동사로 뒤에 바로 목적어를 취한다.
④ 동사 force는 to부정사를 목적격 보어로 취하는 동사로 to pay는 적합하게 쓰였다.

| 어휘 |

striking 놀라운	compared with ~와 비교해볼 때
immigrant 이민자	inhabit 거주하다
colony 식민지	colonial 식민지의
nominal 명목상의, 아주 적은	impose 부과하다
minimal 최소한의	

| 더 알아보기 | 사역동사의 구조

make + O + 동사원형	O와 OC의 관계가 능동일 경우
make + O + p.p.	O와 OC의 관계가 수동일 경우
have + O + 동사원형	O와 OC의 관계가 능동일 경우
have + O + p.p.	O와 OC의 관계가 수동일 경우
let + O + 동사원형	O와 OC의 관계가 능동일 경우
let + O + be p.p.	O와 OC의 관계가 수동일 경우

18 문법 〉 Expansion 〉 관계사   오답률 6.8% | 답 ③

밑줄 친 부분 중 어법상 옳지 않은 것은?

As new technologies and production methods, especially mass production and assembly lines, emerged, the price of once costly daily necessities ① was also lowered to great extent, which enabled ordinary people to afford them. And, in turn, this made it ② possible for manufacturers and capitalists to earn more and more. However, there were some side effects: numerous craftsmen, ③ that had been once highly regarded for their distinguished skills, lost their jobs, though some of them managed ④ to be rehired as factory foremen to supervise an increasing number of unskilled and semi-skilled laborers.

| 선지별 선택률 |

①	②	③	④
0%	3.4%	93.2%	3.4%

| 해석 |

새로운 기술들과 생산방식들 특히 대량 생산과 조립 라인이 등장함에 따라, 한때 비쌌던 생필품들의 가격 또한 상당한 정도로 낮아졌고, 이는 평범한 사람들이 그것들을 살 형편이 되는 것을 가능하게 해주었다. 그리고 그 결과로, 이것은 제조업자들과 자본가들이 점점 더 많은 수익을 올리는 것을 가능하게 해주었다. 그러나, 어떤 부작용들도 있었다. 한때 그들의 뛰어난 기술로 상당히 존중을 받았었던 수많은 장인들은 비록 그들 중 일부가 점점 늘어나는 비숙련 및 반숙련 노동자들을 감독하기 위해 공장 감독관으로 재고용되는 데 성공했지만, 그들의 일자리를 잃었다.

| 정답해설 |

③ 바로 앞에 comma가 있는 것으로 보아 관계대명사의 계속적 용법임을 알 수 있다. 따라서 관계대명사 that은 사용할 수 없다. 선행사가 사람(craftsmen)이고 밑줄 뒤에 동사(had been once highly regarded)가 있으므로 계속적 용법의 주격 관계대명사 who가 되어야 한다.

| 오답해설 |

① 문장의 주어가 단수(the price)이므로 수일치는 알맞다.
② 해당 절에 5형식 동사 made가 있으므로 목적격 보어로 형용사 possible이 적합하게 쓰였다.
④ 동사 manage는 to부정사를 목적어로 취한다. 또한 문장의 주어가 '그들 중 일부(some of them)'로 문맥상 수동(재고용되는 데 성공했다)이므로 수동형 to부정사 'to be p.p.'가 적합하게 쓰였다.

| 어휘 |

mass production 대량 생산	assembly 조립
emerge 나타나다, 등장하다	costly 비싼
daily necessities 생필품	lower 낮추다
extent 정도	afford ~를 살 형편이 되다
in turn 그 결과로	side effect 부작용
craftsman 장인	regard 존경하다, 여기다
distinguished 뛰어난	manage to (겨우/어찌어찌) ~를 해내다
foreman 감독관, 반장	supervise 감독하다
unskilled 비숙련의	semi-skilled 반숙련의

| 더 알아보기 | 관계대명사

관계대명사는 소방 영어의 빈출 포인트이므로 반드시 숙지해둬야 한다. 단순히 선행사와 관계사절의 구조뿐 아니라 comma 유무를 통해 한정적 용법과 계속적 용법도 늘 확인하는 습관을 들여야 한다.

19 독해 〉 Logical Reading 〉 문맥상 다양한 추론   오답률 25.4% | 답 ④

밑줄 친 부분이 가리키는 대상이 나머지 셋과 다른 것은?

Buddhism was not an indigenous religion of China. ① Its founder was Gautama of India in the sixth century B.C. Some centuries later ② it found its way into China by way of central Asia. There is a tradition that as early as 142 B.C. Chang Ch'ien, an ambassador of the Chinese emperor, Wu Ti, visited the countries of central Asia, where he first learned about the new religion which was making such headway and reported concerning ③ it to his master. ④ It was how Buddhism spread to China for the first time.

| 선지별 선택률 |

①	②	③	④
6.8%	5%	13.6%	74.6%

| 해석 |

불교는 중국의 고유 종교가 아니었다. ① 그것의 창시자는 기원전 6세기 인도의 고타마였다. 몇 세기 후 ② 그것은 중앙 아시아를 거쳐 중국으로 들어왔다. 일찍이 기원전 142년에 중국 황제 Wu Ti의 대사인 Chang Ch'ien이 중앙 아시아 국가들을 방문했던 전통이 있는데, 거기서 그는 처음으로 그러한 진전을 이루고 있던 새로운 종교를 알게 되었고 ③ 그것에 관해 그의 주인에게 보고했다. ④ 그것이 불교가 최초로 중국으로 전파되었던 방식이었다.

| 정답해설 |

④ It은 불교가 최초로 중국으로 전파되었던 방식을 말하므로, 바로 앞의 문장 전체, 즉 절 전체를 대신하는 대명사이다. 나머지는 모두 불교(Buddhism)를 가리킨다.

| 어휘 |

Buddhism 불교	indigenous 토착의, 고유의
religion 종교	B.C. 기원전
find one's way into ~로 들어가다	by way of ~을 경유하여
ambassador 대사	make headway 나아가다, 진척되다
concerning ~에 관하여	for the first time 최초로, 처음으로

20 독해 〉 Macro Reading 〉 주장   오답률 33.9% | 답 ①

다음 글의 주장으로 가장 적절한 것은?

The savage made sacrifices to his idols, that is, he paid tribute, chiefly out of fear, but partly in the hope of getting something better in return. The moderns do not offer human or animal sacrifice, and it is true; but it must be borne in mind that the wealth of the savage consisted of his sheep, oxen, oils, and wines, not money. Today, the devout offer a sacrifice of money to the Deity. We are all familiar with the requests of religious institutions for gifts, which nearly always finish with the phrase, "And the Lord will repay you many fold." In other words, sacrifice part of your worldly goods to the idol, and he will repay with high interest. He will give in return long life and much wealth.

① 원시시대와 마찬가지로 현대 종교에서도 공물을 바친다.
② 원시시대와 현대의 종교의식은 큰 차이가 있다.
③ 현대 종교의 발달 양상은 원시종교의 그것과 유사하다.
④ 원시 종교의 흔적은 현대 종교에서는 찾아볼 수 없다.

| 선지별 선택률 |

①	②	③	④
66.1%	10.2%	22%	1.7%

| 해석 |

원시인은 주로 두려움에서이지만 부분적으로는 보답으로 더 나은 무언가를 얻으려는 희망에서 그의 우상에게 희생양을 바쳤는데, 즉 공물을 바쳤다. 현대인은 인간 또는 동물 공물을 바치지 않는데, 이것은 사실이다. 그러나 미개인의 부는 돈이 아닌 그의 양, 황소, 기름, 그리고 술로 이루어졌던 것을 명심해야 한다. 오늘날, 독실한 사람들은 신에게 돈을 공물로 제공한다. 우리는 모두 선물에 대한 종교 기관들의 요청에 익숙한데, 그것들은 거의 항상 "그러면 신이 당신에게 몇 배로 보답할 것입니다"라는 구절로 끝이 난다. 다시 말하면, 우상에게 당신의 세속적 물품의 일부를 바치면, 그는 높은 이자와 함께 보답을 할 것이다. 그는 그 보답으로 긴 수명과 많은 부를 줄 것이다.

| 정답해설 |

① 원시인들이 물건을 재물로 신에게 바쳤던 행위가 현대 종교에서는 돈을 바치는 행위로 바뀌었음을 설명하고 있다.

| 오답해설 |

② 종교의식에서의 차이는 글에서 다루고 있지 않다.
③ 현대 종교의 발달에 대한 언급은 없다.
④ 현대 종교에 남아 있는 원시 종교의 흔적으로 공물이 언급되어 있다.

| 어휘 |

savage 미개인, 야만인
that is 즉
chiefly 주로
bear in mind 명심하다, 유념하다
devout 독실한
be familiar with ~에 익숙하다
fold 배
worldly 세속적인
interest 이자

idol 우상
pay tribute 공물을 바치다
in return 보답으로
oxen ox(황소)의 복수형
deity 신
repay 보답하다, 되갚다
in other words 즉, 다시 말하면
goods 물품

실전동형 모의고사

문제편 p.20

01	③	02	②	03	③	04	①	05	③
06	③	07	②	08	①	09	②	10	②
11	③	12	④	13	①	14	①	15	③
16	③	17	②	18	④	19	④	20	④

▶ 풀이시간:　/30분　나의 점수:　/100점

01 어휘 〉 유의어 찾기　오답률 31.7% | 답 ③

다음 밑줄 친 표현과 유사한 것을 고르시오.

> The negotiation became at a standstill since the association kept nitpicking at small things in the draft contract.

① harmonized
② smooth
③ deadlocked
④ skewed

| 선지별 선택률 |

①	②	③	④
19.5%	7.3%	68.3%	4.9%

| 해석 |
그 협회가 계약서 초안의 사소한 것들을 계속해서 트집잡았기 때문에 그 협상은 교착 상태가 되었다.
① 조화된
② 순조로운
③ 교착 상태의
④ 편향된

| 정답해설 |
③ 밑줄 친 at a standstill은 '교착 상태의'라는 뜻으로 deadlocked와 가장 유사하다.

| 어휘 |
at a standstill 교착 상태의, 정지된　nitpick at ~를 트집잡다
draft 초안(의)　harmonize 조화시키다
deadlocked 교착 상태의　skewed 편향된

02 어휘 〉 빈칸 완성　오답률 19.5% | 답 ②

다음 글의 빈칸에 들어갈 말로 가장 적절한 것은?

> The word "vigour" is an acceptable _____ to "vigor" though the latter is more commonly used in the U.S. Both mean the same thing.

① risk
② alternative
③ order
④ obligation

| 선지별 선택률 |

①	②	③	④
9.8%	80.5%	4.9%	4.8%

| 해석 |
후자가 미국에서는 더 흔히 사용되지만 "vigour"라는 단어는 "vigor"의 용인되는

② 대안이다. 둘 다 같은 것을 의미한다.
① 위험
② 대안
③ 명령, 주문
④ 의무

| 정답해설 |
② 두 번째 문장에서 다른 철자의 두 단어가 같은 의미라고 하는 것으로 보아 vigour가 vigor의 '대안'이라는 흐름이 알맞다.

| 어휘 |
vigo(u)r 힘, 활력　acceptable 용인되는
the latter 후자　obligation 의무

오답률 TOP 3

03 어휘 〉 빈칸 완성　오답률 52.4% | 답 ③

다음 글의 빈칸에 들어갈 말로 가장 적절한 것은?

> Those two arguments do not just differ but strikingly _____ each other.

① resemble
② approve
③ oppose
④ advertise

| 선지별 선택률 |

①	②	③	④
35.7%	9.5%	47.6%	7.2%

| 해석 |
그 두 주장은 단순히 다른 것이 아니라 놀라울 정도로 서로 ③ 반대이다.
① 닮다
② 승인하다
③ 반대하다
④ 광고하다

| 정답해설 |
③ '단순히 다를 뿐 아니라(do not just differ)'라고 했으므로 더 강한 의미인 '반대하다(oppose)'가 적합하다.

| 어휘 |
argument 주장　differ 다르다
strikingly 놀라운 정도로　resemble 닮다
oppose 반대하다

04 독해 〉 Logical Reading 〉 문맥상 다양한 추론　오답률 26.8% | 답 ①

밑줄 친 they/their가 가리키는 대상으로 가장 적절한 것은?

> Microscope is the name of an instrument for enabling the eye to see distinctly small objects which are placed at a very short distance from it, or to see magnified images of small objects, and therefore to see small objects. The name is derived from the two Greek words, expressing this property, MIKROS, *small*, and SKOPEO, *to see*. So little is known of the early history of the microscope, and so certain is it that the magnifying power of microscopes must have been discovered as soon as they were made, that there is no reason for presenting any doubtful speculations on the question of discovery. We shall proceed therefore at once to describe the simplest forms of microscopes, to explain their

later and more important improvements, and finally to exhibit the instrument in its present perfect state.

① microscopes
② Greek words
③ speculations
④ improvements

| 선지별 선택률 |

①	②	③	④
73.2%	17.1%	7.3%	2.4%

| 해석 |

현미경은 눈이 그것으로부터 아주 짧은 거리에 놓여있는 물체들을 뚜렷하게 볼 수 있도록 하기 위한 또는 작은 물체들의 확대된 이미지들을 볼 수 있도록 하기 위한, 그래서 작은 물체들을 볼 수 있도록 하기 위한 도구의 이름이다. 이 이름은 두 개의 그리스 단어들에서 비롯되었는데, MIKROS는 '작은', 그리고 SKOPEO는 '본다'는 이 특성을 표현한다. 현미경의 초기 역사에 관해서는 알려진 것이 거의 없고, 그것들이 만들어지자마자 현미경들의 확대력이 발견되었음이 틀림없다는 것이 확실해서, 발견의 의구심에 대한 어떤 의심스런 추정을 제기할 어떠한 이유도 없다. 따라서 우리는 계속해서 동시에 현미경들의 가장 단순한 형태들을 묘사하고 그것들의 나중 그리고 더 중요한 향상들을 설명하며, 마침내 그것의 현재 완벽한 상태에서의 그 도구를 보여줄 것이다.

① 현미경들
② 그리스 단어들
③ 추정들
④ 향상들

| 정답해설 |

① 첫 번째 밑줄이 포함된 문장에서는 '그것들'이 만들어지자마자 현미경들의 확대력이 발견되었음에 틀림없다는 것으로 보아 they는 '현미경들'을 지칭함을 알 수 있다. 두 번째 밑줄이 포함된 문장에서도, 가장 단순한 형태의 현미경들을 설명하고 '그것들의' 나중 그리고 더 중요한 향상을 설명한다고 했으므로 '그것들'이 '현미경들'임을 알 수 있다.

| 어휘 |

microscope 현미경	instrument 도구
enable 가능하게 해주다	distinctly 분명히, 뚜렷하게
object 물체	place 놓다, 위치시키다
magnify 확대하다	derive 끌어내다, 파생하다
property 특성, 속성, 재산	as soon as ~하자마자
speculation 추정	proceed 진행하다, 나아가다
at once 즉시, 동시에	exhibit 보여주다, 전시하다
present 현재의	state 상태

오답률 TOP 2

05 독해 〉 Macro Reading 〉 제목   오답률 63.4% | 답 ③

다음 글의 제목으로 가장 적절한 것은?

There is an irresistible charm in the effort to trace beginnings in nature. We know that we can never succeed: that each discovery, which confirms some elementary law or principle, only indicates how much still lies behind it: but just as the geologist nevertheless loves to search out the first or oldest traces of life upon our globe, the microbiologist enjoys viewing the simplest structures and faculties, of all living organisms. When applied to other sciences, it leads to the most important results.

① The charms microbiology has
② Microbiology as a foundation of living things
③ Why do we study microbes?
④ The origin of microbiology as a promising field

| 선지별 선택률 |

①	②	③	④
21.9%	36.6%	36.6%	4.9%

| 해석 |

자연의 기원들을 추적하려는 노력에는 억누를 수 없는 매력이 있다. 우리는 우리가 절대 성공할 수 없음을 안다. 그 각각의 발견은 기본적 법칙 또는 원칙을 확인해주며, 얼마나 많은 것이 그것 뒤에 여전히 놓여있을지를 나타낼 뿐이다. 그러나 그럼에도 불구하고 지질학자가 지구상 생명의 최초 혹은 가장 오래된 흔적들을 찾는 것을 사랑하는 것처럼, 미생물학자는 모든 생물들의 가장 단순한 구조와 기능을 보는 것을 즐긴다. 다른 과학들에 적용될 때, 그것은 가장 중대한 결과들로 이끌어준다.

① 미생물학이 지닌 매력들
② 생물들의 근본으로서의 미생물학
③ 우리는 왜 미생물들을 연구하는가?
④ 유망한 분야로서 미생물학의 기원

| 정답해설 |

③ 글의 초반에는 자연에서의 기원을 찾는 것이 성공할 수 없다는 내용이 제시되지만, 중반 이후에는 미생물학자들은 생물의 가장 단순한 구조와 기능을 보는 것을 즐긴다는 것이 설명되어 있다. 그리고 마지막 문장에서 이것이 다른 과학에 적용되면 가장 중대한 결과로 이끌어 준다고 했으므로 미생물을 연구하는 이유가 글의 제목으로 가장 적합하다.

| 오답해설 |

① 자연의 기원을 추적하는 것, 즉 미생물학이 매력적이라는 내용이 첫 문장에 언급되어 있으나 글의 전체 내용을 반영하지는 않는다.
② 미생물학이 생물의 근본이라는 내용은 글에 언급이 없다.
④ 미생물학이 유망한 분야라는 내용 또한 글에 없다.

| 어휘 |

irresistible 억누를 수 없는	charm 매력
trace 추적하다; 흔적	lie 놓여있다
geologist 지질학자	nevertheless 그럼에도 불구하고
microbiologist 미생물학자	faculty 능력, 기능
apply to ~에 적용하다	microbiology 미생물학
microbe 미생물	promising 전도유망한

06 독해 〉 Macro Reading 〉 주제   오답률 41.5% | 답 ③

다음 글의 주제로 가장 적절한 것은?

There is no requirement for exhaust ventilation for storage cabinets, although most cabinets have plugged fittings that can be used for such purpose. Exhaust ventilation should only be provided when warranted by the materials in the cabinet, for example for particularly toxic or noxious materials. If provided, the manufacturer's instructions should be followed. Typically, this will involve small diameter steel duct or pipe leading directly and by the shortest route to the exterior of the building. Exhaust must be taken from the bottom of the cabinet.

① 배기장치의 작동 원리
② 배기장치 설치의 장점들과 단점들
③ 배기장치와 관련된 규정들
④ 배기장치의 효과

| 선지별 선택률 |

①	②	③	④
22%	0%	58.5%	19.5%

| 해석 |

대부분의 캐비닛이 그러한 목적을 위해 사용될 수 있는 플러그가 연결된 장치들을 가지고 있기는 하지만, 물품보관 캐비닛을 위한 배기장치에 대한 요건은 없다. 배기장치는 캐비닛 내의 물질들에 의해 허가될 때만 제공되어야 하는데, 예를 들면 유독

성 혹은 유해한 물질들이 그러하다. 만약 (배기장치가) 제공된다면, 제조사의 지시들이 준수되어야 한다. 보통, 이것은 건물의 외부로 직접적이고 최단기 경로로 이어지는 작은 지름의 강철 배관 또는 파이프를 포함할 것이다. 배기가스는 캐비닛의 바닥에서부터 끌어내어져야 한다.

| 정답해설 |
③ 두 번째 문장부터 배기장치가 필요한 경우에 적용되는 규정들(캐비닛 내의 물질들, 제조사의 지시 준수 등)이 설명되고 있다.

| 오답해설 |
① 배기장치의 작동 원리는 글에 언급되어 있지 않다.
② 장단점 또한 글에서 다루고 있지 않다.
④ 배기가스를 건물 외부로 내보내는 기능은 언급되어 있으나 배기장치의 효과에 대한 글은 아니다.

| 어휘 |

exhaust ventilation 배기장치	storage cabinet 물품 보관 캐비닛
plugged 플러그가 연결된	fitting 장치, 부품
warrant 허가하다, 보증하다	noxious 유해한, 유독한
instruction 지시, 설명	typically 전형적으로, 보통
duct 관, 도관	exterior 외부
exhaust 배기가스	

07 독해 〉 Macro Reading 〉 주장　오답률 31.7% | 답 ②

다음 글에서 필자가 주장하는 바로 가장 적절한 것은?

The old saying, "A workman is known by his tools," is equally true of the body. The carpenter who cares for his saws, chisels and planes, who keeps them sharp and free from rust, will be able to do better work than the one who carelessly allows them to become broken or rusted. The finer the work which one does, the greater the care he must take of the instruments with which he works. We speak of health and physical conditions in discussing the question of your value, just like we are discussing the instrument that demonstrates workman's value. It is a pity many young people think it nonsense to pay attention to the preservation of health.

① 장인은 도구를 소중히 해야 한다.
② 신체적 건강은 인간의 가치를 나타낸다.
③ 장인의 가치는 도구에 나타난다.
④ 젊은 사람들은 건강에 덜 신경을 쓰는 것이 당연하다.

| 선지별 선택률 |

①	②	③	④
12.2%	68.3%	17.1%	2.4%

| 해석 |
옛 속담 "장인은 그의 도구들을 보면 알 수 있다"는 신체에 대해서도 똑같이 사실이다. 그의 톱, 끌, 그리고 대패를 소중히 여기는, 즉 그것들을 날카롭고 녹이 없도록 유지하는 목수는, 그것들이 깨지고 녹이 슬도록 부주의하게 내버려두는 이보다 더 나은 작업을 할 수 있을 것이다. 사람이 하는 일이 더 훌륭할수록, 그는 그가 가지고 일하는 도구들을 더 많이 돌보아야 한다. 우리가 장인의 가치를 보여주는 도구를 논의하는 것과 꼭 마찬가지로, 우리는 당신의 가치에 대한 질문을 논의하는 데 있어 건강과 신체적 상태들을 말한다. 건강의 유지에 신경 쓰는 것을 터무니없다고 많은 젊은 사람들이 생각한다는 것은 유감이다.

| 정답해설 |
② 세 번째 문장까지의 장인과 도구에 관한 설명은 네 번째 문장의 인간과 건강에 대한 비유였다. 네 번째 문장에는 인간의 가치는 신체적 건강으로 말할 수 있다는 주장이 제시되어 있다. 그리고 마지막 문장에서 젊은이들이 이를 무시하는 현실을 안타까워하는 것으로 글쓴이의 주장을 강조하고 있다.

| 오답해설 |
① 첫 두 문장에서 유추할 수 있는 내용이지만 필자의 주장을 쉽게 설명하기 위한 비유일 뿐이다.
③ 역시 필자의 주장을 뒷받침하기 위한 내용이다.
④ 글의 주장과 정반대되는 내용이다.

| 어휘 |

saying 속담, 격언	workman 장인
carpenter 목수	care for 조심해서 다루다
saw 톱	chisel 끌
plane 대패	free from ~이 없는, ~에서 벗어난
rust 녹; 녹이 슬게 하다	pity 유감
nonsense 터무니없는 생각[말]	preservation 보존

08 독해 〉 Macro Reading 〉 요지　오답률 22% | 답 ①

다음 글의 요지로 가장 적절한 것은?

Dear all staff,

As it was notified, we will replace all the computers in the office tomorrow. The main reason is that most of them are outdated, and the budget proposal for new computers has been finally approved. The replacing work will start at 9:00 A.M. tomorrow and is expected to be completed in three hours. If you need to use a computer, you should go to a computer lab in the computer lab or you can borrow a laptop computer. If you would like to use a laptop computer, please visit the technical support department on the third floor and present your employee ID card. I apologize for any potential inconvenience, but we will be able to work more efficiently once this work is done. Thank you for your cooperation.

Jennifer Windle
Maintenance Manager, Langdon Insurance

① 직원들에게 예정된 작업을 알리는 것
② 갑작스러운 일정 변화를 알리는 것
③ 컴퓨터 교체 작업의 과정을 설명하는 것
④ 랩탑을 대여하는 절차를 설명하는 것

| 선지별 선택률 |

①	②	③	④
78%	2.5%	7.3%	12.2

| 해석 |
전직원들에게.
통지되었듯이, 우리는 내일 사무실의 모든 컴퓨터들을 교체할 것입니다. 그 주요 이유는 그것들 대부분이 낡았고, 새 컴퓨터를 위한 예산 제안이 마침내 승인되었기 때문입니다. 교체 작업은 내일 오전 9시에 시작될 것이고 3시간 후에 완료될 것으로 예상됩니다. 만약 당신이 컴퓨터를 사용해야 한다면, 건물의 컴퓨터실로 가거나 랩탑을 대여할 수 있습니다. 만약 당신이 랩탑을 사용하고 싶다면, 3층의 기술지원부서를 방문하여 당신의 사원증을 제시하세요. 어떤 잠재적인 불편함에 대해 사과 드리지만, 일단 이 작업이 끝나면 우리는 더 효율적으로 일할 수 있을 것입니다. 여러분들의 협조에 감사 드립니다.
Jennifer Windle
관리부장, Langdon Insurance

| 정답해설 |
① 첫 문장에서 컴퓨터 교체 소식을 다시 알리고 있고 이후의 문장들에서 이에 대한 추가적 정보를 언급하고 있다.

| 오답해설 |
② 첫 문장에 의하면 미리 알렸던 내용임을 알 수 있다.
③ 교체 작업 과정에 관한 설명은 없다.

④ 랩탑 대여를 위해 사원증을 제시하라는 내용은 있으나 지엽적이라 글의 요지로 는 부적합하다.

| 어휘 |

notify 통지하다
outdated 낡은, 구식의
replace 교체하다

09 독해 〉 Logical Reading 〉 삭제   오답률 43.9% | 답 ②

다음 글에서 전체 흐름과 관계 없는 문장은?

There are many ways in which the problem of identifying trees may be approached. The majority attempt to recognize trees by their leaf characters. Leaf characters, however, do not differentiate the trees during the other half of the year when they are bare. ① So the characterizations must be based, as far as possible, on peculiarities that are evident all year round. ② The main reason numerous trees shed their leaves for a certain period of time is to endure the intense cold by saving their energy. ③ In almost every tree there is some one trait that marks its individuality and separates it, at a glance, from all other trees. ④ It may be the general form of the tree, its mode of branching, bark, bud or fruit. It may be some variation in color, or, in case of the evergreen trees, it may be the number and position of the needles or leaves.

| 선지별 선택률 |

①	②	③	④
4.9%	56.1%	19.5%	19.5%

| 해석 |

나무들을 식별하는 문제가 접근될 수 있는 많은 방법들이 있다. 대다수는 나뭇잎의 특성으로 나무들을 식별하려고 시도한다. 그러나, 나뭇잎의 특성들은 나무들이 헐 벗고 있는 1년의 다른 절반 동안은 나무를 구별시켜주지 못한다. ① 따라서 특성 묘 사는 최대한 연중 분명한 특성들에 기반을 두어야 한다. ② 수많은 나무들이 특정 기간 동안 나뭇잎을 떨구는 주요 이유는 그것들의 에너지를 절약함으로써 혹독한 추위를 견디기 위함이다. ③ 거의 모든 나무에는 그것의 개성을 나타내고 한눈에도 모든 다른 나무들과 분리시켜주는 어떤 한 가지 특성이 있다. ④ 그것은 나무의 전 반적 형태일 수도 있고, 그것이 나뭇가지를 뻗는 방식일 수도 있고, 껍질, 꽃봉오리, 혹은 열매일 수도 있다. 그것은 색에 있어서 어떤 차이일 수도 있고, 혹은 상록수의 경우에 그것은 침엽 또는 나뭇잎의 수와 위치일 수도 있다.

| 정답해설 |

② 첫 세 문장에서 나무를 나뭇잎으로 구분하는 것이 효율적이지 못함을 지적하고 있다. 이후의 문장들은 다른 구분법들을 나열하고 있는데 ②는 나무의 구분법이 아닌 나무가 에너지 절약을 위해 잎을 떨어뜨린다는 내용으로 전체 내용과 이질 적이다.

| 오답해설 |

① 연중 명백한 특징(즉, 나뭇잎이 아닌)으로 나무가 구별되어야 한다는 내용으로 글의 내용에 부합한다.
③ 각 나무는 다른 나무들과 구별이 되는 개성이 있다는 내용으로 글의 내용에 부 합한다.
④ 나뭇잎 이외에 나무의 형태, 가지 뻗는 방식, 껍질 등에 의한 구분법이 예로 제시 되어 있으므로 글의 내용에 부합한다.

| 어휘 |

identify 식별하다
bare 헐벗은
as far as possible 가능한 한
evident 명백한
endure 견디다
trait 특성
separate 분리시키다
branching 분기, 분지
differentiate 구별하다
characterization 성격 묘사, 정의
peculiarity 특성
shed 떨구다, 흘리다
intense 강렬한, 극심한
individuality 개성, 특성
at a glance 한눈에, 첫눈에
bark 나무껍질

bud 꽃봉오리
needle 침엽
variation 변화, 차이

10 독해 〉 Micro Reading 〉 내용일치/불일치   오답률 19.5% | 답 ②

다음 글의 내용과 일치하지 않는 것은?

Wolfgang Amadeus Mozart's father, Leopold Mozart, belonged to a respectable tradesman's family in the free city of Augsburg. Conscious of being gifted with no small portion of intellectual endowments, he followed the impulse that led him to aim at a higher position in life, and went to the then celebrated University of Salzburg in order to study jurisprudence. As he did not, however, at once succeed in procuring employment in this profession, he was forced to enter the service of Canon Count Thun as valet. Subsequently, however, his talents and thorough knowledge of music obtained for him a better position. In the year 1743 he was received into the band (Kapelle) of the Salzburg cathedral by Archbishop Sigismund; and as his capabilities and fame as a violinist increased, the Archbishop shortly afterwards promoted him to the situation of Hof-Componist (Court Composer) and leader of the orchestra, and in 1762 he was appointed Hof-Kapellmeister (conductor of the Court music).

① Leopold Mozart는 높은 지위를 얻으려는 목표가 있었다.
② Leopold Mozart는 대학 졸업 직후 자신의 전공과 관련된 직장을 얻었다.
③ Leopold Mozart는 자신의 재능을 알고 있었다.
④ Leopold Mozart는 궁정 지휘자로 승진되었다.

| 선지별 선택률 |

①	②	③	④
4.9%	80.5%	14.6%	0%

| 해석 |

Wolfgang Amadeus Mozart의 아버지인 Leopold Mozart는 Augsburg라는 자유 도 시의 훌륭한 상인 가족 출신이었다. 결코 작지 않은 지적 재능을 지니고 있음을 인 지하고, 그는 그를 삶에서 더 높은 자리를 목표로 하도록 이끌었던 충동을 따랐고, 당시 유명했던 Salzburg 대학에 법학을 전공하기 위해 입학했다. 그러나 이 직종 에서의 일자리를 얻는 데 단번에 성공하지는 못해서, 그는 어쩔 수 없이 시종으로 Canon Count Thun에 취업했다. 그러나 차후에 그의 재능과 음악에 대한 철저한 지 식은 그에게 더 나은 자리를 얻어주었다. 1743년 그는 대주교 Sigismund에 의해 Salzburg 대성당의 악단(Kapelle)에 들어갔다. 그리고 바이올린 연주자로서의 그의 능력과 명성이 상승함에 따라, 그 대주교는 곧 그를 Hof-Componist(궁정 작곡가) 직 책과 오케스트라 지휘자로 승진시켰으며, 1762년에 그는 Hof-Kapellmeister(궁정 음 악 지휘자)로 임명되었다.

| 정답해설 |

② 세 번째 문장의 did not ~ succeed in ~에 의하면 전공했던 직종에 취업하지 못 했다.

| 오답해설 |

① 두 번째 문장의 aim at a higher position ~에 언급되어 있다.
③ 두 번째 문장의 Conscious of being gifted ~에 언급되어 있다.
④ 마지막 문장에 언급되어 있다.

| 어휘 |

belong to ~에 속하다
tradesman 상인
gifted 재능이 있는
intellectual 지적인
impulse 충동, 자극
respectable 훌륭한
conscious of ~를 인지하는
portion 부분
endowment 자질, 재능
aim at ~을 겨냥하다

celebrated 유명한
procure 조달하다, 얻다
enter the service of ~에 취업하다
subsequently 차후에
cathedral 대성당
capability 능력
afterwards 이후에
conductor 지휘자

jurisprudence 법학
profession 직종, 직업
valet 시종
thorough 철저한
archbishop 대주교
shortly 곧
court composer 궁정 작곡가

오답률 TOP 1

11 문법 〉 Modifiers 〉 형용사　　　　오답률 68.3% | 답 ③

밑줄 친 부분 중 어법상 틀린 것은?

This book was written only for the non-scientific, as the scientific entomologist must be already ① underline{familiar with} the elementary facts ② underline{recorded}; but it is hoped that the detailed descriptions based on scientific observations will make exploration into nature ③ underline{more easily}. After reading this book, readers will see themselves ④ underline{understand nature} more deeply.

| 선지별 선택률 |

①	②	③	④
9.7%	9.8%	31.7%	48.8%

| 해석 |
이 책은 오직 비과학자들을 위해 쓰여졌는데, 과학적 곤충학자는 기록된 기본적 사실들에는 이미 익숙한 것이 틀림없기 때문이다. 그러나 과학적 관찰들에 기반한 상세한 설명들이 자연에 대한 탐구를 더 쉽게 만들어줄 것으로 기대된다. 이 책을 읽은 후, 독자들은 자신들이 더 심오하게 자연을 이해하는 것을 보게 될 것이다.

| 정답해설 |
③ 문장에서 동사 make가 5형식 동사이므로 목적격 보어는 부사 more easily가 아닌 형용사 easier가 쓰여야 한다.

| 오답해설 |
① 관용표현 be familiar with가 적합하게 쓰였다.
② 앞의 명사 facts를 수식하며 문맥상 능동이 아닌 수동(기록된 사실들)이므로 과거분사가 적합하게 사용되었다.
④ 문장의 동사 see가 지각동사이므로 목적격 보어로 동사원형이나 현재분사(목적어와의 관계가 능동일 경우) 또는 과거분사(목적어와의 관계가 수동일 경우)가 쓰여야 하는데 여기서는 문맥상 목적어와 목적격 보어가 능동의 관계(그들 자신들이 이해하는 것을 보다)이므로 동사원형 understand가 적합하게 쓰였다.

| 어휘 |
entomologist 곤충학자
elementary 기초적인
exploration 탐구, 탐험

be familiar with ~에 익숙하다
detailed 상세한

| 더 알아보기 | 5형식 문장에서의 목적격 보어

5형식 문장에서의 목적격 보어로는 명사와 형용사가 사용된다. 우리말 해석으로는 부사인 것처럼 착각할 수 있기 때문에 반드시 5형식 동사는 숙지를 해둬야 한다. make, find, consider, leave, call, appoint, think 등이 5형식에서 쓰이면 목적격 보어로 명사 또는 형용사를 취함을 기억하자.

12 문법 〉 Modifiers 〉 분사　　　　오답률 41.5% | 답 ④

밑줄 친 부분 중 어법상 틀린 것은?

A reaction called a peanut allergy, ① underline{which is} less common in Asian countries, occurs when your body erroneously

identifies peanuts as detrimental substances. ② underline{Consuming} peanuts or food containing peanuts can cause your immune system, which is a natural defense system that fights diseases and infection, ③ underline{to overreact}. This may result in a serious, even ④ underline{life-threatened} response.

| 선지별 선택률 |

①	②	③	④
7.3%	4.9%	29.3%	58.5%

| 해석 |
아시아 국가들에는 덜 흔한, 땅콩 알레르기라고 불리는 반응은 당신의 신체가 땅콩을 해로운 물질로 잘못 인식할 때 발생한다. 땅콩 또는 땅콩을 포함하고 있는 음식을 섭취하는 것은 질병과 감염에 대항하는 천연 방어체계인 당신의 면역체계가 과잉반응을 하도록 초래할 수 있다. 이것은 심각한, 심지어 목숨을 위협하는 반응을 초래할 수도 있다.

| 정답해설 |
④ 뒤의 명사 response를 수식하며 해석상 능동(위협하는 반응)이므로 현재분사인 life-threatening이 쓰여야 한다.

| 오답해설 |
① 선행사가 단수(A reaction)이므로 주격 관계대명사(which) 뒤의 동사 역시 단수동사 is로 알맞게 사용되었다.
② 문장의 주어 자리이므로 명사 역할의 동명사가 적합하게 사용되었다. 뒤의 peanuts or food는 동명사의 목적어이다.
③ 해당 문장의 동사 can cause에서 cause는 to부정사를 목적격 보어로 취하는 동사이다. 따라서 to부정사가 알맞게 사용되었다. cause의 목적어는 your immune system이며, which is ~ infection은 관계대명사 삽입절이다.

| 어휘 |
reaction 반응
detrimental 해로운
consume 섭취하다, 소비하다
infection 감염
result in ~를 초래하다

erroneously 잘못되게, 틀리게
substance 물질
defense 방어
overreact 과잉 반응을 보이다
threaten 위협하다

13 독해 〉 Reading for Writing 〉 빈칸 절 완성　　　　오답률 31.7% | 답 ①

빈칸에 들어갈 말로 가장 적절한 것은?

Carbon monoxide is an odorless, colorless, tasteless gas produced by burning fuels such as gasoline, wood, propane, and charcoal. Inappropriately ventilated appliances and engines, especially in a tightly sealed or enclosed space, may let carbon monoxide ＿＿＿＿＿＿＿＿＿＿＿＿＿＿.
When carbon monoxide builds up in your bloodstream, carbon monoxide poisoning occurs. When too much carbon monoxide is in the air, your body replaces the oxygen in your red blood cells with carbon monoxide. This can lead to serious tissue damage or even death.

① accumulate to detrimental levels
② get out of your body rapidly
③ continue to spread
④ resolve other chemicals in your body

| 선지별 선택률 |

①	②	③	④
68.3%	4.8%	17.1%	9.8%

| 해석 |

일산화탄소는 가솔린, 나무, 프로판, 그리고 숯과 같은 연료들을 태움으로써 만들어지는 무취, 무색, 무미의 기체이다. 부적절하게 환기가 되는 가전제품과 엔진들은, 특히 단단히 봉해지거나 폐쇄된 공간에서는 일산화탄소가 ① 해로운 수준까지 축적되도록 만들 수도 있다. 일산화탄소가 당신의 혈류 속에 축적될 때, 일산화탄소 중독이 발생한다. 너무 많은 일산화탄소가 공기 중에 있을 때, 당신의 신체는 당신의 적혈구 세포 내의 산소를 일산화탄소로 대체시킨다. 이것은 심각한 조직 손상 또는 심지어 죽음을 초래할 수도 있다.

① 해로운 수준까지 축적되다
② 당신의 체내에서 바르게 빠져 나온다
③ 계속해서 퍼진다
④ 당신의 체내에서 다른 화학물질들을 용해시킨다

| 정답해설 |

① 바로 뒤 문장에서 일산화탄소가 축적된다(builds up)는 내용과 중독(poisoning)을 일으킨다는 내용으로 보아, 일산화탄소가 해로운 수준까지 축적되게 만든다는 것을 유추할 수 있다.

| 오답해설 |

② 다음 문장의 일산화탄소가 축적된다는 내용과는 반대이다.
③ 일산화탄소가 퍼진다는 것으로는 해로운 영향을 준다는 것을 의미하기에 부족하다.
④ 다른 화학물질에 관한 내용은 글에 언급이 없다.

| 어휘 |

carbon monoxide 일산화탄소	odorless 무취의
fuel 연료	charcoal 숯
ventilate 환기하다	appliance 가전제품
seal 봉하다	enclose 폐쇄하다
build up 축적되다	poisoning 중독
replace 교체하다, 대체하다	accumulate 축적되다
detrimental 해로운	resolve 용해시키다

14 독해 > Reading for Writing > 빈칸 구 완성　　오답률 22% | 답 ①

다음 빈칸에 가장 적절한 말은?

> Did you know a house fire can become deadly in as little as two minutes? Fires burn quickly and are more deadly today because of what we have in our homes. Our furniture and belongings are made of plastics and synthetics that make fires burn faster — and they produce deadly smoke. To _____ a fire, you must be able to escape quickly. You need fire sprinklers because they detect and put out the fire. That gives you time to safely escape. The best protection from fires is having working smoke alarms on every level, fire sprinklers, and a fire escape plan.

① survive　　　　　② sustain
③ suppress　　　　④ delay

| 선지별 선택률 |

①	②	③	④
78%	2.5%	17.1%	2.4%

| 해석 |

당신은 집에서의 화재가 짧으면 2분만에 치명적일 수 있다는 것을 아는가? 오늘날 불은 우리 집 안에서 우리가 가지고 있는 것 때문에 빨리 타고 더 치명적이다. 우리의 가구와 소지품들은 불이 더 빨리 타도록 만드는 플라스틱과 합성물질들로 만들어져 있다. 그리고 그것들은 치명적인 연기를 만들어낸다. 화재에서 ① 살아남기 위해서는, 당신은 빨리 탈출할 수 있어야 한다. 당신은 화재 대피용 스프링클러들이 필요한데, 그것들은 화재를 감지하고 꺼주기 때문이다. 그것은 당신에게 안전하게 탈출할 수 있는 시간을 준다. 화재로부터의 최고의 보호책은 모든 층에 작동하는 화재 감지기, 화재 대피용 스프링클러, 그리고 화재 대피 계획이다.

① 살아남다　　　　　② 지속시키다
③ 진압하다　　　　　④ 지연시키다

| 정답해설 |

① 빈칸 이전 문장들에서는 화재의 위험성을 설명하며, 빈칸이 포함된 문장 이후에는 화재 시 스프링클러의 기능을 설명하고 있다. 즉, 빨리 탈출할 수 있어야 '살아남을' 수 있다는 문장이 알맞다.

| 어휘 |

deadly 치명적인	belongings 소지품
synthetic 합성물질	detect 감지하다
put out 끄다, 진화하다	level 층
sustain 지속시키다	

15 독해 > Reading for Writing > 빈칸 절 완성　　오답률 12.2% | 답 ③

빈칸에 들어갈 말로 가장 적절한 것은?

> The young of the human species _____ _____ than the young of any other species. Most other creatures are able to walk, or at any rate stand, within a few hours of birth. But the human baby is absolutely dependent and helpless, unable even to manufacture all the animal heat that he requires. The study of his condition at birth at once suggests a number of practical procedures, some of them quite at variance with the traditional procedures.

① tend to be more sensitive to the environment
② are clearly more intelligent
③ are less able to care for itself
④ show much higher survival rates

| 선지별 선택률 |

①	②	③	④
9.8%	0%	87.8%	2.4%

| 해석 |

인간의 아기들은 다른 종의 새끼들보다 ③ 자신을 돌보는 능력이 덜하다. 대부분의 다른 생물들은 태어난 후 수 시간 내에 걷거나 혹은 어쨌든 설 수 있다. 그러나 인간의 아기는 절대적으로 의존적이며 무력하고, 심지어 그가 필요로 하는 모든 체열을 만들어내지도 못한다. 출생 시 그의 상태에 대한 연구는 동시에 많은 실용적 절차들을 시사하는데, 그것들 중 일부는 전통적인 절차들과는 꽤 상충된다.

① 환경에 더 민감한 경향이 있다
② 분명히 더 지적이다
③ 자신을 돌보는 능력이 덜하다
④ 훨씬 더 높은 생존율을 보이다

| 정답해설 |

③ 두 번째 문장에서 인간 이외의 다른 생물들은 일찍 서고 걷는다는 설명이 제시되고 세 번째 문장에서는 대조적으로 인간의 아기는 의존적이고 무력하며 필요한 열도 스스로 낼 수 없다는 내용이 나온다. 따라서 빈칸에는 인간의 아기가 스스로를 돌볼 능력이 덜 하다는 내용이 적합하다.

| 오답해설 |

① 환경에 대한 민감성은 글에 언급되어 있지 않다.
② 지능과 같은 인간의 우월함도 글에 설명되지 않았다.
④ 생존율도 글에 언급되어 있지 않다.

| 어휘 |

species 종	creature 생물
at any rate 어쨌든, 좌우간	absolutely 절대적으로
dependent 의존적인	helpless 무력한
at once 동시에, 즉시	
at variance with ~와 불일치하는, ~와 상충되는	
tend to ~하는 경향이 있다	survival rate 생존율

16 독해 〉 Logical Reading 〉 문맥상 다양한 추론　　오답률 7.3% | 답 ③

다음 밑줄 친 부분 중 낱말의 쓰임이 적절하지 <u>않은</u> 것은?

> We are to study the mind and its education; but how? It is ① <u>easy</u> to understand how we may investigate the great world of material things about us because we ② <u>can</u> see it, touch it, weigh it, or measure it. But how are we to discover the nature of the mind, or come to know the processes by which consciousness works? It is hard because the mind is ③ <u>tangible</u>; we ④ <u>cannot</u> see it, feel it, taste it, or handle it. Mind belongs not to the realm of matter.

| 선지별 선택률 |

①	②	③	④
4.9%	2.4%	92.7%	0%

| 해석 |
우리는 정신과 그것의 교육을 공부해야 한다. 하지만 어떻게 해야 하나? 우리 주변의 물질적인 것들의 거대한 세계를 우리가 어떻게 조사할 수 있는지를 이해하는 것은 ① 쉽다. 우리가 그것을 볼 수 있고, 만질 수 있고, 무게를 잴 수 있고, 측정할 수 있기 때문이다. 그러나 우리는 어떻게 정신의 본질을 발견하거나 의식이 작동하는 과정을 알 수 있게 되는가? 그것은 마음이 ③ 실재하기(→ 실체가 없기) 때문에 어렵다. 우리는 그것을 볼 수도, 느낄 수도, 맛볼 수도, 혹은 만질 수도 없다. 정신은 물질의 영역에 속하지 않는다.

| 정답해설 |
③ 지문 마지막에서 '볼 수도, 느낄 수도, 맛볼 수도, 만질 수도 없다'는 것으로 보아 tangible(실재하는, 만질 수 있는)이 아닌 '실체가 없는'의 의미인 intangible이 되어야 한다.

| 오답해설 |
① because 이하에서 볼 수 있고, 만질 수 있고, 무게를 잴 수 있고, 측정할 수 있다는 것으로 보아 이해하기 '쉬운' 것을 알 수 있다.
② '물질적인 것들(material things)'이므로 보고 만지고 무게를 재고 측정할 수 있음을 알 수 있다.
④ '마음(the mind)'에 관한 탐구이므로 보고 느끼고 맛보거나 다룰 수 없음을 알 수 있다.

| 어휘 |
be to ~해야 한다(= should)
weigh 무게를 측정하다
consciousness 의식
handle 다루다, 만지다
realm 영역
investigate 조사하다
nature 본질, 본성
tangible 실재하는, 만질 수 있는
belong to ~에 속하다

17 독해 〉 Logical Reading 〉 삽입　　오답률 19.5% | 답 ②

다음 주어진 문장이 들어가기에 가장 적절한 곳은?

> These roots are the supports of the tree, and they hold it rigidly in position.

> The trees of the forest grow by forming new layers of wood directly under the bark. (①) Trees are held upright in the soil by means of roots which reach to a depth of many feet where the soil is loose and porous. (②) They also supply the tree with food. (③) Through delicate hairs on the roots, they absorb soil moisture and plant food from the earth and pass them along to the tree. (④) The body of the tree acts as a passage way through which the food and drink are

> conveyed to the top or crown. The crown is the place where the food is digested and the regeneration of trees occurs.

| 선지별 선택률 |

①	②	③	④
7.3%	80.5%	0%	12.2%

| 해석 |
숲의 나무들은 껍질 바로 아래에 나무의 새 층들을 형성함으로써 성장한다. ① 나무들은 토양이 느슨하고 구멍이 많은 곳에서 수 피트의 깊이에 이르는 뿌리에 의해 토양에 똑바로 서있다. ② 이 뿌리들은 나무의 지지대이며, 그것들은 나무를 제자리에 단단히 잡아준다. 그것들은 또한 나무에 식량을 공급한다. ③ 뿌리의 섬세한 털들을 통해, 그것들은 땅으로부터 습기와 식물 식량을 흡수하며 그것들을 나무를 따라 전달해준다. ④ 나무의 몸체는 꼭대기로 식량과 음료가 전달되는 통로 역할을 한다. 꼭대기는 식량이 소화되고 나무의 재생이 일어나는 장소이다.

| 정답해설 |
② 주어진 문장에서는 These roots(이 뿌리들)가 지지 역할을 한다는 내용이 제시되어 있다. 즉 앞서 뿌리가 언급된 후 나오는 내용임을 알 수 있다. 뿌리가 처음 언급되는 문장은 ②의 앞 문장이며, ②의 뒤 문장에서는 뿌리의 또 다른 기능이 설명되므로 주어진 문장은 ②에 위치하는 것이 적합하다.

| 어휘 |
rigidly 굳게
layer 층
upright 꼿꼿하게, 수직으로
soil 토양
porous 구멍이 많은, 다공성의
absorb 흡수하다
passage way 통로
crown 꼭대기
regeneration 재생
in position 제자리에 (있는)
bark 나무껍질
by means of ~에 의해, ~의 도움으로
loose 느슨한
delicate 약한, 섬세한
pass along 전달하다
convey 전달하다
digest 소화하다

18 독해 〉 Reading for Writing 〉 빈칸 구 완성　　오답률 43.9% | 답 ④

빈칸에 들어갈 말로 가장 적절한 것은?

> It has been an instinct in nearly all peoples, savage or civilized, to designate certain days for special celebrations. This tendency to concentrate on special times shows human's need to lift himself above the commonplace and the everyday and to _____ monotony that oppresses him.

① depend on
③ refrain from
② bring about
④ escape from

| 선지별 선택률 |

①	②	③	④
9.7%	24.4%	9.8%	56.1%

| 해석 |
미개하든 문명화되었든 특별한 기념을 위해 특정한 날들을 지정하는 것은 거의 모든 민족들에 있어 본능이었다. 특별한 시기에 집중하려는 이 경향은 자신을 평범함과 일상을 넘어서 자신을 끌어올리고 그를 억압하는 단조로움에서 ④ 벗어나려는 인간의 욕구를 보여준다.
① ~에 기대다
③ ~을 자제하다
② ~을 야기하다
④ ~에서 벗어나다

| 정답해설 |
④ 사람들이 특별한 기념일을 지정하는 이유를 설명하는 지문이다. 빈칸이 포함된 문장에 따르면 인간은 평범함과 일상을 넘어서 자신을 끌어올리려고 한다고 했다. 따라서 단조로움(monotony)에서 벗어나려 함을 유추할 수 있다.

| 어휘 |
instinct 본능
people 부족, 민족

savage 미개한
designate 지정하다
lift 들어올리다
monotony 단조로움
bring about 야기하다, 초래하다

civilized 문명화된
tendency 경향
commonplace 평범함, 일상
oppress 억누르다
refrain from ∼를 자제하다[삼가다]

19 독해 〉 Logical Reading 〉 연결사   오답률 46.3% | 답 ④

빈칸 (A)와 (B)에 들어갈 말로 가장 적절한 것은?

In order that people understand and judge the question of the extinction or preservation of our wildlife, it is necessary to recall the near past. It is not necessary,   (A)   , to go far into the details of history; for a few quick glances at several important points will be quite sufficient for the purpose in view. Anyone who are familiar with the development of the American colonies of 1712 will say without hesitation that the American people received this land with a magnificent and endless supply of valuable wild creatures.   (B)   , the wildlife abundance of early American days is disappearing so fast that children these days see wildlife only in the zoo.

	(A)	(B)
①	besides	Nonetheless
②	however	In the end
③	besides	Likewise
④	however	Nevertheless

| 선지별 선택률 |

①	②	③	④
22%	19.5%	4.8%	53.7%

| 해석 |
우리의 야생생물의 멸종 또는 보존의 문제를 사람들이 이해하고 판단하기 위해서는, 가까운 과거를 상기할 필요가 있다. (A) 그러나, 역사의 세부내용들로 너무 멀리 들어갈 필요는 없다. 몇몇 중요한 지점들을 몇 번 빠르게 훑어보는 것이면 눈에 보이는 목표에 꽤 충분할 것이기 때문이다. 1712년 미국 식민지들의 발달에 익숙한 사람이라면 미국인들은 웅장하고 끝없는 귀중한 야생생물들을 가진 이 땅을 받았다고 망설임 없이 말할 것이다. (B) 그럼에도 불구하고, 미국의 초기 시절의 야생생물의 풍부함이 아주 빨리 사라지고 있어 요즘 아이들은 야생생물을 오직 동물원에서만 본다.
① 게다가 – 그렇기는 하지만   ② 그러나 – 결국
③ 게다가 – 마찬가지로   ④ 그러나 – 그럼에도 불구하고

| 정답해설 |
④ (A) 앞 문장에서 과거를 상기할 필요가 있다는 주장이 제시되고, 빈칸이 포함된 문장에서는 너무 세부적인 내용까지 들어갈 필요는 없다는 내용이 제시되므로 역접의 however가 적합하다.
　(B) 앞 문장에서는 식민지 시기 야생동물이 풍부했던 미국을 설명하고, 빈칸이 포함된 문장에서는 이 풍부함이 사라지고 있음을 지적하고 있으므로 Nevertheless가 알맞다.

| 어휘 |
extinction 멸종
recall 상기하다
sufficient 충분한
be familiar with ∼에 익숙하다
hesitation 주저, 망설임
creature 생물
these days 요즘
nonetheless 그렇기는 하지만
likewise 마찬가지로

preservation 보존
glance 훑어봄
in view 보이는 곳에 있는
colony 식민지
magnificent 웅장한, 훌륭한
abundance 풍부함
besides 게다가
in the end 마침내, 결국

20 독해 〉 Logical Reading 〉 배열   오답률 34.1% | 답 ④

주어진 글 다음에 이어질 글의 순서로 가장 적절한 것은?

Our study has brought out certain general results. We have seen that Tinguian folklore has much in common with that of other tribes and lands.

(A) At the same time these traditional accounts undoubtedly exercise a potent influence on the thoughts, beliefs, and actions of the people. In Tinguian society, these tales of past times must tend to cast any new facts or experiences into the same mould.
(B) These tales are so intimately interwoven with the ceremonies, beliefs, and culture of this people that they may safely be considered as having been developed by them.
(C) While a part of this similarity is clearly due to borrowing — a process which can still be seen at work — a considerable portion of the tales is probably of local and fairly recent origin.

① (A) – (C) – (B)
② (B) – (C) – (A)
③ (C) – (A) – (B)
④ (C) – (B) – (A)

| 선지별 선택률 |

①	②	③	④
14.6%	9.7%	9.8%	65.9%

| 해석 |
우리의 연구는 특정한 일반적 결과들을 이끌어냈다. 우리는 Tinguian 신화가 다른 부족들과 지역들의 신화와 많은 공통점을 지님을 목격해왔다.
(C) 이 공통점의 일부는 차용 – 여전히 작용하고 있음이 목격되는 과정 – 때문인 반면, 그 이야기들의 상당한 부분은 지역적이고 꽤 최근에 생겨났다.
(B) 이 이야기들은 이 부족의 의식, 믿음, 그리고 문화와 아주 친밀하게 엮여있어 그것들(이야기들)은 그것들(의식, 믿음, 문화)에 의해 발달되어왔다고 무방하게 여겨질 수도 있다.
(A) 동시에 이 전통적 이야기들은 그 부족의 사상, 믿음, 그리고 행동에 의심할 여지 없이 강력한 영향을 행사한다. Tinguian 사회에서, 과거의 이 이야기들은 어떠한 새로운 사실 또는 경험을 동일한 틀에 던져 넣는 경향이 있음에 틀림없다.

| 정답해설 |
④ 주어진 글에서 Tinguian의 신화가 타 지역들의 신화와 공통점을 가지고 있다는 내용이 제시되어 있고, 이것이 (C)의 this similarity로 연결된다. (C)에서 많은 옛날 이야기들이 그 지역에서 만들어졌음을 진술하는데, 이는 (B)에서 These tales로 지칭된다. (B)에서는 이 이야기들이 부족의 의식, 믿음, 문화에 의해 발전되었음을 설명하는데, (A)에서는 이와 동시에(At the same time) 부족의 사상, 믿음, 행동에 이 이야기들 또한 역으로 영향을 행사했음을 부언하고 있다. 따라서 (C) – (B) – (A)의 순서가 적합하다.

| 어휘 |
bring out 내놓다
folklore 신화
tribe 부족
undoubtedly 의심할 여지없이
potent 강력한
tend to ∼하는 경향이 있다
mould 형틀
interweave 섞어 짜다
at work 작용하고 있는
portion 부분

general 일반적인
have in common 공통적으로 지니다
account 이야기, 설명
exercise 발휘하다, 행사하다
tale 이야기
cast 던져 넣다
intimately 친밀하게
borrowing 차용
considerable 상당한
fairly 꽤

01	①	02	③	03	④	04	③	05	④
06	①	07	④	08	②	09	②	10	③
11	④	12	①	13	①	14	②	15	③
16	①	17	③	18	②	19	②	20	④

▶ 풀이시간: /25분 나의 점수: /100점

※ 해당 회차는 1초 합격예측 서비스의 데이터 누적 기간이 충분하지 않아 [오답률] 기재를 생략하고 [난이도]로 표기하였습니다.

01 어휘 〉 유의어 찾기   난이도 하 | 답 ①

밑줄 친 부분과 의미가 가장 가까운 것은?

The prosecutor has gathered plentiful evidence against the accused.

① abundant
② pompous
③ eligible
④ precarious

| 해석 |
검사는 피고에 불리한 많은 증거를 수집해왔다.
① 풍부한
② 거만한
③ 자격이 있는
④ 불안정한

| 정답해설 |
① 밑줄 친 plentiful은 '풍부한, 많은'의 뜻으로 선지 중 abundant와 의미가 가장 유사하다.

| 어휘 |
prosecutor 검사
the accused 피고인(들)
pompous 거만한
precarious 불안정한
plentiful 풍부한, 많은
abundant 풍부한
eligible 자격이 있는

02 어휘 〉 유의어 찾기   난이도 하 | 답 ③

밑줄 친 부분과 의미가 가장 가까운 것은?

Considering their recent financial difficulties, they decided to put off the scheduled demonstration.

① cancel
② relieve
③ postpone
④ deteriorate

| 해석 |
그들의 최근 재정난을 고려하여, 그들은 예정된 시연회를 미루기로 결정했다.
① 취소하다
② 완화시키다
③ 연기하다
④ 악화시키다

| 정답해설 |
③ 밑줄 친 put off는 '미루다, 연기하다'의 뜻으로 선지 중 postpone과 의미가 가장 유사하다.

| 어휘 |
considering ~을 고려하여
demonstration 시연회
deteriorate 악화시키다
put off 미루다, 연기하다
relieve 완화시키다

03 어휘 〉 유의어 찾기   난이도 상 | 답 ④

밑줄 친 부분과 의미가 가장 가까운 것은?

When the United States was fighting wars against Japanese in the 1940s, military personnel frequently referred to them as "gooks."* We see this dehumanizing as a rationalization for acts of cruelty; it's easier to commit violent acts against a gook than against a fellow human being. This is because most people find it difficult to inflict pain on another human beings unless they can find some way of dehumanizing their victims.

*gook 아시아인에 대한 멸칭

① conflict
② eliminate
③ circumscribe
④ impose

| 해석 |
미국이 1940년대에 일본인들을 상대로 전쟁을 하던 때, 군 인사들은 그들을 종종 "gook"이라고 칭했다. 우리는 이 비인격화를 잔인한 행동에 대한 합리화로 본다. 동료 인간을 상대로 하는 것보다는 gook을 대상으로 폭력적 행동을 저지르는 것이 더 쉽다. 이것은 대부분의 사람들이 그들의 희생자들을 비인격화할 어떤 방법을 찾지 못한다면, 다른 인간에게 고통을 가하는 것을 어렵다고 생각하기 때문이다.
① 충돌하다
② 제거하다
③ 제한하다
④ 부과하다, 가하다

| 정답해설 |
④ 밑줄 친 inflict는 '가하다'라는 뜻으로 선지의 동사들 중 impose와 의미상 가장 유사하다.

| 어휘 |
military personnel 군 인사, 군 인력
dehumanize 비인격화하다
inflict 가하다
circumscribe 제한하다
refer to 칭하다
rationalization 합리화
eliminate 제거하다
impose 부과하다, 가하다

04 어휘 〉 빈칸 완성   난이도 상 | 답 ③

빈칸에 들어갈 말로 가장 적절한 것은?

The Third Annual Fire Fighting Robot Contest will be held on 10th September. The mission is for robots to rescue four occupants (dummies) and suppress two fires (candles) in a house within five minutes. Fire fighting is a risky but significant task. These robots are designed to detect and put out a fire before it _____ out of control, while preventing any possible injuries to occupants.

① dispels　　　　　② sustains
③ rages　　　　　　④ displace

| 해석 |
제3회 연례 소방 로봇 대회가 9월 10일에 열릴 예정이다. 임무는 로봇들이 5분 이내에 집에서 네 명의 거주자들(인체 모형들)을 구조하고 두 건의 화재들(촛불들)을 진압하는 것이다. 소방은 위험하지만 중요한 일이다. 이 로봇들은 거주자들에 대한 어떤 가능한 부상을 예방하는 한편, 그것이 통제할 수 없이 ③ 번지기 전에 화재를 감지하여 끄도록 만들어진다.
① 쫓아버리다　　　　② 지속시키다
③ 번지다　　　　　　④ 대신하다

| 정답해설 |
③ 문맥상 '그것(화재)이 통제할 수 없이 번지기 전'의 흐름이 되는 것이 적합하다.

| 어휘 |
occupant 거주자　　　　　　dummy 인체 모형
detect 감지하다　　　　　　put out 끄다
dispel 쫓아버리다　　　　　rage 번지다
displace 대신하다

05 생활영어 〉 회화/관용표현　　　　난이도 중 | 답 ④

빈칸에 들어갈 말로 가장 적절한 것은?

> A: I can't believe Mark and Richard are brothers!
> B: What do you mean?
> A: I mean, they are _____ in character.
> B: Oh, I see what you mean. Mark is very active and outgoing, while Richard is so calm and timid.

① well off　　　　　　② ill at ease
③ in a fix　　　　　　④ poles apart

| 해석 |
A: Mark와 Richard가 형제라니 믿을 수 없군!
B: 무슨 말이야?
A: 내 말은, 그들은 성격상 ④ 정반대잖아.
B: 오, 무슨 말인지 알겠어. Richard는 조용하고 소심한 반면, Mark는 매우 활발하고 사교적이야.
① 부유한　　　　　　② 불편해하는
③ 곤경에 처한　　　　④ 정반대의

| 정답해설 |
④ B가 빈칸이 있는 문장인 A의 말을 이해하고 Richard와 Mark의 상반되는 성격을 이야기했으므로 빈칸에는 poles apart(정반대의)가 적합하다.

| 어휘 |
character 성격　　　　　　outgoing 사교적인, 외향적인
timid 소심한　　　　　　　well off 유복한
ill at ease 불편해하는　　　in a fix 곤경에 처한
poles apart 정반대의

06 독해 〉 Macro Reading 〉 요지　　　　난이도 하 | 답 ①

다음 글의 요지로 가장 적절한 것은?

> In the examination of a sick horse, it is important to have a method or system. If a definite plan of examination is followed, one may feel reasonably sure, when the examination is finished, that no important point has been overlooked and that the examiner is in a position to arrive at

an opinion that is as accurate as is possible for him. Of course, an experienced eye can see, and a trained hand can feel, slight alterations or variations from the normal that are not perceptible to the unskilled observer. A thorough knowledge of the conditions that exist in health is of the highest importance, because it is only by a knowledge of what is right that one can surely detect a wrong condition. A knowledge of anatomy, or of the structure of the body, and of physiology, or the functions and activities of the body, lie at the bottom of accuracy of diagnosis.

① 말이 걸린 병을 살필 때는 체계와 그 병에 대한 철저한 지식이 중요하다.
② 말이 병에 걸렸을 경우 반드시 전문가에게 맡겨서 치료를 해야 한다.
③ 해부학은 말의 병을 살피는 데 있어 가장 중요한 학문이다.
④ 전문가와 비전문가 간의 실력 차이는 생각보다 크다.

| 해석 |
병든 말을 검사하는 데 있어 방법 혹은 체계를 가지는 것은 중요하다. 만약 검사에 대한 확실한 계획이 지켜진다면, 검사가 끝났을 때, 어떠한 중요한 점도 무시되지 않았고 검사자가 그에게 가능한 한 정확한 의견에 도달하는 입장에 있다고 꽤 확신할 수 있다. 물론, 숙련되지 않은 관찰자에게는 감지되지 않는 정상으로부터의 약간의 변화 혹은 변이를 숙련된 눈은 볼 수 있고, 훈련된 손은 느낄 수 있다. 건강에 존재하는 질환들에 대한 철저한 지식은 가장 중요한데, 오직 무엇이 바른지에 대한 지식으로만 잘못된 상태를 분명히 감지할 수 있기 때문이다. 해부학, 즉 신체의 구조와 생리학, 즉 신체의 기능과 활동에 대한 지식은 진단의 중요성의 근저에 놓여있다.

| 정답해설 |
① 첫 번째 문장에서 '방법 혹은 체계'의 중요성을, 네 번째 문장인 A thorough knowledge ~부터는 철저한 지식의 중요성을 강조하고 있다.

| 오답해설 |
② 세 번째 문장에서 전문가의 능력을 설명하지만 글의 주장을 뒷받침하기 위한 내용이다.
③ 해부학은 필요한 지식의 한 분야일 뿐 글의 요지는 아니다.
④ 세 번째 문장에서 언급이 되어 있으나 지엽적인 내용이다.

| 어휘 |
reasonably 상당히, 꽤　　　　overlook 간과하다, 무시하다
alteration 변화　　　　　　　variation 변화, 변이
perceptible 감지[인지]할 수 있는　anatomy 해부학, 구조
physiology 생리학

07 독해 〉 Macro Reading 〉 주장　　　　난이도 중 | 답 ④

다음 글에서 필자가 주장하는 바로 가장 적절한 것은?

> It is doubtful if any important scientific idea ever sprang suddenly into the mind of a single man. The great intellectual movements in the world have had long periods of preparation, and often many men were groping for the same truth, without exactly seizing it, before it was fully comprehended. The foundation on which all science rests is the principle that the universe is orderly, and that all phenomena succeed one another in harmony with invariable laws. Consequently, science was impossible until the truth of this principle was perceived, at least as applied to a limited part of nature.

① 과학은 천재적인 소수의 사람들에 의해 검증되어 여러 분야에 적용된다.
② 우주가 질서정연하다는 원칙은 모든 과학의 기본 토대이다.
③ 불변의 법칙이라는 과학의 가정은 오히려 과학의 발전을 저해한다.
④ 과학적 아이디어는 긴 시간에 걸쳐 많은 이들에 의해 확립된다.

| 해석 |

어떤 중대한 과학적 아이디어가 단 한 명의 마음에 갑자기 한 번이라도 나타난 적이 있는지 의심스럽다. 세상의 위대한 지적 운동들은 오랜 기간의 준비를 가졌고, 그것이 완전히 이해되기 전까지 종종 많은 사람들은 그것을 정확하게 이해하지 못하고 동일한 진실을 암중 모색하고 있었다. 모든 과학이 기반을 두는 토대는 우주가 질서정연하고 모든 현상이 불변의 법칙들과 조화를 이루어 서로를 이어간다는 원칙이다. 결과적으로, 과학은, 적어도 제한된 자연의 일부에 적용되듯, 이 원칙의 진실이 인식되고 나서야 가능해졌다.

| 정답해설 |

④ 첫 번째와 두 번째 문장에 과학적 아이디어는 한 사람으로부터 갑자기 생겨나는 것이 아니라 많은 사람들에 의해 오랜 기간에 걸쳐 이루어진다는 주장이 제시되어 있다.

| 오답해설 |

① 첫 번째와 두 번째 문장에 따르면 여러 사람들의 검증이 필요하다.
② 세 번째 문장에 언급되어 있으나 지엽적인 내용이다.
③ 글에 언급이 없는 진술이다.

| 어휘 |

doubtful 의심스러운
grope for ~을 암중 모색하다
orderly 질서정연한
in harmony with ~와 조화하여
apply 적용하다
intellectual 지적인
seize 이해하다
succeed 뒤를 잇다. 계승하다
invariable 불변의

08 문법 〉 Balancing 〉 일치　　난이도 중 | 답 ②

밑줄 친 부분 중 어법상 틀린 것은?

Subliminal* messages are not just visual; they can be auditory as well. There is a large market for audiotapes that ① contain subliminal messages to help people lose weight, stop smoking, ② improving their study habits, raise their self-esteem, and even shave a few strokes off their golf scores. In 1990, sales of subliminal self-help tapes ③ were estimated to be $50 million. But are subliminal messages effective? Do they really make us more likely to buy consumer products, or help us ④ to lose weight and stop smoking?

*subliminal 잠재의식의

| 해석 |

잠재의식 메시지들이 단지 시각적인 것만은 아니다. 그것들은 또한 청각적일 수도 있다. 사람들이 체중을 줄이고, 흡연을 중단하고, 그들의 공부 습관을 향상시키고, 그들의 자존감을 높이며, 심지어 그들의 골프 점수에서 몇 타를 줄이는 것을 돕는 잠재의식 메시지들을 포함하는 오디오테이프들을 위한 큰 시장이 있다. 1990년에, 잠재의식 자조 테이프들의 판매는 5천만 달러로 추정되었다. 그러나 잠재의식 메시지들은 효과가 있는가? 그것들은 정말 우리가 소비재를 사거나 우리가 체중을 줄이고 흡연을 중단하는 것을 돕도록 만드는가?

| 정답해설 |

② 병치 문제이다. 밑줄 친 부분의 앞/뒤로 help의 목적격 보어가 되는 네 개의 동사원형(lose, stop, raise, shave)이 나열되는 형태이므로 improving 역시 동명사가 아닌 동사원형 improve가 되어야 한다.

| 오답해설 |

① 선행사가 복수(audiotapes)이므로 주격 관계대명사 that 뒤에 복수동사인 contain이 적합하게 쓰였다.
③ 주어가 복수(sales)이고 문맥상 수동(판매가 추정되다)이며 과거 연도 표현(In 1990)이 있으므로 were의 쓰임은 알맞다.
④ 준사역동사 help는 to부정사 또는 동사원형을 목적격 보어로 사용한다.

| 어휘 |

auditory 청각의
shave off stroke (골프에서) 타수를 줄이다
self-help 자조, 자립
self-esteem 자존감, 자부심
estimate 추정하다

| 더 알아보기 | 병치 구조

> 빈출 유형인 병치의 경우, 특히 주변에 등위접속사(이 문제의 경우 and)가 있는지를 확인하면 쉽게 풀 수 있다. 등위접속사나 상관접속사 이외에도 비교구문 또한 병치 문제의 빈출 포인트이다.

09 독해 〉 Reading for Writing 〉 빈칸 구 완성　　난이도 상 | 답 ②

빈칸에 들어갈 말로 가장 적절한 것은?

The whole structure and pattern and intrinsic tendencies and potentiality cannot be changed. The child has nothing to do with its early environment during the period when impressions sink the deepest and when habits are formed. It is then that the meaning of facts is interpreted. At this time the child is fashioned by the teachings and environment in which it is placed. As the child receives its first impressions, and all along through its development, it is forming habits from those about it. These habits come to be strong, dominating forces in its life. Very few people, if any, can trace definite views of conduct or thought to their conscious effort, but these are born of their structure and the environment that formed their habits after birth. So, in a sense, _____ is the seed, and environment the soil.

① technicality
② heredity
③ substitution
④ acquisition

| 해석 |

전체적 구조와 패턴 그리고 고유한 성향과 잠재력은 바뀔 수 없다. 아이는 인상이 가장 깊게 가라앉고 습관이 형성되는 기간 동안의 초기 환경과는 아무런 관련이 없다. 사실들의 의미가 해석되는 것이 바로 그때이다. 이 때에 아이는 그가 위치하는 교육과 환경에 의해 만들어진다. 아이가 그의 첫 인상을 받음에 따라, 그리고 그의 발달 전반 내내, 그는 그것에 관한 것들로부터 습관을 형성시킨다. 이러한 습관들은 그의 삶에서 강력해지고, 지배적인 힘이 된다. 행동 혹은 생각의 확실한 시각을 그들의 의식적인 노력까지 추적할 수 있는 사람은, 만약 있다고 하더라도, 아주 적지만, 이것들은 출생 후 그들의 습관을 형성했던 그들의 구조와 환경에서 기인한다. 따라서, 어떤 면에서는, ② 유전은 씨앗이고, 환경은 토양이다.

① 세부사항, 절차상의 문제
② 유전
③ 대체
④ 습득

| 정답해설 |

② 첫 문장에서 고유한 성향은 바뀌지 않는다고 주장하고, 이후의 내용에서 아이가 처음에는 환경의 영향을 받지 않다가, 교육과 환경에 의해 영향을 받게 된다고 설명하고 있다. 빈칸 뒤에서 환경을 토양에 비유했으므로, 씨앗에 비유되는 것은 타고난 성향, 즉 유전임을 알 수 있다.

| 어휘 |

intrinsic 고유의, 본질적인
have nothing to do with ~와 전혀 관계가 없다
fashion 만들어내다, 형성하다
if any 만약 있다고 하더라도
all along 내내
born of ~에서 유래[기인]하는

technicality 세부사항, 절차상의 문제   heredity 유전
substitution 대체   acquisition 습득

10 독해 〉 Logical Reading 〉 문맥상 다양한 추론   난이도 중 | 답 ③

밑줄 친 부분 중 문맥상 낱말의 쓰임이 적절하지 않은 것은?

> It must not be considered that mere nutrition is the sole object of foods, especially for man. Man is a social animal and, from the earliest period of his history, food has exercised an ① important function in his social life. Hence, in the study of food and of its uses, a failure to consider this factor would be ② regrettable. For this reason it is ③ unjustifiable to pay attention to social features of the meal, equal to or greater than that to the mere purpose of nutrition. It is believed that a more careful study of the food he consumes will ④ benefit man in many ways. It will lead to a wider public interest in the problem of the purity of food and the magnitude of the crime committed against mankind in the debasement and adulteration of food articles.

| 해석 |
단지 영양만이 음식의 유일한 목적이라고 생각되어서는 안 된다. 특히 사람에게는 말이다. 사람은 사회적 동물이며, 역사의 초창기부터 음식은 그의 사회적 삶에 ① 중요한 기능을 행사해왔다. 따라서, 음식과 그것의 사용의 연구에 있어, 이 요인을 고려하지 못하는 것은 ② 유감스러울 것이다. 이런 이유로, 식사의 사회적 특징에 단지 영양이라는 목적에 대한 관심 이상의 관심을 기울이는 것은 ③ 정당하지 않다(→ 정당하다). 그가 섭취하는 음식에 대한 더 신중한 연구는 여러 면에서 인간에게 ④ 이로울 것이라고 믿어진다. 그것은 음식의 청결 문제와 식품의 악화와 질적 저하에 있어 인류에 저질러지는 범죄의 규모에 대한 더 넓은 대중의 관심으로 이어질 것이다.

| 정답해설 |
③ 앞의 문장들에서 음식이 영양뿐만 아니라 사회적 측면도 중요하다고 주장했으므로, 음식의 사회적 특징들에 주목하는 것은 정당한(justifiable) 것임을 알 수 있다.

| 오답해설 |
① 첫 문장에서 영양이 음식의 유일한 목적이 아니라고 주장하고, 두 번째 문장에서는 인간이 사회적 동물임을 강조하는 것으로 보아 인간의 사회적 삶이 음식이 중요한(important) 역할을 해왔음을 알 수 있다.
② 따라서 이 요소를 고려하지 않는 것은 유감스러운(regrettable) 일이라는 흐름은 알맞다.
④ 뒤에 이어지는 문장에서 음식에 대한 연구가 가져다 주는 긍정적 면들을 소개하고 있으므로 음식에 대한 연구는 사람들에게 이로움을 주는(benefit) 것임을 알 수 있다.

| 어휘 |
nutrition 영양   object 목적
exercise 행사하다   regrettable 유감스러운
unjustifiable 정당하지 않은   consume 섭취하다
benefit ~에게 이롭다   purity 청결, 순수성
magnitude 규모, 중요성   debasement 저하, 악화
adulteration 품질저하   food article 식품

11 독해 〉 Logical Reading 〉 문맥상 다양한 추론   난이도 중 | 답 ④

밑줄 친 부분 중 문맥상 낱말의 쓰임이 적절하지 않은 것은?

> The founder of Islam was a man named Mohammed. He was born in the year 570, in Mecca, a city of Arabia. His parents died when Mohammed was a child, and his uncle took him

---

> home and brought him up. Sometimes he went on journeys with his uncle to different parts of Arabia, to help him in his business as a trader. Mohammed was very ① faithful and honest in all his work. He became so ② well known in Mecca for being truthful and trustworthy that people gave him the name of El Amin, which means "the truthful." At this time he was only sixteen years of age; but the rich traders had so much ③ confidence in him that they gave him important business to attend to. Mohammed had no school education. He could neither read nor write. But he was ④ ignorant. He knew well how to do the work entrusted to him, and was a first-rate man of business.

| 해석 |
이슬람의 창시자는 Mohammed라는 이름의 남자였다. 그는 아라비아의 도시인 Mecca에서 570년에 태어났다. 그의 부모들은 Mohammed가 아이였을 때 사망했고, 그의 삼촌이 그를 집으로 데려가 키웠다. 때때로 그는 상인으로 사업에서 그의 삼촌을 돕기 위해 아라비아의 여러 지역들을 함께 여행했다. Mohammed는 그의 모든 일에 매우 ① 충직하고 정직했다. 그는 Mecca에서 충직하고 신뢰할 수 있는 것으로 아주 ② 잘 알려져 사람들은 그에게 "충직한 사람"을 의미하는 El Amin이라는 이름을 붙였다. 이때 그는 겨우 16세였다. 그러나 부유한 상인들은 그에게 아주 많은 ③ 신뢰를 가지고 있어서 그들은 그에게 처리할 수 있는 중요한 사업을 맡겼다. Mohammed는 학교 교육은 전혀 받지 않았다. 그는 읽거나 쓸 수 없었다. 그러나 그는 ④ 무지했다(→ 아는 것이 많았다). 그는 그에게 맡겨진 일을 어떻게 해야 하는지를 잘 알았고, 일류 사업가였다.

| 정답해설 |
④ 앞의 문장에서는 학교 교육을 받지 못해 읽거나 쓸 수 없었다고 했는데 But으로 이어지며 뒤의 문장에서 맡겨진 일을 어떻게 해야 하는지 잘 알고 일류 사업가라고 했으므로 ignorant는 knowledgeable(아는 것이 많은) 등이 되어야 한다.

| 오답해설 |
① 다음 문장에서 the faithful(충직한 사람)이라고 불린 것으로 보아 적합하다.
② 사람들이 별명을 붙여준 것으로 보아 Mohammed가 잘 알려진 것을 알 수 있다.
③ 사람들이 Mohammed에게 일을 맡겼다는 것으로 보아 confidence도 문맥에 맞다.

| 어휘 |
bring up 양육하다   faithful 충직한
attend to 처리하다, 돌보다   ignorant 무지한
entrust 맡기다, 위임하다   first-rate 일류의

12 독해 〉 Logical Reading 〉 연결사   난이도 중 | 답 ①

(A)와 (B)에 들어갈 말로 가장 적절한 것은?

> Fire extinguishers are the most basic and important firefighting measures to be used by occupants of a building before any professional help arrives. _____(A)_____, it is essential that occupants be well aware of which type of fire extinguisher should be used on which type of fire. Since almost all fires begin as a small one, the fire can be relatively easily suppressed if a proper kind and amount of extinguishing agent is applied before the fire gets big and uncontrollable. Locations of fire extinguishers must be obviously identified, and fire extinguishers must be color coded depending on the agent used for each extinguisher. The safety law stipulates that fire extinguishers be located at exits of the building. _____(B)_____, occupants must reach the exit first and then return to the fire.

	(A)	(B)
①	Therefore	Accordingly
②	Likewise	Previously
③	Therefore	Reversely
④	Likewise	For example

| 해석 |

소화기들은 전문적인 도움이 도착하기 전 건물의 입주자들에 의해 사용되어야 하는 가장 기본적이며 중요한 화재진압 수단이다. (A) 그러므로, 입주자들이 어느 종류의 화재에 어느 종류의 소화기가 사용되어야 하는지를 잘 알고 있는 것은 중요하다. 거의 모든 화재가 작은 것으로 시작하기 때문에, 화재가 커지고 통제불능이 되기 전 적절한 종류와 양의 소화 물질이 사용된다면, 그 화재는 상대적으로 쉽게 진압될 수 있다. 소화기의 위치는 분명히 표시되어야 하며, 소화기들은 각 소화기에 사용된 물질에 따라 색깔별로 분류되어야 한다. 안전 규정은 소화기가 건물의 출구에 위치해야 한다고 규정한다. (B) <u>따라서</u>, 입주자들은 출구에 먼저 간 다음 화재 현장으로 복귀해야 한다.

① 그러므로 – 따라서
② 마찬가지로 – 이전에
③ 그러므로 – 역으로
④ 마찬가지로 – 예를 들면

| 정답해설 |

① (A) 소화기가 가장 기본적인 화재진압 수단이므로 입주자들이 소화기의 사용을 잘 알아야 한다는 흐름이 알맞다. 즉, 인과관계의 연결사 Therefore가 알맞다.

　 (B) 앞의 문장에서 소화기는 출구에 위치한다는 내용이 설명되어 있고, 빈칸이 포함된 문장에서는 입주자가 출구로 갔다가 다시 화재 현장으로 복귀해야 한다는 내용이 있으므로 역시 인과관계를 나타내는 Accordingly가 알맞다.

| 어휘 |

measure 수단	occupant 입주자, 사용자
suppress 진압하다	agent 물질
stipulate 규정하다	accordingly 그래서, 그에 따라서
previously 이전에, 미리	reversely 반대로

13 독해 〉 Logical Reading 〉 연결사　　　난이도 중 | 답 ①

(A)와 (B)에 들어갈 말로 가장 적절한 것은?

It is well known that a great number of animals put some food aside for a rainy day. _____(A)_____, perhaps the most unique and clever food conserver is the American polecat. He not only provides for himself, but prepares a larder for his young, so that they will have plenty of food. The nursery is usually comfortably embedded in a cave, and is lined with soft, dry grass. Adjoining this nursery is a larder, which often contains from ten to fifty large frogs and toads, all alive. _____(B)_____, they are so dexterously bitten through the brain as to make them incapable of escaping. Mr. and Mrs. Polecat can then visit or hunt as they please, so long as their children have plenty of fresh meat at home!

	(A)	(B)
①	For example	However
②	Meanwhile	On the contrary
③	As a matter of fact	Without doubt
④	Nevertheless	In other words

| 해석 |

아주 많은 동물들이 만일을 대비하여 약간의 식량을 비축한다는 것은 잘 알려져 있다. (A) 예를 들면, 아마도 가장 독특하고 영리한 식량 비축자는 미국 긴털족제비일 것이다. 그는 자신을 위해서 준비할 뿐만 아니라 새끼들이 많은 식량을 가질 수 있도록 그들을 위해서도 식품 저장실을 준비한다. 육아실은 동굴에 편안히 파묻혀 있

고, 부드럽고 건조한 풀로 안감이 대어져 있다. 식품 저장실이 이 육아실에 인접해 있는데, 종종 10마리에서 50마리의 모두 살아 있는 커다란 개구리와 두꺼비를 포함하고 있다. (B) 그러나, 그것들은 도망이 불가능하게 만들어질 정도로 뇌를 관통하여 솜씨 좋게 물려 있다. 그러면 긴털족제비 부부는 그들의 자녀들이 집에서 많은 신선한 고기를 가지고 있는 한 편한대로 방문을 하거나 사냥을 나갈 수 있다!

① 예를 들면 – 그러나
② 한편 – 그와는 반대로
③ 사실은 – 의심할 여지 없이
④ 그럼에도 불구하고 – 다시 말해서

| 정답해설 |

① (A) 많은 동물들이 식량을 비축한다는 내용의 예(긴털족제비)가 제시되어 있으므로 For example이 알맞다.

　 (B) 앞 문장에서는 개구리와 두꺼비가 살아 있다는 내용이, 빈칸이 포함된 문장에는 이들이 도망칠 수 없도록 조치가 취해져 있다는 내용이 제시되므로 However가 적합하다.

| 어휘 |

put aside ~을 비축하다	for a rainy day 만일을 대비하여
polecat 긴털족제비	larder 식품 저장실
nursery 육아실	embed 파묻다, 끼워 넣다
line 안감을 대다	adjoin 인접하다
toad 두꺼비	dexterously 솜씨 좋게, 교묘하게
meanwhile 한편, 그 동안에	

14 독해 〉 Logical Reading 〉 배열　　　난이도 중 | 답 ②

주어진 글 다음에 이어질 글의 순서로 가장 적절한 것은?

Due to high densities of buildings resulting from the population increase, especially in large cities, skyscrapers are in grave danger of fires. Fire hoses and fire ladders hardly reach the height of fifty meters, and their operations are usually confined to one side of a building.

(A) In addition, various other factors including heavy traffic and narrow access road around a building can delay firefighters arriving at the location of a fire in time, given that skyscrapers are mostly located in the center of cities.

(B) Furthermore considering multiple drones can work simultaneously, firefighting jobs can be carried out much faster and safer than conventional ways.

(C) Fortunately, firefighting drones have been developed in recent years, which are expected to function as a safer and more efficient alternative for suppressing fires in high-rise buildings. One firefighting drone can carry enough firefighting materials to put out fire in more than one building in a single trip.

① (A) – (B) – (C)
② (A) – (C) – (B)
③ (B) – (A) – (C)
④ (C) – (A) – (B)

| 해석 |

인구 증가로 인한 건물들의 고밀도 때문에, 특히 대도시에서 고층 건물들은 심각한 화재 위험에 처해 있다. 화재 호스와 화재 사다리는 50미터의 높이에 도달하는 경우는 거의 없고, 그것들의 운용은 건물의 한 면에 보통 제한되어 있다.

(A) 게다가, 고층 건물들이 대개 도심지에 위치한다는 것을 고려해볼 때, 건물 주변의 교통 체증과 좁은 진입로를 포함한 다양한 다른 요인들도 소방관들이 화재 장소에 제시간에 도착하는 것을 지연시킬 수 있다.

(C) 다행히도, 화재진압 드론들이 최근 수년간 발전해왔고, 고층 건물에서 화재를 진압하기 위한 더 안전하고 더 효율적인 대안으로 기능할 것으로 기대된다. 한 대의 화재진압 드론은 한 번의 운항에 한 곳 이상의 건물의 화재를 진압할 정도로 충분한 화재진압 물질을 운반할 수 있다.

(B) 게다가 여러 대의 드론들이 동시에 작업할 수 있다는 것을 고려해보면, 화재진압 작업은 이전의 방식들보다 훨씬 더 빠르고 더 안전하게 수행될 수 있다.

| 정답해설 |

② 주어진 글에서는 대도시에서의 기존의 화재진압 수단의 단점(호스와 사다리 도달의 한계)이 언급되는데, (A)에서 또 다른 단점(소방관 도착의 지연)이 In addition으로 제시되므로 첫 순서로 알맞다. 이에 대한 해결책인 드론의 활용이 Fortunately로 제시되는 (C)가 다음 순서가 된다. (C)에서 향상된 성능의 드론으로 인한 장점을 설명하고 (B)에서 추가적인 장점을 Furthermore로 이어서 설명하고 있다. 따라서 (A) – (C) – (B)의 순서가 적합하다.

| 어휘 |

density 밀도
grave 심각한
simultaneously 동시에
suppress 진압하다
put out 끄다

skyscraper 고층 건물
given that ~임을 고려해볼 때
carry out 수행하다
high-rise building 고층 건물

15 독해 〉 Logical Reading 〉 배열   난이도 상 | 답 ③

주어진 글 다음에 이어질 글의 순서로 가장 적절한 것은?

Long before the beginning of the period known as the Middle Ages, a tribe of barbarians called the Goths lived north of the River Danube in the country which is now known as Roumania. It was then a part of the great Roman Empire, which at that time had two capitals, Constantinople — the new city of Constantine — and Rome.

(A) Valens punished them for this by crossing the Danube and devastating their country. At last the Goths had to beg for mercy.

(B) The Gothic chief was afraid to set foot on Roman soil, so he and Valens met on their boats in the middle of the Danube and made a treaty of peace.

(C) The Goths had come from the shores of the Baltic Sea and settled on this Roman territory, and the Romans had not driven them back. During the reign of the Roman Emperor Valens, some of the Goths joined a conspiracy against him.

① (A) – (C) – (B)
② (B) – (A) – (C)
③ (C) – (A) – (B)
④ (C) – (B) – (A)

| 해석 |

중세라고 알려진 기간의 훨씬 이전에, Goth 족이라고 불렸던 야만 부족이 현재 루마니아로 알려진 나라의 다뉴브 강 북부에 살았다. 그곳은 그때 거대한 로마제국의 일부였는데, 로마제국은 그 당시 두 개의 수도인 콘스탄틴의 새 도시 콘스탄티노플과 로마를 가지고 있었다.

(C) Goth 족은 발틱해 해안가에서 와서 이 로마 영토에 정착했고, 로마인들은 그들을 쫓지 않았다. 로마 황제인 Valens의 통치 기간 동안 일부 Goth 족은 그에 대한 음모에 참여했다.

(A) Valens는 이것에 대해 다뉴브 강을 건너 그들의 나라를 황폐화시킴으로써 그들을 벌했다. 결국 Goth 족은 자비를 구해야만 했다.

(B) Goth 족의 우두머리는 로마 땅에 발을 딛는 것을 두려워해서 그와 Valens는 다뉴브 강 한 가운데 그들의 배 위에서 평화 조약을 체결했다.

| 정답해설 |

③ 주어진 글에서 Goth 족에 대해 소개하며 그들이 로마제국의 영토에 살았다고 했다. Goth 족의 출신 및 로마 영토에의 정착, 그리고 로마 황제에 대한 음모가 있었음을 설명하는 (C)가 첫 순서가 된다. 이 모의에 대한 처벌이 묘사되는 (A)가 다음 순서이며, 최종적 합의가 설명되는 (B)가 마지막 순서로 알맞다. 따라서 (C) – (A) – (B)가 가장 적합한 글의 순서이다.

| 어휘 |

barbarian 야만인
beg for mercy 자비를 구하다
treaty 조약
drive back 물리치다, 쫓아내다
conspiracy 음모, 모의

devastate 황폐화시키다
set foot on ~에 발을 딛다
territory 영토
reign 통치 기간

16 독해 〉 Logical Reading 〉 문맥상 다양한 추론   난이도 중 | 답 ①

밑줄 친 부분이 가리키는 대상이 나머지 셋과 다른 것은?

The first thing which strikes us as soon as we begin studying the struggle for existence under both its aspects — direct and metaphorical — is the abundance of facts of mutual aid, not only for rearing progeny, as recognized by most evolutionists, but also for the safety of the individual, and for providing ① it with the necessary food. With many large divisions of the animal kingdom, ② it is the rule. It is observed even amidst the lowest animals, and we must be prepared to learn some day, from the students of microscopical pond-life, facts about ③ it, even from the life of micro-organisms. Of course, our knowledge of the life of the invertebrates, save the termites, the ants, and the bees, is extremely limited; and yet, even as regards the lower animals, we may be able to glean abundant evidence on ④ it.

| 해석 |

직접적이며 비유적인 그것의 두 측면들 하에서 우리가 존재를 위한 투쟁을 연구하기 시작하자마자 우리에게 갑자기 떠오르는 첫 번째는 상호원조의 사실들의 풍부함인데, 대부분의 진화론자들에 의해 인지되듯, 자손을 돌보기 위함뿐만 아니라, 개체의 안전을 위한 그리고 필요한 먹이를 ① 그것에 제공하는 것을 위한 것이기도 하다. 동물계의 많은 분과들에 있어, ② 그것은 규칙이다. 그것은 심지어 최하등 동물들 사이에서도 관찰되며, 우리는 언젠가는 연못 미생물을 연구하는 이들로부터, 심지어 미생물의 삶으로부터도 ③ 그것에 대한 사실들을 배울 준비가 되어 있어야만 한다. 물론 흰개미, 개미, 벌을 제외한 무척추동물들의 삶에 대한 우리의 지식은 극히 제한적이다. 그러나 심지어 하등 동물들에 관해서도, 우리는 ④ 그것에 대한 풍부한 정보를 모을 수 있을 것이다.

| 정답해설 |

① 앞의 구에서 '개체의 안전을 위한(for the safety of the individual)'이라고 언급했으므로 필요한 먹이를 공급받는 it 역시 the individual이다. 나머지 ②, ③, ④는 모두 문맥상 mutual aid(상호원조)이다.

| 어휘 |

strike ~에게 갑자기 떠오르다
abundance 풍부함
rear 기르다, 양육하다
division 부분, 부문, 분류
microscopical 미세한, 미생물의
invertebrate 무척추동물
termite 흰개미
glean 얻다, 모으다

metaphorical 은유적인, 비유적인
mutual 상호간의
progeny 자손
amidst ~ 가운데에
pond-life 못에 사는 생물
save ~을 제외하고(= except)
as regards ~에 대해(= about)

17 독해 > Logical Reading > 문맥상 다양한 추론　난이도 하 | 답 ③

밑줄 친 부분이 가리키는 대상이 나머지 셋과 <u>다른</u> 것은?

> Adélie penguins stand about two feet five inches in height, walking very upright on their little legs. Their manner is confident as they approach you over the snow, curiosity in ① their every movement. When within a yard or two of you, as you stand silently watching ② them, they halt, poking their head forward with little jerky movements, first to one side, then to the other, using their right and left eye alternately during their inspection. They seem to prefer using one eye, not both eyes, at a time when viewing any near object, but when looking far ahead, or walking along, they look straight ahead of them, using both of ③ them. They do this, too, when their anger is aroused, holding their head very high, and appearing to squint at you along ④ their beak.

| 해석 |

Adélie 펭귄들은 서 있으면 높이가 대략 2피트 5인치 정도가 되는데, 그들의 작은 다리로 매우 꼿꼿하게 걷는다. 그들이 눈 위에서 ① 그들의 모든 행동에 호기심을 가지고 당신에게 접근할 때 그들의 태도는 자신감 있다. 당신이 조용히 ② 그들을 관찰하면서 서 있는 동안, 그들이 당신에게서 1~2야드 이내에 들어오면, 그들은 멈춰서, 처음에는 한 면에, 그리고 나서는 다른 면에 작고 갑작스러운 움직임으로 그들의 머리를 앞쪽으로 찌르는데, 그들의 점검 동안 그들의 오른쪽 눈과 왼쪽 눈을 번갈아가며 사용한다. 가까이에 있는 사물을 볼 때 그들은 양쪽 눈이 아니라 한번에 한 눈을 사용하는 것을 선호하는 것처럼 보이지만, 앞쪽 멀리를 보거나 계속 걸을 때는, 그들은 ③ 그것들 둘 다를 이용하여 그들의 앞을 똑바로 본다. 그들은 또한 그들의 분노가 생길 때, 그들의 머리를 매우 높게 들고, ④ 그들의 부리를 따라 당신을 곁눈질해서 보며 이렇게 한다.

| 정답해설 |

③ '그것들'을 이용하여 본다고 했으므로 여기서 them은 eyes이다. ①, ②, ④는 모두 Adélie 펭귄들을 의미한다.

| 어휘 |

upright 꼿꼿하게	manner 태도
halt 멈추다	poke 찌르다
jerky 갑작스러운	alternately 교대로
inspection 조사, 점검	arouse 불러일으키다
squint 곁눈질하다, 찡그리다	beak 부리

18 독해 > Micro Reading > 내용일치/불일치　난이도 하 | 답 ②

다음 글의 내용과 일치하지 <u>않는</u> 것은?

> Cooking is the most common cause of a fire accident. Here are some tips about home cooking safety. If you are drowsy or under influence of alcohol, never use the stove. While you are baking, roasting, boiling, grilling, or frying something, stay in the kitchen the whole time. Remove anything that can catch fire such as towels, food packaging, and oven mitts from your stove. Be sure to cook with a lid right next to your pan all the time. That way, you can easily put out fire on the pan by sliding the lid over the pan and turning off the stove. If you have a fire in your kitchen, the best thing you can do is to get out of the kitchen. When you do it, leave the kitchen door closed behind you. That will help the fire not to spread to other parts of your house. And then

> call 911 from outside. In case you try to put out the fire, make sure you have a clear way out.

① 요리는 안전사고의 가장 흔한 원인이다.
② 부엌에서 불이 나면 즉시 911에 연락해서 도움을 청해야 한다.
③ 화재가 난 상태에서 부엌을 떠날 경우 반드시 문을 닫아야 한다.
④ 팬으로 요리를 할 경우 항상 뚜껑을 옆에 두고 조리해야 한다.

| 해석 |

요리는 가장 흔한 화재 사고의 원인이다. 여기에 가정에서의 요리 안전에 관한 몇 가지 조언들이 있다. 만약 당신이 졸리거나 술의 영향하에 있다면, 절대 스토브를 사용하지 말라. 당신이 무언가를 굽거나, 볶거나, 끓이거나, 그릴에 굽거나, 튀기는 동안에는 내내 부엌에 머물러라. 수건, 식품 포장지, 그리고 오븐 장갑과 같이 불이 붙을 수 있는 물건을 스토브에서 치워라. 반드시 팬 옆에는 항상 뚜껑이 있는 채로 요리하라. 그러면, 당신은 뚜껑을 팬 위로 미끄러뜨려 덮고 스토브를 끔으로써 팬 위의 불을 쉽게 끌 수 있다. 만약 부엌에 불이 나면, 당신이 할 수 있는 최상의 일은 부엌에서 나가는 것이다. 당신이 그렇게 할 때, 부엌문을 당신의 뒤에서 닫히도록 하라. 그것은 화재가 당신 집의 다른 부분으로 퍼지지 않도록 도울 것이다. 그리고 나서 밖에서 911에 전화하라. 당신이 불을 끌려고 시도할 경우, 반드시 출구가 있도록 하라.

| 정답해설 |

② 여섯 번째 문장인 If you have a fire ~에서 화재가 발생하면 즉시 나갈 것을 설명하고 있다. 밖으로 나간 후 911에 전화하라고 했으므로 일치하지 않는다.

| 오답해설 |

① 첫 문장에 언급되어 있다.
③ 일곱 번째 문장에 언급되어 있다.
④ 열한 번째 문장에 언급되어 있다.

| 어휘 |

drowsy 졸리는, 나른한	way out 출구, 탈출구
lid 뚜껑	

19 독해 > Logical Reading > 삭제　난이도 중 | 답 ②

다음 글에서 전체 흐름과 관계 없는 문장은?

> In North Carolina, the system of black slavery was long controlled by custom rather than by legal enactment. It was recognized by law in 1715, however, and police regulations to govern the slaves were enacted. In South Carolina, the history of slavery is particularly noteworthy. The natural resources of this colony clearly needed the system, and the laws here formulated were as explicit as any ever enacted. ① Slaves were first imported from Barbados, and their status received official confirmation in 1682. ② At first there was a feeling that native Americans were to be treated not as slaves but as on the same basis as Englishmen. ③ By 1698, the fear from the preponderance of the black population was such that a special act was passed to encourage white immigration. ④ That led to the increase in the influx of white workers, but it also became a cause of another conflict.

| 해석 |

North Carolina에서는 흑인 노예제의 시스템은 오랫동안 법률에 의해서가 아니라 관습에 의해서 통제되었다. 그러나 그것은 1715년 법률에 의해 인정되었고, 노예들을 관리하는 치안 법률들이 제정되었다. South Carolina에서, 노예제의 역사는 특히 주목할 만하다. 이 식민지의 천연자원은 분명히 그 시스템을 필요로 했고, 여

기에서 만들어진 법률들은 지금껏 제정된 것만큼이나 명백했다. 노예들은 처음에 Barbados에서 수입되었고, 그들의 지위는 1682년에 공인을 받았다. ② 처음에 미원주민들은 노예가 아니라 영국인들과 같은 기준으로 대해져야 한다는 의견이 있었다. 1698년 무렵, 흑인 인구의 수적 우세로 인한 두려움이 커서 백인들의 이민을 장려하기 위해 특별법이 통과될 정도였다. 이것은 백인 노동자들의 유입 증가를 이끌었지만, 또한 또다른 갈등의 원인이 되었다.

| 정답해설 |
② 흑인 노예제의 법적 인정에 관한 글이다. ②는 흑인 노예가 아닌 미원주민들의 지위에 관한 문장으로 글의 흐름에 맞지 않는다.

| 오답해설 |
① 흑인 노예의 수입처에 관한 내용으로 글 내용에 부합된다.
③ 흑인 노예의 수적 증가로 인한 백인 이민의 장려법을 설명하는 내용으로 글 내용에 부합된다.
④ 백인 이민을 장려하여 백인 노동자들의 유입이 증가하는 흐름도 적절하다.

| 어휘 |

by custom 관습상	enactment 법률, 입법
noteworthy 주목할 만한	formulate 만들어내다
explicit 명백한	status 지위, 상태
preponderance (수적) 우세함	such that ~할 정도의
immigration 이민, 이주	influx 유입, 밀려듦

20 독해 〉 Micro Reading 〉 내용일치/불일치　난이도 중 | 답 ④

다음 글의 내용과 일치하지 <u>않는</u> 것은?

Neither the monarchy nor the priesthood commanded the services of the artist in Greece, as in Assyria and Egypt. The chosen leaders of the Greeks never, until the late days, arrogated art to themselves. It was something for all the people. In religion there was a pantheon of gods established and worshipped from the earliest ages, but these gods were more like epitomes of Greek ideals than spiritual beings. They were the personified virtues of the Greeks, exemplars of perfect living; and in worshipping them the Greek was really revering order, conduct, repose, dignity, perfect life. The great bulk of Greek architecture, sculpture, and painting was put forth to honor these gods or heroes, and by so doing the artist repeated the national ideals and honored himself. The first motive of Greek art, then, was to praise Hellas and the Hellenic view of life. In part it was a religious motive, but with little of that spiritual significance and belief which ruled in Egypt, and later on in Italy.

① 그리스의 지도자들은 예술을 독점하지 않았다.
② 그리스에서 신은 영적인 존재보다는 이상의 본보기였다.
③ 그리스 예술은 신과 영웅을 명예롭게 하기 위해 제시되었다.
④ 그리스 예술에서 종교적 동기는 철저히 배제되었다.

| 정답해설 |
④ 마지막 문장에 의하면 일부분이나마 종교적 동기가 있었음을 알 수 있다.

| 오답해설 |
① 두 번째 문장에 언급되어 있다.
② 네 번째 문장인 In religion ~에 언급되어 있다.
③ 여섯 번째 문장에 언급되어 있다.

| 어휘 |

monarchy 군주제, 왕가	priesthood 사제직, 사제들
arrogate 횡탈하다	pantheon 만신전
epitome 전형, 본보기	personify 의인화하다
exemplar 모범, 전형	revere 숭배하다
repose 평온, 휴식	bulk 규모, 대부분
put forth 제시하다, 내놓다	Hellas 그리스의 옛 이름
Hellenic 그리스의	

| 해석 |
그리스에서는 Assyria와 이집트에서처럼, 왕가와 사제들 모두 예술가의 봉사를 명하지 않았다. 근래까지도 그리스인들 중 선출된 지도자들은 자신들에게 예술을 횡탈하지 않았다. 그것은 모든 사람들을 위한 무언가였다. 종교에서는 초창기 이후로 확립되고 숭배된 신들의 만신전이 있었지만, 이 신들은 영적인 존재라기보다는 그리스 이상의 본보기에 가까웠다. 그들은 그리스인들의 인격화된 미덕이자 완벽한 삶의 전형들이었다. 그리고 그들을 숭배하는 데 있어, 그리스인은 질서, 행실, 평온함, 위엄, 완벽한 삶을 매우 숭배하고 있었다. 그리스 건축, 조각, 회화의 많은 부분은 이러한 신들과 영웅들을 명예롭게 하기 위해 제시되었고, 그렇게 함으로써 예술가는 국가적 이상들을 반복하고 그 자신을 명예롭게 했다. 그렇다면, 그리스 예술의 첫 번째 동기는 그리스와 그리스의 삶의 시각을 칭송하는 것이었다. 부분적으로 그것은 종교적 동기였으나, 이집트에서 그리고 나중에는 이탈리아에서 지배했던 그 영적 중요성과 믿음은 거의 없었다.

문제편 p.32

01	②	02	①	03	④	04	②	05	③
06	①	07	②	08	④	09	③	10	④
11	②	12	①	13	②	14	③	15	①
16	①	17	③	18	①	19	①	20	③

▶ 풀이시간: /30분 나의 점수: /100점

01 어휘 〉 유의어 찾기   오답률 17.2% | 답 ②

다음 밑줄 친 부분과 의미가 가장 가까운 것은?

The audience in the auditorium were surprised when Gregory, who was usually very eloquent, dropped the ball several times during his speech.

① made believe
② made a mistake
③ made a face
④ made an argument

| 선지별 선택률 |

①	②	③	④
6.9%	82.8%	3.4%	6.9%

| 해석 |
평소에는 매우 유창한 Gregory가 그의 연설 동안 여러 차례 실수로 망치자, 강당의 청중들은 놀랐다.
① ~인 체했다
② 실수했다
③ 얼굴을 찌푸렸다
④ 주장했다

| 정답해설 |
② drop the ball은 '실수로 망치다'는 뜻으로 make a mistake와 의미가 가장 유사하다.

| 어휘 |
auditorium 강당
drop the ball 실수로 망치다
make a face 얼굴을 찌푸리다
eloquent 유창한
make believe ~인 체하다
make an argument 주장하다

02 어휘 〉 유의어 찾기   오답률 48.3% | 답 ①

다음 밑줄 친 부분과 의미가 가장 가까운 것은?

Residents are still standing up for Jamie though all evidence is against him.

① advocating
② overlooking
③ criticizing
④ complimenting

| 선지별 선택률 |

①	②	③	④
51.7%	13.8%	20.7%	13.8%

| 해석 |
모든 증거가 그에게 불리하지만 주민들은 Jamie를 여전히 지지하고 있다.

① 지지하는, 옹호하는
② 간과하는
③ 비판하는
④ 칭찬하는

| 정답해설 |
① stand up for는 '~을 지지하다, 옹호하다'는 뜻으로 advocate와 의미가 가장 유사하다.

| 어휘 |
resident 주민
against ~에게 불리한
overlook 간과하다
compliment 칭찬하다
stand up for ~을 지지하다, 옹호하다
advocate 지지하다, 옹호하다
criticize 비판하다

03 어휘 〉 빈칸 완성   오답률 51.7% | 답 ④

다음 빈칸에 가장 적절한 것은?

To save energy and our environment, please _____ from using unnecessary electric devices in the building.

① exclude
② remove
③ convert
④ refrain

| 선지별 선택률 |

①	②	③	④
0%	41.4%	10.3%	48.3%

| 해석 |
에너지를 절약하고 우리 환경을 구하기 위해, 건물 내에서는 불필요한 전기 장치 사용을 ④ 자제해주세요.
① 제외[배제]하다
② 제거하다
③ 전환하다
④ 삼가다[자제하다]

| 정답해설 |
④ 글의 흐름상 불필요한 전기 장치 사용을 '자제하다'는 의미가 되는 것이 알맞다.

| 어휘 |
electric device 전기 장치
refrain from ~를 삼가다[자제하다]

04 독해 〉 Reading for Writing 〉 빈칸 절 완성   오답률 37.9% | 답 ②

다음 빈칸에 들어갈 말로 가장 적절한 것은?

FAQ
1. Does the Fire Department help install smoke detectors?
  − Yes, we do. To make an appointment for smoke detector installation, contact James Lloyd at 555-515-5238 during business hours. Our business hours are 9 a.m. to 6 p.m., Monday through Friday.
2. How often should I change the batteries in my smoke detectors?
  − We urge that you change the batteries in your smoke detectors once every six months. The simplest way to remember is to change them when Daylight Savings Time starts and ends.

3. What should I do when the Emergency sirens ring?
 – If the alarms are activated because of severe weather, tune in to your local television or radio station to learn the details of the emergency. Please refrain from calling our emergency switchboard (911) _____ .

① in case you intend to report a serious fire
② unless you have an emergency
③ if you have difficulty giving first aid to the patient
④ when you cannot resuscitate the patient

| 선지별 선택률 |

①	②	③	④
27.6%	62.1%	6.9%	3.4%

| 해석 |
자주 묻는 질문
1. 화재 감지기를 설치하는 것을 소방서가 도와주나요?
 – 네, 그렇습니다. 화재 감지기 설치를 위한 약속을 잡기 위해서는, 운영 시간 동안 James Lloyd에게 555-515-5238로 연락하세요. 우리의 운영시간은 월요일부터 금요일까지 오전 9시에서 오후 6시입니다.
2. 제 화재 감지기의 배터리를 얼마나 자주 교환해야 하나요?
 – 우리는 당신이 매 6개월마다 당신의 화재 감지기 속의 배터리를 교환할 것을 강력히 권고합니다. 기억하는 가장 단순한 방법은 서머타임이 시작하고 끝나는 때 그것들을 교체하는 것입니다.
3. 비상 알람이 울리면 무엇을 해야 하나요?
 – 만약 알람이 심각한 날씨 때문에 활성화된다면, 당신 지역의 TV나 라디오에 주파수를 맞춰 비상상황의 세부사항을 알아야 합니다. ② 당신이 비상상황이 아니라면 우리의 비상 전화교환대(911)에 전화하는 것을 자제하세요.
① 당신이 심각한 화재를 신고하려는 의도라면
② 당신이 비상상황이 아니라면
③ 만약 당신이 환자에게 응급처치를 하는 데 어려움이 있다면
④ 당신이 환자를 소생시킬 수 없을 때

| 정답해설 |
② 우리의 비상 전화교환대에 전화하는 것을 자제하라고(refrain) 했으므로 심각한 상황이 아닌 경우가 빈칸에 들어가는 것이 가장 적합하다.

| 어휘 |
FAQ 자주 묻는 질문(frequently asked questions)
business hours 운영[영업] 시간
Daylight Savings Time 서머타임제
tune in to ~에 맞추다
switchboard 교환대
first aid 응급처치
urge 강력하게 촉구하다
activate 활성화시키다
refrain from ~를 자제하다, ~를 삼가다
intend to ~할 의도이다, ~할 작정이다
resuscitate 소생시키다

05 독해 〉 Reading for Writing 〉 빈칸 절 완성　오답률 34.5% | 답 ③

다음 빈칸에 들어갈 말로 가장 적절한 것은?

A sandbox may be used as a training aid for fire safety education. The sandboxes created for the Centerville Fire Prevention Workshops are made of aluminum and are about 40" x 40" and contain about 3-5 gallons of clean sand. Learning is often best achieved when participants _____ _____ instead of simply discussing it. Each instructor will have a sandbox, with two to four sandboxes used at a workshop depending upon class size. About seven class members, plus the instructor, can use each box comfortably. The class will be divided up and assigned to one of the sandboxes. Approximately the same

instruction will be provided by each instructor. Each box is provided with a variety of objects to be used as symbols that can be manipulated while illustrating various burning topics.

① will be given a certificate
② are allowed to take an online course
③ can visually work out a procedure
④ get help from professionals

| 선지별 선택률 |

①	②	③	④
6.9%	3.5%	65.5%	24.1%

| 해석 |
모래상자가 화재 교육을 위한 교보재로 사용될 수 있다. Centerville 화재 예방 워크숍을 위해 제작된 모래상자들은 알루미늄으로 만들어졌고 대략 가로세로 40인치이며 3~5갤런의 깨끗한 모래를 포함한다. 참여자들이 그것을 단순히 논의하는 것 대신 ③ 절차를 시각적으로 성취할 수 있을 때 학습이 종종 가장 잘 성취된다. 각 강사는 하나의 모래상자를 갖게 되는데, 수업 규모에 따라 워크숍에서 두 개에서 네 개의 모래상자들이 사용된다. 대략 일곱 명의 수업 인원에 강사 한 명이 각각의 상자를 편안히 사용할 수 있다. 수강생은 나눠져서 모래상자들 중 하나에 배정이 될 것이다. 대략 같은 설명이 각 강사에 의해 제공될 것이다. 다양한 화재 주제를 상세히 보여주는 동안, 각 상자에는 다뤄질 수 있는 상징으로 사용되는 다양한 물체들이 제공된다.
① 수료증이 주어질 것이다
② 온라인 수업을 받는 것이 허용된다
③ 절차를 시각적으로 성취할 수 있다
④ 전문가들로부터 도움을 얻다

| 정답해설 |
③ 빈칸이 포함된 문장의 이후에서는 모래상자가 주어져 교육을 하는 절차가 설명되고 있으므로, 절차가 시각적으로 완수될 때 학습 성취도가 가장 높다는 흐름이 알맞다.

| 오답해설 |
① 수료증 수요 여부는 글의 내용과 관련이 없다.
② 온라인 수업은 뒤에서 묘사되는 실습과 다르다.
④ 뒤에서 강사의 역할이 설명되지만 가장 중요한 교육의 요소는 아니다.

| 어휘 |
instructor 강사
assign 배정하다, 할당하다
manipulate 조종하다, 다루다
certificate 수료증, 증서, 자격증
depending upon ~에 따라서
instruction 설명, 지시
illustrate 분명히 보여주다
work out 성취하다

06 독해 〉 Micro Reading 〉 내용일치/불일치　오답률 27.6% | 답 ①

다음 글의 내용과 일치하지 않는 것은?

The Centerville Fire Department is devoted to providing safety to the city's residents. We endeavor to protect the public from damage resulting from fires, accidents and other emergencies or natural disasters. We are capable of securing public safety through immediate responsiveness, quick fire suppression, public education and through the ongoing certification and training of our staff. All Centerville firefighters are certified through the Centerville Firefighter Personnel Standards Commission and are nationally registered and licensed Emergency Medical Technicians (EMT) through the Centerville Department of Public Health, as an EMT, Advanced EMT or Paramedic.

① Centerville 소방서는 지방 정부의 지원을 받아 운영된다.
② Centerville 소방서는 일반인들을 대상으로 하는 교육을 실시한다.
③ Centerville 소방서의 소방관들은 국가적 등록과 인증을 받은 인력들이다.
④ Centerville 소방서는 직원 교육을 실시한다.

| 선지별 선택률 |

①	②	③	④
72.4%	17.2%	3.5%	6.9%

| 해석 |

Centerville 소방서는 시민들에게 안전을 제공하는 데 헌신합니다. 우리는 화재, 사고, 그리고 다른 비상상황들 또는 자연재해에서 비롯되는 피해들로부터 대중들을 보호하기 위해 노력합니다. 우리는 즉각적인 대응성, 빠른 화재 진압, 대중 교육을 통해 그리고 진행 중인 증명서 교부와 우리 직원들의 훈련을 통해 대중들의 안전을 확보할 수 있습니다. 모든 Centerville 소방관들은 Centerville Firefighter Personnel Standards Commission을 통해 인증을 받고 국가적으로 등록이 되어 있으며 EMT, 고급 EMT 또는 구급대원으로서 Centerville 보건부를 통해 자격증을 갖춘 비상 의료 기술인력들(EMT)입니다.

| 정답해설 |

① 지방 정부의 지원 여부는 언급되어 있지 않다.

| 오답해설 |

② 세 번째 문장에서 public education으로 언급되어 있다.
③ 마지막 문장에 국가적 등록이 되어 있다(are nationally registered)는 내용이 설명되어 있다.
④ 세 번째 문장에서 training of our staff로 언급되어 있다.

| 어휘 |

be devoted to -ing ~하는 데 헌신[전념]하다
endeavor 노력하다
disaster 재난
secure 확보하다
suppression 진압
certify 인증해주다

result from ~에 비롯되다
be capable of ~를 할 수 있다
responsiveness 반응성, 대응성
certification 인증
paramedic 구급대원

07 독해 〉 Macro Reading 〉 주제　　　오답률 10.3% | 답 ②

다음 글의 주제로 가장 적절한 것은?

It is in many ways useful, on entering upon the study of any science, to cast a glance at its historical development. The saying that "everything is best understood in its growth" has a distinct application to science. While we follow its gradual growth, we get a clearer insight into its aims and objects. Moreover, we shall see that the present condition of the science of human evolution, with all its characteristics, can only be rightly understood when we examine its historical growth.

① 과학계와 역사학계는 서로 보완적인 분야임이 최근에 인정되었다.
② 과학 발전의 역사를 연구함으로써 과학의 목적에 대한 통찰력을 얻을 수 있다.
③ 과학은 과학에 대한 역사 연구를 배제함으로써 객관성을 확보할 수 있다.
④ 인간 진화에 대한 설명은 과학의 발전사에 대한 고려 없이도 가능하다.

| 선지별 선택률 |

①	②	③	④
0%	89.7%	0%	10.3%

| 해석 |

어떠한 과학을 시작할 때 그것의 역사적 발전을 보는 것은 많은 방식으로 유용하다. "모든 것은 그것의 성장 속에서 가장 잘 이해된다"는 격언은 과학에 뚜렷하게 적용된다. 우리가 그것의 점진적인 성장을 따라가는 동안, 우리는 그것의 목적들과 목표들에 대한 더 분명한 통찰력을 얻는다. 게다가, 우리는 인간 진화에 대한 과학의 현재 상황은 그것의 모든 특징들과 함께 우리가 그것의 역사적 성장을 점검할 때에만 제대로 이해될 수 있다.

| 정답해설 |

② 첫 문장에서 과학의 역사적 발전을 보는 것이 유용하다고 진술하며, 세 번째 문장에서는 이를 통해 과학의 목적들과 목표들에 대한 더 분명한 통찰력을 얻는다고 주장하고 있다.

| 오답해설 |

① 글에 언급이 없는 내용이다.
③ 역사 연구의 배제는 글의 주장과 정반대이다.
④ 마지막 문장에 의하면 인간 진화에 대한 과학의 현 상황은 그것의 역사적 성장을 점검할 때에만 잘 이해될 수 있다고 했으므로 잘못된 진술이다.

| 어휘 |

on -ing ~하자마자
enter upon ~을 시작하다, ~에 착수하다
cast a glance at ~을 흘끗 보다
distinct 뚜렷한, 분명한
gradual 점진적인
object 목표, 목적
rightly 제대로

saying 속담, 격언
application 적용(성)
insight 통찰력
characteristic 특징
examine 조사하다, 검사하다

08 독해 〉 Macro Reading 〉 요지　　　오답률 10.3% | 답 ④

다음 글의 요지로 가장 적절한 것은?

The first and chief point of interest here is whether the numerous domesticated varieties of the dog have descended from a single wild species, or from several. Some authors believe that all have descended from the wolf, or from the jackal, or from an unknown and extinct species. Others again believe, and this of late has been the favorite tenet, that they have descended from several species, extinct and recent, more or less commingled together. We shall probably never be able to ascertain their origin with certainty. Paleontology does not throw much light on the question, owing, on the one hand, to the close similarity of the skulls of extinct as well as living wolves and jackals, and owing, on the other hand, to the great dissimilarity of the skulls of the several breeds of the domestic dogs.

① 가축화된 동물들 중 개가 사람들의 흥미를 끈다.
② 가축화된 개는 아마 멸종된 동물의 후손일 것으로 추정된다.
③ 고생물학도 개의 기원을 밝히는 데는 유용하지 못하다.
④ 가축화된 개의 기원은 여러 설들이 있으며 확실하지 않다.

| 선지별 선택률 |

①	②	③	④
0%	10.3%	0%	89.7%

| 해석 |

여기서 첫 번째 그리고 주요한 관심 포인트는 개의 수많은 가축종들이 단일한 야생종에서 나왔는지 혹은 여러 종에서 나왔는지이다. 일부 저자들은 모든 개는 늑대로부터, 혹은 자칼로부터, 혹은 알려지지 않고 멸종된 종들로부터 나왔다고 믿는다. 다른 이들은 또한, 그리고 이것이 최근에 가장 인기있는 이론인데, 그것들이 몇몇 멸종된 그리고 최근의 종들이 대략 함께 뒤섞인 종들로부터 나왔다는 것을 믿는다. 우리는 아마 절대 그것들의 기원을 확실하게 알아내지는 못할 것이다. 고생물학은 그 질문에 대해 많은 것을 설명하지 못하는데, 한편으로는 현존하는 늑대들과 자칼

뿐만 아니라 멸종한 늑대들과 자칼의 두개골의 상당한 유사성 때문이며, 또 다른 한 편으로는 가축화된 개들 몇몇 종들의 두개골의 상당한 차이점 때문이다.

| 정답해설 |

④ 개의 기원에 관한 여러 가지 설을 소개하며 그 기원이 확실하지 않으며 앞으로 도 밝혀낼 수 없을 것이라는 내용의 글이므로 ④가 글의 요지로 가장 적합하다.

| 오답해설 |

① 개가 사람들의 흥미를 끈다는 내용은 전혀 언급이 없다.
② 개가 멸종된 동물의 후손일 것이라는 추정은 여러 가설들 중 하나일 뿐이다.
③ 다섯 번째 문장의 Paleontology does not ~에 고생물학도 그 질문(개의 기원)에 많은 것을 설명하지 못한다는 내용이 나오나, 지엽적인 부분으로 글의 요지로는 적합하지 않다.

| 어휘 |

chief 주요한	domesticated 길들여진
variety 종류, 품종	
descend 내려오다, 계통을 잇다, 후손이다	
species 종	extinct 멸종된
tenet 주의, 교리	recent 최근의
more or less 대략	commingle 혼합되다
ascertain 알아내다, 확신하다	with certainty 확실히
paleontology 고생물학	throw light on ~을 설명하다
skull 두개골	dissimilarity 차이점
breed 품종	domestic 가축의

09 독해 〉 Logical Reading 〉 삭제   오답률 17.2% | 답 ③

다음 글에서 전체 흐름과 관계 없는 문장은?

Vessels from Massachusetts, Rhode Island, Connecticut, and New Hampshire were early and largely engaged in the carrying slave-trade. "We know," said Thomas Pemberton in 1795, "that a large trade to Guinea was carried on for many years by the citizens of Massachusetts Colony, who were the proprietors of the vessels and their cargoes. Some of the slaves purchased in Guinea, and I suppose the greatest part of them, were sold in the West Indies." ① Yet the trade of this colony was said not to equal that of Rhode Island. ② Newport was the mart for slaves offered for sale in the North, and a point of reshipment for all slaves. ③ New Hampshire, also called the Granite State, boasted about its extensive granite formations and quarries. ④ Connecticut, too, was an important slave-trader, sending large numbers of horses and other commodities to the West Indies in exchange for slaves, and selling the slaves in other colonies.

| 선지별 선택률 |

①	②	③	④
6.9%	6.9%	82.8%	3.4%

| 해석 |

Massachusetts, Rhode Island, Connecticut, 그리고 New Hampshire에서 온 배들은 일찍이 그리고 주로 노예 무역을 다루는 것에 종사했다. 1795년 Thomas Pemberton이 말하길 "Massachusetts 식민지의 시민들에 의해 여러 해 동안 Guinea로의 대규모 무역이 지속되었는데, 그들은 그 배들과 화물들의 소유주들이었다는 것을 우리는 안다. Guinea에서 구입된 노예들의 일부는, 내 생각에는 그들 중 가장 큰 부분이었는데, 서인도제도에서 팔렸다." ① 그러나 이 식민지의 무역은 Rhode Island의 것과는 동일하지 않다고 언급되었다. ② Newport는 북부 지역에서 판매용으로 제공되었던 노예들을 위한 시장이었고, 모든 노예들의 재선적 장소였다. ③ 화강암 주라고도 알려진 New Hampshire는 그것의 광대한 화강암 형성과 채석장을 자랑했다. ④ Connecticut 역시 중요한 노예 무역 장소였고, 많은 수의 말들과 다른 상품들을 노예와 교환하기 위해 서인도 제도로 보냈으며, 다른 식민지들에서 그 노예들을 판매했다.

| 정답해설 |

③ 미국 내에서 노예 무역이 성행했던 식민지들에 관한 글이다. 그러나 ③은 New Hampshire가 화강암과 채석장으로 유명했다는 내용으로, 노예 무역과는 관련이 없다.

| 오답해설 |

① Massachusetts와 Rhode Island의 노예 무역 규모를 비교하는 내용으로 글의 흐름에 부합된다.
② Newport 역시 노예 무역 시장 역할을 했다는 내용으로 흐름상 알맞다.
④ Connecticut의 노예 무역에 관한 설명으로 역시 글의 흐름에 부합된다.

| 어휘 |

vessel 배	be engaged in ~에 종사하다
largely 주로, 대체로	carry 취급하다
carry on 계속하다	proprietor 소유주
cargo 화물	equal 동등하다
for sale 판매용의	reshipment 재선적
granite 화강암	boast about ~을 자랑하다
extensive 광범위한	quarry 채석장
commodity 상품	
in exchange for ~와의 교환으로, ~의 대가로	

10 독해 〉 Logical Reading 〉 연결사   오답률 37.9% | 답 ④

다음 빈칸 (A), (B)에 들어갈 말로 가장 적절한 것은?

A garden is the personal part of an estate, the area that is most intimately associated with the private life of the home. Originally, the garden was the area inside the enclosure or lines of fortification, in distinction from the unprotected area or fields that lay beyond; and this latter area was the particular domain of agriculture. _____(A)_____, we must not make the mistake of defining it by dimensions, because one may have a garden in a flower-pot or on a thousand acres. _____(B)_____, I declare that every bit of land that is not used for buildings, walks, drives, and fences, should be planted. What we shall plant — whether sward, lilacs, thistles, cabbages, pears, chrysanthemums, or tomatoes — we shall talk about as we proceed.

	(A)	(B)
①	For instance	That is
②	At first	Instead
③	In other words	Furthermore
④	However	Therefore

| 선지별 선택률 |

①	②	③	④
10.4%	10.3%	17.2%	62.1%

| 해석 |

정원이란 집의 개인적 삶과 가장 친근하게 연관되어 있는 구역으로 사유지의 개인적인 부분이다. 원래, 정원은 울타리로 둘러 싸인 곳 또는 방어시설 라인 내의 지역이었고, 그 너머에 놓여있는 보호되지 않는 구역 또는 들판과는 구별되었다. 그리고 이 후자 구역은 농업의 특정 영역이었다. (A) 그러나, 우리는 그것을 크기로 규정하는 실수를 해서는 안 되는데, 사람은 화분 안에 또는 1,000 에이커의 땅에 정원을 가질 수도 있기 때문이다. (B) 따라서, 건물, 도보, 운전, 그리고 울타리를 위해 사용되지 않는 일체의 땅이 심어져야 한다고 나는 선언한다. 우리가 무엇을 심을 것인지는 — 그것이 잔디든, 라일락이든, 엉겅퀴든, 양배추든, 배든, 국화든, 혹은 토마토든 — 우리가 진행해나가며 이야기할 것이다.

① 예를 들어 – 즉   ② 처음에는 – 대신에
③ 즉, 다시 말하면 – 게다가   ④ 그러나 – 따라서

| 정답해설 |

④ (A) 앞 문장에서는 정원과 정원이 아닌 것이 원래는 구분되었다는 내용이 제시되고, 빈칸이 포함된 문장에서는 정원을 크기로 규정하는 것은 실수라는 주장이 제시되므로 역접의 의미인 However가 알맞다.

(B) 앞 문장에서는 정원은 크기로 규정할 수 없으며 하나의 화분이 1,000 에이커의 땅도 모두 정원일 수 있다는 내용이 제시되고, 빈칸이 포함된 문장에서는 모든 땅에 식물이 심어져야 한다(정원으로 활용해야 한다)는 주장이 제시된다. 따라서 인과관계의 의미인 Therefore가 적합하다.

| 어휘 |

estate 사유지, 토지	intimately 친밀하게
enclosure 울타리를 친 장소	fortification 방어시설
in distinction from ~와 구별하여	lie 놓여있다
latter 후자의	domain 영역
agriculture 농업	define 규정하다
dimension 크기	flower-pot 화분
declare 선언하다	every bit of 일체의, 모든
plant 심다	sward 잔디, 잔디밭
thistle 엉겅퀴	cabbage 양배추
pear 배	chrysanthemum 국화
proceed 진행하다, 나아가다	that is 즉, 다시 말하면
at first 처음에는	in other words 즉, 다시 말하면

11 어휘 〉 빈칸 완성　　　　　　오답률 24.1% | 답 ②

다음 빈칸에 가장 적절한 것은?

> Many insects ＿＿＿＿＿＿＿＿ themselves as inedible things to avoid predators.

① retain　　　　　　② camouflage
③ appreciate　　　　④ survive

| 선지별 선택률 |

①	②	③	④
0%	75.9%	0%	24.1%

| 해석 |

많은 곤충들은 포식자들을 피하기 위해 자신들을 먹을 수 없는 물체로 ② 위장한다.
① 보유하다　　　　　② 위장하다
③ 진가를 알아보다, 고마워하다　　④ 살아남다

| 정답해설 |

② 포식자를 피하기 위한 목적에 어울리는 행동을 나타내는 동사는 camouflage(위장하다)이다.

| 어휘 |

inedible 먹을 수 없는	predator 포식자
retain 보유하다	camouflage 위장하다

12 어휘 〉 빈칸 완성　　　　　　오답률 10.3% | 답 ①

다음 빈칸에 가장 적절한 것은?

> When you meet somebody for the first time, especially someone who you would like to give a good impression to, it is desirable for you to start a conversation by talking about things on which you would both ＿＿＿＿＿. This will build common ground from which you can maintain a good relationship with the person.

① agree　　　　　　② impose
③ doubt　　　　　　④ change

| 선지별 선택률 |

①	②	③	④
89.7%	6.9%	3.4%	0%

| 해석 |

당신이 처음으로 누군가를 만날 때, 특히 당신이 좋은 인상을 주고 싶은 누군가를 만날 때, 당신은 둘 다 ① 동의할 것들에 관해 이야기를 함으로써 대화를 시작하는 것이 바람직하다. 이것은 당신이 그 사람과 좋은 관계를 유지할 수 있는 공통점을 구축해줄 것이다.
① 동의하다　　　　　② 부과하다
③ 의심하다　　　　　④ 바뀌다

| 정답해설 |

① 뒤 문장에서 공통점을 구축한다(build common ground)는 것으로 보아 '동의할' 수 있는 이야기를 꺼내는 것이 바람직함을 유추할 수 있다.

| 어휘 |

for the first time 처음으로	common ground 공통점
impose 부과하다	

13 생활영어 〉 회화/관용표현　　　　오답률 20.7% | 답 ②

다음 대화의 빈칸에 들어갈 말로 가장 적절한 것은?

> A: Hi, I came here to ask why I was charged a fine.
> B: Can I have your name and room number?
> A: Amy Lang, room 501.
> B: It says you used a halogen lamp in your dorm room.
> A: What's wrong with that?
> B: ＿＿＿＿＿＿＿＿＿＿＿＿＿＿＿
> A: Oh, I didn't know that. Then, what kind of lamps am I allowed to use?
> B: The information is in the handbook.

① They're going to change the policy, but it will take some time.
② It's against the rules, because it's prone to catch fire.
③ I guess the lamp is pretty popular with college students.
④ That lamp is way out of our budget range.

| 선지별 선택률 |

①	②	③	④
10.4%	79.3%	0%	10.3%

| 해석 |

A: 안녕하세요, 제가 왜 벌금을 부과 받았는지 여쭤보려고 왔어요.
B: 이름과 호수 알려주실래요?
A: Amy Lang이고 501호에요.
B: 당신이 기숙사 방에서 할로겐 램프를 사용했다고 나오네요.
A: 그게 뭐가 잘못 됐나요?
B: ② 그게 불이 잘 나서 규정 위반이에요.
A: 아, 그건 몰랐네요. 그럼 어떤 종류의 램프를 사용해도 되나요?
B: 그 정보는 안내서에 있어요.
① 그들이 그 정책을 변경할 예정이지만, 얼마간의 시간이 걸릴 거에요.
② 그게 불이 잘 나서 규정 위반이에요.
③ 내 생각에는 그 램프가 대학생들 사이에서 꽤 인기가 있어요.
④ 그 램프는 우리의 예산 범위를 완전히 벗어나요.

| 정답해설 |

② A가 뭐가 잘못되었는지를 물었고, B의 대답 후에 A가 다시 어떤 종류의 램프를

사용할 수 있는지 묻는 것으로 보아 A가 규정에 위배되는 램프를 사용했음을 유추할 수 있다.

| 어휘 |

charge 부과하다   fine 벌금
be prone to ~하는 경향이 있다

14 독해 > Logical Reading > 문맥상 다양한 추론   오답률 20.7% | 답 ③

다음 밑줄 친 his[him/He]가 가리키는 대상이 나머지 셋과 <u>다른</u> 것은?

> After the death of Caesar, Rome was in confusion; consternation seized the people, and the "liberators" failed to rally them to their own support. In possession of Caesar's treasure, Antony, the surviving consul, bided ① his time. His oration at Caesar's funeral stirred the populace against the "liberators," and made ② him for the moment master of Rome; but his self-seeking soon turned the people against him. The young Octavius, Caesar's heir, had become popular with the army. ③ He returned to Rome and claimed his inheritance, demanded from Antony Caesar's moneys, but in vain, and assumed the title of Caesar. The rivalry between the two leaders rapidly approached a crisis. The partisans of Antony and Octavius began to clash, and civil war followed. Defeated, Antony retreated across the Alps. Octavius was elected consul, and began negotiations with ④ him.

| 선지별 선택률 |

①	②	③	④
13.8%	3.5%	79.3%	3.4%

| 해석 |

Caesar의 사망 이후로, 로마는 혼란에 빠졌다. 실망감이 사람들을 장악했고, "해방자들"은 그들이 자신들을 지지하도록 결집시키는 데 실패했다. Caesar의 재산을 소유하던 생존한 집정관인 Antony는 ① 그의 때를 기다렸다. Caesar의 장례식에서의 그의 연설은 "해방자들"에 대항하여 대중들을 동요시켰고, ② 그를 잠시 로마의 지배자로 만들었다. 그러나 그의 이기심은 곧 사람들이 그에게 등을 돌리도록 만들었다. Caesar의 계승자인 젊은 Octavius는 군대에 인기를 얻었다. ③ 그는 로마로 복귀하여 그의 계승을 요구했고, 헛되긴 했으나 Antony로부터 Caesar의 돈을 요구했으며 황제의 칭호를 떠맡았다. 두 지도자들간의 경쟁은 빠르게 위기로 치달았다. Antony와 Octavius의 지지자들을 충돌하기 시작했고, 내전이 뒤따랐다. 패배한 Antony는 알프스 산맥을 너머 퇴각했다. Octavius는 집정관으로 선출되었고 ④ 그와의 협상을 시작했다.

| 정답해설 |

③ 바로 앞 문장에서 Octavius가 인기를 끌었다는 것으로 보아 He는 Octavius이고 ①, ②, ④는 Antony를 지칭한다.

| 어휘 |

consternation 실망	seize 장악하다
liberator 해방자	rally 결집시키다, 단결시키다
in possession of ~를 소유하여	treasure 부, 재산
consul 집정관	bide 기다리다
oration 연설	funeral 장례식
stir 동요시키다	populace 대중들
self-seeking 이기심	turn against 등을 돌리게 하다
heir 계승자, 상속인	inheritance 상속
in vain 헛되이	assume 떠맡다
title 직함, 칭호	rivalry 경쟁
crisis 위기	partisan 당원, 지지자
civil war 내전	retreat 퇴각하다

15 독해 > Logical Reading > 배열   오답률 65.5% | 답 ①

주어진 글 다음에 이어질 글의 순서로 가장 적절한 것은?

> When the mantis is in response, its weapons are folded and pressed against the thorax, and are perfectly inoffensive in appearance. The insect is apparently praying.

> (A) But let a victim come within reach, and the attitude of prayer is promptly abandoned. Suddenly unfolded, the three long joints of the deadly forelimbs shoot out their terminal weapons.
> (B) Crickets, grasshoppers, and even more powerful insects, once seized in this trap with its four rows of teeth, are lost irreparably. Their frantic struggles will never release the hold of this terrible engine of destruction.
> (C) Those strike the victim and drag it backwards between the two saw-blades of the thighs. Any insects can be its victim.

① (A) − (C) − (B)   ② (B) − (A) − (C)
③ (B) − (C) − (A)   ④ (C) − (A) − (B)

| 선지별 선택률 |

①	②	③	④
34.5%	34.5%	31%	0%

| 해석 |

사마귀가 태세를 갖출 때, 그것의 무기들은 접혀서 가슴 쪽에 눌려져 있으며, 겉보기에는 완벽하게 무해하다. 그 곤충은 외관상으로는 기도를 하고 있는 것 같다.
(A) 그러나 희생자가 손이 닿는 곳에 오도록 해보면, 기도하는 태도는 즉각 버려진다. 갑자기 펼쳐진 세 개의 긴 관절들의 치명적인 앞다리들이 그것들의 말단 무기들을 불쑥 내민다.
(C) 그것들은 희생자를 타격하고 거꾸로 두 개의 톱날로 된 넓적다리 사이로 그것을 끌어간다. 어떠한 곤충들도 그것의 희생자가 될 수 있다.
(B) 귀뚜라미, 메뚜기, 그리고 심지어 더 강력한 곤충들도 일단 그것의 네 줄짜리 이를 가진 이 함정에 잡히게 되면 회복이 불가능할 정도로 희생된다. 그것들의 광란의 분투도 이 끔찍한 파괴의 엔진의 장악에서 결코 빠져나올 수 없을 것이다.

| 정답해설 |

① 먹이를 기다리는 사마귀의 모습이 기도하고 있는 것처럼 보인다는 주어진 글의 묘사가 (A)에서 But으로 이어져 이 기도의 태도가 즉각 버려진다는 내용으로 연결된다. (A)에서는 앞다리를 무기 삼아 내민다는 설명이 있고, 이 무기들(weapons)이 (C)의 Those로 지칭된다. (C)의 마지막 문장에서는 어떤 곤충도 희생자가 될 수 있다고 언급하며 (B)의 초반에 귀뚜라미 등의 예시로 이어진다. 따라서 (A) − (C) − (B)가 글의 순서로 알맞다.

| 어휘 |

mantis 사마귀	in response 대응하여, 태세를 갖춰
thorax 가슴, 흉곽	inoffensive 무해한
in appearance 겉보기에	pray 기도하다
within reach 손이 닿는 곳에	attitude 태도
prayer 기도	forelimb 앞다리
shoot out 불쑥 내밀다	terminal 말단의
cricket 귀뚜라미	grasshopper 메뚜기
seize 붙잡다	trap 함정
row 줄	irreparably 회복 불가능하게
frantic 광란의	hold 잡기, 쥐기, 장악
backwards 거꾸로	saw-blade 톱날
thigh 넓적다리	

16 독해 〉 Logical Reading 〉 배열 오답률 13.8% | 답 ①

주어진 글 다음에 이어질 글의 순서로 가장 적절한 것은?

Did you ever on a winter's day, when the ground was as hard as a stone, the ponds all frozen, and everything cold and still, stop for a moment, as you were running along the road or skating over the ice, to wonder at yourself and ask following two questions?

(A) These two questions neither you nor anyone else can answer fully; but we may answer them in part, and the knowledge which helps us to the answer is called physiology.
(B) Why am I so warm when all things around me, the ground, the trees, the water, and the air, are so cold? How is it that I am moving about, running, walking, jumping, when nothing else that I can see is stirring at all, except perhaps a stray bird seeking in vain for food?
(C) Physiology is the scientific study of how people's and animals' bodies function, and of how plants function.

① (B) − (A) − (C) ② (B) − (C) − (A)
③ (C) − (A) − (B) ④ (C) − (B) − (A)

| 선지별 선택률 |

①	②	③	④
86.2%	0%	6.9%	6.9%

| 해석 |
땅이 돌처럼 딱딱하고, 연못이 모두 얼고, 모든 것이 차갑고 멈춰진 겨울의 어느 날 당신은 길을 따라 달리거나 얼음 위에서 스케이트를 타다가 스스로에게 궁금해하고 다음의 두 질문을 묻기 위해 잠시 멈춘 적이 있는가?
(B) 내 주변의 모든 것, 땅, 나무, 물, 그리고 공기가 이렇게 차가운데 왜 나는 이렇게 따뜻한가? 아마도 헛되이 먹이를 찾고 있는 길 잃은 새를 제외하면 내가 볼 수 있는 다른 모든 것이 전혀 흔들리지 않을 때 나는 어떻게 움직여 돌고, 달리고, 걷고, 뛰는가?
(A) 이 두 질문들은 당신이나 다른 누군가가 모두 완전히 답할 수 없는 질문들이다. 그러나 우리는 그것들에 부분적으로 답할 수는 있는데, 답할 수 있도록 우리를 돕는 그 지식은 생리학이라고 불린다.
(C) 생리학은 어떻게 사람들과 동물들의 신체들이 기능하고 어떻게 식물들이 기능하는지에 관한 과학적인 연구이다.

| 정답해설 |
① 주어진 글 말미에 언급된 '다음의 두 질문들(following two questions)'이 (B)에서 나열되어 있다. 이 두 질문은 (A)에서 These two questions로 이어지고, (A)의 마지막 부분에서 physiology가 처음으로 언급되는데, (C)에서 그 정의가 주어진다. 따라서 (B) − (A) − (C)가 글의 순서로 적합하다.

| 어휘 |
pond 연못
in part 부분적으로
move about 움직여 돌다
stray 길 잃은
still 정지된
physiology 생리학
stir 흔들리다
in vain 헛되이

17 문법 〉 Modifiers 〉 동명사 오답률 41.4% | 답 ③

밑줄 친 부분 중 어법상 가장 옳지 않은 것은?

PKM2 is a central component of cancer cell metabolism ① providing a distinct survival advantage to tumor cells over the surrounding immune microenvironment. However, if PKM2 is constitutively activated and ② deprived of its unique conversion abilities, it may starve cancer cells and prevent their proliferation ③ to happen while ④ relieving immune blockade.

| 선지별 선택률 |

①	②	③	④
0%	13.8%	58.6%	27.6%

| 해석 |
PKM2는 주변의 면역 미세환경에 비해 종양 세포들에게 분명한 생존상의 유리함을 제공하는 암세포 신진대사의 중심적 요소이다. 그러나 만약 PKM2가 성분을 이루어 활성화되고 그것의 독특한 전환 능력들을 빼앗긴다면, 그것은 면역의 봉쇄를 완화시키는 반면, 암세포들을 굶겨 죽이고 그것들의 확산이 발생하는 것을 막아줄 수도 있다.

| 정답해설 |
③ 동사 prevent가 'O가 -ing하는 것을 막다'의 의미로 쓰이기 위해서는 「prevent + O + from -ing」의 형태로 쓰여야 한다. 따라서 to happen이 아닌 from happening이 적합하다.

| 오답해설 |
① 앞의 명사 component를 수식하며 뒤에 목적어(a distinct survival advantage)를 취하므로 능동의 의미인 현재분사 providing은 알맞게 사용되었다.
② is 뒤에서 과거분사 deprived가 쓰인 수동태이다. 능동태일 경우 「deprive A of B」의 구조이며 수동태가 될 경우 「B be deprived of A」로 쓰인다.
④ 원래 문장 while it relieves immune blockade에서 주어가 생략되고 동사가 현재분사로 바뀐 분사구문이 알맞게 사용되었다.

| 어휘 |
component (구성)요소
metabolism 신진대사
tumor 종양
immune 면역의
constitutively 성분을 이루어, 본질적으로
deprive A of B A에게서 B를 강탈하다
conversion 전환
relive 덜어주다, 완화시키다
cancer 암
distinct 분명한, 뚜렷한
over ~에 비하여
microenvironment 미세환경
proliferation 급증, 확산
blockade 차단, 봉쇄

| 더 알아보기 | 「V+O+from -ing」 형태의 동사들

prevent O from -ing	O가 ~하는 것을 막다
prohibit O from -ing	O가 ~하는 것을 금지하다
save O from -ing	O가 ~하는 것을 막다
keep O from -ing	O가 ~하는 것을 막다
stop O from -ing	O가 ~하는 것을 막다
deter O from -ing	O가 ~하는 것을 막다
ban O from -ing	O가 ~하는 것을 금지하다

18 문법 〉 Expansion 〉 접속사 오답률 37.9% | 답 ①

밑줄 친 부분 중 어법상 가장 옳지 않은 것은?

The most fundamental justification for learning sociology is ① the idea which this discipline help students ② gain important qualities of mind ③ that lay the foundations they will need for productive and innovative lives ④ including rigor, critical reasoning, creativity, communications skills, ethical capacities, respect for human diversity, and the like.

| 선지별 선택률 |

①	②	③	④
62.1%	17.2%	13.8%	6.9%

| 해석 |

사회학을 배우는 가장 근본적인 이유는 이 학문이 학생들로 하여금 준엄함, 비판적 추론, 창의력, 의사소통 기술, 윤리적 능력, 인간의 다양성에 대한 존중 등을 포함하여 그들이 생산적이고 혁신적인 삶을 위해 필요로 하게 될 기초를 쌓아주는 중요한 정신의 자질들을 얻도록 돕는다는 생각이다.

| 정답해설 |

① 뒤의 절이 완전한 절이므로 관계대명사(which)는 사용할 수 없다. 명사 the idea 와 동격절을 이루는 명사절 접속사 that이 대신 쓰여야 한다. 즉 the idea that이 알맞다.

| 오답해설 |

② 앞에 준사역동사 help가 쓰였으므로 to부정사 또는 동사원형이 목적격 보어로 사용될 수 있다.

③ 선행사가 qualities이고 that 이하에 주어가 없는 불완전한 문장이 쓰였으므로 주격 관계대명사 that과 복수동사 lay가 적합하게 쓰였다.

④ 전치사 including(~을 포함하여)이 문맥에 맞게 사용되었다.

| 어휘 |

justification 정당화, 이유	discipline 학문, 훈련
quality 자질, 특성	lay 놓다, 쌓다
rigor 준엄함	critical reasoning 비판적 추론
and the like 기타 등등	

오답률 TOP 2

19 독해 〉 Logical Reading 〉 문맥상 다양한 추론　　오답률 53.7% | 답 ①

다음 밑줄 친 it 중에서 가리키는 대상이 나머지와 <u>다른</u> 것은?

The blood in your body is the great circulating market of the whole body; in ① it, all the things that are wanted by all parts, by the muscles, by the brain, by the skin, by the lungs, liver, and kidney, are bought and sold. The muscle buys what ② it wants from the blood; ③ it later sells back what it bought to the blood; and so with every other organ and part. As long as life lasts, this buying and selling is forever going on, and this is why the blood is forever on the move. When the blood ceases to move, in contrast, the market is blocked, the muscle, for example, ceases the buying and selling, and ④ it will eventually die, starving for the lack of the things which it wants.

| 선지별 선택률 |

①	②	③	④
46.3%	17.2%	20.7%	15.8%

| 해석 |

당신 신체 내의 피는 전체 신체의 거대한 유통시장이다. ① 그것 속에서, 모든 부위에 의해, 근육들에 의해, 뇌에 의해, 피부에 의해, 폐들, 간, 그리고 신장에 의해 원해지는 모든 것들이 구입되고 팔린다. 근육은 ② 그것이 원하는 것을 혈액으로부터 구입한다. ③ 그것은 그것이 구입했던 것을 나중에 혈액에 되판다. 그리고 모든 다른 장기와 부분들에도 그러하다. 생명이 지속되는 한, 이 구입과 판매는 영원히 지속되며, 이것은 혈액이 영원히 이동하는 이유이다. 반대로, 혈액이 움직이기를 멈출 때, 그 시장은 막히고, 예를 들면 근육은 사고 팔기를 멈추며, ④ 그것은 결국 죽게될 것인데 그것이 원하는 것들의 결여로 아사할 것이다.

| 정답해설 |

① 세미콜론 앞에서 혈액을 시장에 비유했으며, 세미콜론 뒤에서는 모든 것이 '그 안에서' 사고 팔린다고 했으므로 it은 혈액 또는 시장이다. ②, ③, ④는 모두 근육(muscle)을 의미한다.

| 어휘 |

circulating market 유통시장	lung 폐

liver 간	kidney 신장
as long as ~를 하는 한	on the move 이동 중인
cease 멈추다	starve 굶주리다

20 독해 〉 Macro Reading 〉 주장　　오답률 6.9% | 답 ③

다음 글의 주장으로 가장 적절한 것은?

Suppose a number of boys are in a field playing football, whose superfluous garments are lying about everywhere in heaps; and suppose you want, for some reason, to find out in what order the boys arrived on the ground. How would you set about the business? Surely you would go to one of the heaps of discarded clothes, and take note of the fact that this boy's jacket lay under that boy's waistcoat. Moving on to other heaps, you might discover that in some cases a boy had thrown down his hat on one heap, his tie on another, and so on. This would help you all the more to make out the general series of arrivals.

① 체계적 관찰은 스포츠의 효율성에 적용될 수 있다.
② 소년들의 도착 순서는 옷 더미가 여러 개일 경우 추론이 불가능하다.
③ 옷이 쌓인 순서로 소년들의 도착 순서를 추론할 수 있다.
④ 스포츠 의류의 내구성은 해당 스포츠의 종류와 무관하다.

| 선지별 선택률 |

①	②	③	④
0%	6.9%	93.1%	0%

| 해석 |

많은 소년들이 풋볼을 하면서 경기장에 있는데, 여분의 옷들이 여기저기 모든 곳에 수북하게 놓여있다고 가정해 보자. 그리고 가령 어떤 이유든, 당신은 그 소년들이 운동장에 어떤 순서로 도착했는지를 알아내기를 원한다고 하자. 당신은 어떻게 그 일을 시작할 것인가? 틀림없이 당신은 버려진 옷들의 더미들 중 하나로 가서 이 소년의 재킷이 저 소년의 조끼 아래에 놓여있었다는 사실에 주목할 것이다. 다른 더미들로 옮겨가서 당신은 어떤 경우에 한 소년이 그의 모자는 한 더미에 던졌고 그의 타이는 다른 더미에 던졌고 등등을 발견할지도 모른다. 이것은 당신이 도착의 전반적 순서를 파악하는 것을 더욱 더 도울 것이다.

| 정답해설 |

③ 운동장에 쌓여 있는 옷 더미를 조사함으로써 소년들의 도착 순서를 파악해 볼 수 있다는 내용이므로 ③이 글의 주장으로 가장 적합하다.

| 오답해설 |

① 옷의 쌓인 순서를 조사하는 것이 관찰일 수는 있으나 스포츠 효율성에 관한 글이 아니다.
② 마지막 두 문장에 따르면 여러 더미를 비교해서 조사하면 더 정확한 순서 파악에 도움이 될 것이라고 했다.
④ 글에 전혀 언급이 없는 내용이다.

| 어휘 |

suppose 가령, 가정하다	a number of 많은
superfluous 과잉의, 여분의, 불필요한	garment 옷
lie about 여기저기 흩어져있다	heap 더미
in heaps 수북하게	order 순서
set about 시작하다	discard 버리다
take note of ~을 주목하다, ~을 알아채다	
waistcoat 조끼	and so on 기타 등등
all the more 더욱더	make out 파악하다, 이해하다

문제편 p.38

01	①	02	③	03	②	04	④	05	④
06	④	07	③	08	①	09	③	10	②
11	①	12	③	13	①	14	②	15	③
16	②	17	④	18	①	19	④	20	②

▶ 풀이시간: /25분 나의 점수: /100점

01 어휘 〉 유의어 찾기   오답률 19.2% | 답 ①

다음 밑줄 친 부분과 의미가 가장 가까운 것은?

> Since the newly found snail has such a distinctive pattern on its shell, entomologists agree to give it a new scientific name.

① unique
② splendid
③ dissimilar
④ ordinary

| 선지별 선택률 |

①	②	③	④
80.8%	3.8%	7.7%	7.7%

| 해석 |
새롭게 발견된 달팽이는 그것의 등 껍데기에 그렇게 독특한 무늬를 가지고 있기 때문에, 곤충학자들은 그것에 새로운 학명을 부여하는 데 동의한다.
① 독특한
② 화려한
③ 상이한
④ 평범한

| 정답해설 |
① distinctive는 '독특한'이라는 뜻으로 선지 중 unique와 가장 유사하다.

| 어휘 |
snail 달팽이
shell 껍데기
scientific name 학명
ordinary 평범한
distinctive 독특한
entomologist 곤충학자
splendid 화려한

02 어휘 〉 빈칸 완성   오답률 3.8% | 답 ③

다음 빈칸에 들어갈 말로 가장 적절한 것은?

> Typically, a workplace is required to have at least two exit routes to allow prompt _____ of employees and other building occupants during an emergency. A building must have more than three exits, however, if the number of occupants, size of the building, or arrangement of the office will not permit employees to escape safely. Exit routes must be located as far away as possible from each other in case that one route is inaccessible by fire or smoke.

① suppression
② responses
③ evacuation
④ revival

| 선지별 선택률 |

①	②	③	④
0%	3.8%	96.2%	0%

| 해석 |
전형적으로, 직장은 비상상황 동안 직원들과 다른 건물 입주자들의 신속한 ③ 대피를 허용하기 위해 적어도 두 개의 비상구들을 가지고 있을 것이 요구된다. 그러나 만약 입주자들의 수, 건물의 크기, 또는 사무실 배치가 직원들이 안전하게 탈출하도록 허용하지 않는다면, 건물은 세 개 이상의 비상구가 있어야 한다. 비상구들은 한 비상구가 화재나 연기에 의해 출입이 불가능할 경우를 대비하여 서로 최대한 멀리 떨어져 위치해야 한다.
① 진압
② 반응
③ 대피
④ 부활

| 정답해설 |
③ 비상구의 기능과 요건 등을 설명하는 글이다. 따라서 즉각적인 '대피'를 허용한다는 흐름이 적합하다.

| 어휘 |
typically 전형적으로
prompt 신속한, 즉각적인
arrangement 배치, 배열
inaccessible 이용 불가능한, 접근 불가능한
suppression 진압
exit route 비상 대피로
occupant 입주자
revival 부활

03 어휘 〉 빈칸 완성   오답률 26.9% | 답 ②

다음 빈칸에 들어갈 말로 가장 적절한 것은?

> It is essential for you to have a well-stocked first aid kit in your home so you can _____ minor accidents and injuries. A first aid kit should be kept in a cool, dry place out of the reach of children. Many people also need to equip their car with a small first aid kit for emergencies.

① feed on
② cope with
③ make up for
④ take after

| 선지별 선택률 |

①	②	③	④
0%	73.1%	7.7%	19.2%

| 해석 |
당신이 경미한 사고와 부상에 ② 대처할 수 있도록 당신은 당신의 집에 물품이 잘 갖춰진 구급상자를 가지고 있는 것이 중요하다. 구급상자는 아이들의 손이 닿지 않는 서늘하고 건조한 장소에 보관되어야 한다. 많은 사람들은 또한 비상시를 대비하여 그들의 차에 구급상자를 갖출 필요가 있다.
① ~을 먹고 살다
② ~에 대처하다
③ ~을 만회하다
④ ~을 닮다

| 정답해설 |
② 구급상자가 필요한 이유와 보관법을 설명하는 글이다. 빈칸이 포함된 문장은 구급상자를 집에 두는 이유를 설명하는 부분으로, 경미한 사고와 부상에 '대처하다'가 문맥에 알맞다.

| 어휘 |
essential 중대한
stock 갖추다

first aid kit 구급상자   minor 경미한, 사소한
out of the reach 손이 닿지 않게   equip 갖추다
feed on ~을 먹고 살다   cope with ~에 대처하다
make up for ~을 만회하다[벌충하다]   take after ~을 닮다

04 독해 〉 Logical Reading 〉 문맥상 다양한 추론   오답률 15.4% | 답 ④

다음 밑줄 친 it[its]가 가리키는 대상이 나머지 셋과 다른 것은?

> Modern astronomy began a little more than three centuries ago with the invention of the telescope and Galileo's application of ① it to the study of the heavenly bodies. ② Its use at once revealed to him celestial bodies under observation in a way that no one had dreamed of before. In our view today, the planets of the solar system are worlds; we can examine their surfaces and judge where they resemble or differ from our earth. To the ancients, they were but points of light; to us, they are vast bodies that we have been able to measure and to weigh. ③ It has enabled us also to penetrate deep into outer space; we have learnt of other systems besides that of our own sun and ④ its dependents, many of them far more complex.

| 선지별 선택률 |

①	②	③	④
11.5%	0%	3.9%	84.6%

| 해석 |

망원경의 발명 그리고 천체 연구에 대한 갈릴레오의 ① 그것의 적용과 함께 3백년 조금 더 전에 현대 천문학이 시작되었다. ② 그것의 사용은 이전에는 누구도 꿈꾸지 못했던 방식으로 즉시 그에게 천체를 관찰 하에 드러냈다. 오늘날 우리들의 시각에서, 태양계의 행성들은 세계들이다. 우리는 그것들의 표면들을 조사하고 그것들이 우리 지구와 어디가 닮고 다른지를 판단할 수 있다. 고대인들에게, 그것들은 단지 점으로 된 빛이었다. 우리에게, 그것들은 우리가 측정하고 무게를 달아볼 수 있어왔던 광대한 천체들이다. ③ 그것은 우리가 또한 우주 공간 깊이 침투할 수 있도록 해주었다. 우리는 우리 자신의 태양과 ④ 그것의 딸려 있는 것들 이외에 다른 태양계들을 배워왔고, 그것들 중 많은 것들은 훨씬 더 복잡하다.

| 정답해설 |

④ its dependents에서 dependents는 '딸려 있는 물체들'이라는 뜻이므로 its는 밑줄 앞 부분에서 언급된 sun을 지칭함을 알 수 있다. 즉 its는 '태양의'의 의미이다. ①, ②, ③은 모두 '망원경(telescope)'을 의미한다.

| 어휘 |

astronomy 천문학   telescope 망원경
application 적용   heavenly body 천체
at once 즉시, 한꺼번에, 동시에   reveal 드러내다, 밝히다
celestial body 천체   solar 태양의
examine 조사하다   resemble 닮다
ancient 고대인   but 단지(= just)
vast 광대한   penetrate 침투하다
out space 우주 공간   besides ~ 이외에도
dependent 딸려 있는 물체[사람]

05 독해 〉 Macro Reading 〉 제목   오답률 7.7% | 답 ④

다음 글의 제목으로 가장 적절한 것은?

> In the early days of the New England colonies, there was nothing more embarrassing than to be unmarried. What could he do, how could he live in that new land without a wife? There were no housekeepers — and he would scarcely have been allowed to have one if there were. What could a woman do in that new settlement among unbroken forests, uncultivated lands, without a husband? The colonists married early, and they married often. Widowers and widows hastened to join their fortunes and sorrows. The father and mother of Governor Winslow had been widow and widower seven and twelve weeks, respectively, when they joined their families and themselves in mutual benefit, if not in mutual love. At a later day the impatient Governor of New Hampshire married a lady but ten days widowed.

① Colonial laws regulating marriage
② Marriage variations among different cultures
③ Financial advantages of remarriage
④ Marriage customs in colonies

| 선지별 선택률 |

①	②	③	④
0%	3.9%	3.8%	92.3%

| 해석 |

New England 식민지의 초기에는 결혼하지 않은 것보다 더 당혹스러운 것은 없었다. 그런 새 땅에서 남자가 아내 없이 무엇을 할 수 있고 어떻게 살 수 있었을까? 가정부란 없었다. 그리고 있었다고 하더라도 가정부를 들이도록 허용되는 경우는 거의 없었다. 길들여지지 않은 숲과 경작되지 않은 땅들 사이의 그러한 새로운 정착지에서 여자가 남편 없이 무엇을 할 수 있었을까? 식민지 주민들은 일찍 결혼했고, 그들은 자주 결혼했다. 홀아비들과 과부들은 서둘러서 그들의 재산과 슬픔을 합쳤다. Winslow 주지사의 아버지와 어머니는 그들이 그들의 가족과 자신들을 상호적 사랑에 있어서는 아니었을지라도 상호적 이익에 있어서 합쳤을 때, 홀아비와 과부가 된지 각각 7주와 12주였다. 나중에 New Hampshire의 조급한 주지사는 홀아비가 된지 겨우 10일만에 한 여성과 결혼했다.

① 결혼을 규제하는 식민지 시대 법들
② 다른 문화들 간의 결혼의 차이들
③ 재혼의 재정적 유리함
④ 식민지에서의 결혼 관습들

| 정답해설 |

④ 식민지 시대 동안 결혼과 재혼이 어떻게 이루어졌는지(결혼의 규범화, 이른 결혼, 빈번한 재혼 등)를 설명하는 글이므로 ④가 제목으로 가장 알맞다.

| 오답해설 |

① 식민지 시대의 법에 관한 내용은 언급이 없다.
② 다른 문화권에서의 결혼은 글에서 다루고 있지 않다.
③ 재혼의 이유 중 하나가 금전임을 유추할 수 있으나 지엽적 내용이다.

| 어휘 |

colony 식민지   embarrassing 당혹스러운
housekeeper 가정부, 살림꾼   scarcely 거의 ~ 않다
settlement 정착지
unbroken 손상되지 않은, 길들여지지 않은
uncultivated 경작되지 않은   widower 홀아비
widow 과부   hasten 서둘러 하다
fortune 재산   sorrow 슬픔
respectively 각각   mutual 상호간의
impatient 조급한   regulate 규제하다
variation 변화, 차이, 변형   financial 금전적인, 재정적인
custom 관습

06 독해 〉 Macro Reading 〉 주제 오답률 42.3% | 답 ④

다음 글의 주제로 가장 적절한 것은?

> Art probably owes more to form for its range of expression than to color. Many of the noblest things it is capable of conveying are expressed by form more directly than by anything else. And it is interesting to notice how some of the world's greatest artists have been very restricted in their use of color, preferring to depend on form for their chief appeal. It is reported that Apelles only used three colors, black, red, and yellow, and Rembrandt used little else. Drawing, although the first, is also the last thing the painter usually studies. There is more in drawing that can be taught and that repays constant application and effort.

① The necessity to limit the number of colors in art
② Interesting painters in art
③ Skillfulness in art as a result of education
④ Form as the most important element in art

| 선지별 선택률 |

①	②	③	④
26.9%	11.5%	3.9%	57.7%

| 해석 |

예술은 아마 그것의 다양한 표현에 있어 색깔보다는 형태에 더 많은 빚을 지고 있다. 그것이 전달할 수 있는 가장 고귀한 것들 중 많은 것들은 다른 무엇보다 형태에 의해 더 직접적으로 표현된다. 그리고 세계의 가장 위대한 예술가들 중 일부가 그들의 주요 매력을 위해 형태에 기대는 것을 선호하여 그들의 색 사용에 어떻게 매우 제한적이었는지를 주목하는 것은 흥미롭다. Apelles는 오직 검정, 빨강, 그리고 노랑의 세 가지 색만을 사용했고, Rembrandt도 다른 것은 거의 사용하지 않았다. 소묘는 첫 번째 (연구하는) 것이긴 하지만, 화가가 보통 연구하는 마지막 것이기도 하다. 소묘 속에는 가르쳐 질 수 있고 지속적인 적용과 노력의 가치가 있는 더 많은 것이 있다.
① 예술에서 색깔의 수를 제한해야 하는 필요성
② 예술 분야에서의 흥미로운 화가들
③ 교육의 결과로서 예술에서의 숙달
④ 예술에서 가장 중요한 요소로서의 형태

| 정답해설 |

④ 첫 문장에서 색깔보다는 형태가 예술의 다양한 표현을 가능하게 해준다는 주장이 제시되고 세 번째와 네 번째 문장에서 위대한 예술가들을 그 예로 든다. 마지막 두 문장에서는 소묘(drawing)의 예를 들며 첫 문장의 주장을 다시 강조한다. 따라서 첫 문장이 주제 문장이며, 선지 중 ④가 글의 주제로 가장 적합하다.

| 오답해설 |

① 색에 관한 이야기는 형태의 중요성을 부각시키기 위한 비교 대상일 뿐, 그 제한이 이 글의 주제는 아니다.
② 몇몇 화가에 대한 언급은 있으나 주제를 뒷받침하는 내용일 뿐이다.
③ 교육의 결과물로서의 숙달은 글에 언급이 없다.

| 어휘 |

owe 빚지다
noble 고귀한
notice 주목하다, 알아차리다
chief 주요한
repay 가치가 있다, 갚다
necessity 필요(성)
range 다양성
convey 전달하다
restricted 제한된, 한정된
appeal 매력
constant 지속적인

07 독해 〉 Macro Reading 〉 주장 오답률 30.8% | 답 ③

다음 글에서 필자가 주장하는 바로 가장 적절한 것은?

> Anthropology is the child of Darwin. Darwinism makes it possible. Reject the Darwinian point of view, and you must reject anthropology also. What, then, is Darwinism? Not a cut-and-dried doctrine. Not a dogma. Darwinism is a working hypothesis. You suppose something to be true, and work away to see whether, in the light of that supposed truth, certain facts fit together better than they do on any other supposition. What is the truth that Darwinism supposes? It is simply that all the forms of life in the world are related together; and that the relations manifested in time and space between the different lives are sufficiently uniform to be described under a general formula, or law of evolution.

① 인류학은 Darwinism을 바탕으로 하며 인류학을 거부하는 것은 Darwinism을 거부하는 것이다.
② 인류학자들은 그들의 작업에 반드시 Darwinism을 고려해야 한다.
③ Darwinism은 작업 가설이며 모든 생명체들이 서로 연관되어 있다고 가정한다.
④ 생물의 다양성은 보편적인 법칙의 적용을 거의 불가능하게 만든다.

| 선지별 선택률 |

①	②	③	④
23.1%	7.7%	69.2%	0%

| 해석 |

인류학은 다윈의 자손이다. Darwinism이 그것을 가능하게 만든다. 다윈주의적 시각을 거부해보라. 그러면 당신은 인류학 또한 거부해야만 한다. 그러면, Darwinism은 무엇인가? 평범한 원칙은 아니다. 신조도 아니다. Darwinism은 작업 가설이다. 당신은 무언가를 진실이라고 가정하며, 그 가정된 진실에 비추어 특정한 사실들이 어떤 다른 가정에서보다 더 잘 함께 들어맞는지를 보기 위해 계속 노력한다. Darwinism이 가정하는 진실은 무엇인가? 그것은 단순히 세상의 모든 생명체들이 함께 관련되어 있다는 것이다. 그리고 다른 생명체들 간의 시간과 공간에서 나타나는 관련성들이 일반적인 공식, 즉 진화의 법칙 하에서 묘사될 정도로 충분히 일정하다는 것이다.

| 정답해설 |

③ 네 번째 문장에 제시된 'Darwinism은 무엇인가?'라는 질문에 대한 대답으로 일곱 번째 문장에서 '작업 가설'이며, 글의 후반부에서는 모든 생명체들이 서로 연관되어 있고 일반적 법칙으로 설명될 수 있다는 가정을 제시하고 있으므로 ③이 글쓴이의 주장으로 가장 적합하다.

| 오답해설 |

① 첫 문장에 인류학이 Darwin의 자손이라는 내용은 있으나, 세 번째 문장에 의하면 인류학을 거부하는 것이 Darwinism을 거부하는 것이 아니라, 반대로 Darwinism을 거부한다면 인류학을 거부하는 것이라고 했으므로 알맞지 않다.
② 글에 전혀 언급이 없는 내용이다.
④ 마지막 문장에 따르면 생물의 다양성은 '일반적 공식, 즉 진화의 법칙'으로 묘사가 가능하다.

| 어휘 |

anthropology 인류학
cut-and-dried 평범한, 미리 준비된
dogma 신조
work away 계속 일하다, 열심히 노력하다
in the light of ~에 비추어, ~을 고려하여
supposition 가정, 추정
sufficiently 충분히
formula 공식
child 자손, 소산, 산물
doctrine 원칙, 교리
working hypothesis 작업 가설
manifest 나타내다
uniform 일정한, 균일한

08 독해 > Macro Reading > 요지 오답률 3.8% | 답 ①

다음 글의 요지로 가장 적절한 것은?

If there is a subject of really universal interest and utility, it is the art of writing and speaking one's own language effectively. It is the basis of culture, as we all know. However, it is definitely more than that: it is the basis of business. No salesman can sell anything unless he can explain the merits of his goods in effective English (among our people), or can write an advertisement equally effectively, or present his ideas and the facts. Indeed, the way we talk, and write letters, largely determines our success in business.

① Language skills are essential in business.
② Language education should be centered on writing.
③ Reading skills are relatively unpractical.
④ Writing business letters is universal across cultures.

| 선지별 선택률 |

①	②	③	④
96.2%	0%	0%	3.8%

| 해석 |

만약 진정 보편적으로 흥미로운 그리고 유용한 주제가 있다면 그것은 자신의 언어를 효과적으로 쓰고 말하는 기술이다. 그것은 우리 모두가 알듯, 문화의 근간이다. 그러나, 그것은 분명히 그것 이상이다. 그것은 사업의 근간이다. 어떠한 영업사원도 그가 그의 제품의 장점들을 효과적인 영어로(우리 국민들 사이에서는) 설명할 수 없거나, 동일하게 효과적으로 광고를 쓰지 못하거나, 혹은 그의 생각과 사실들을 제시하지 못한다면 아무것도 팔 수 없다. 실제로 우리가 말하고 편지를 쓰는 방식은 사업에서의 우리의 성공을 대개 결정한다.
① 언어 기술은 사업에서 중대하다.
② 언어 교육은 쓰기를 중심에 두어야 한다.
③ 독해 기술은 상대적으로 비실용적이다.
④ 상용 편지를 쓰는 것은 문화권마다 보편적이다.

| 정답해설 |

① 쓰기와 말하기 기술이 보편적으로 관심과 유용성의 대상이며 언어가 문화 및 사업의 근간이라는 내용이다. 중반 이후의 문장들에서는 salesman이라는 구체적 예를 들며 이 주장을 뒷받침한다.

| 오답해설 |

② 글에 언급이 없는 내용이다.
③ 독해에 관한 내용은 글에서 다루고 있지 않다.
④ 상용 편지 작성의 보편성도 글에서 다루지 않는다.

| 어휘 |

universal 보편적인	utility 유용성
art 기술	definitely 분명히
merit 장점	goods 제품
largely 주로, 대개	relatively 상대적으로

09 독해 > Logical Reading > 삭제 오답률 34.6% | 답 ③

다음 글에서 전체 흐름과 관계 없는 문장은?

It has been said that Australia has the most comfortable climate for human beings in the world, and to a very great extent this is perfectly true. Its climate is more stable and milder than any other part of the world. ① This is because there is not such a marked difference between the hot and the cooler months in Australia. ② In the New England States

of North America, as exemplified by New York, there are intensely hot summers and extremely cold winters. ③ Australia, separated for a long time, has been referred to as an exhibition room of numerous unique creatures that can be found nowhere else. ④ And lastly, in India, the thermometer stands at such a height, in winter as well as in summer, that Australian can only be thankful their lines are cast in more pleasant places.

| 선지별 선택률 |

①	②	③	④
0%	34.6%	65.4%	0%

| 해석 |

호주는 세상에서 인간에게 가장 편안한 기후를 가지고 있다고 언급되어 왔으며, 아주 상당한 정도로 이것은 완벽히 사실이다. 그것의 기후는 세계의 그 어떤 다른 지역보다 더 안정적이고 더 온화하다. ① 이것은 호주에는 더운 달들과 더 서늘한 달들 간에 그다지 뚜렷한 차이가 없기 때문이다. ② 뉴욕에 의해 예증되듯, 북미의 New England 주들에는, 강렬하게 더운 여름과 극도로 추운 겨울이 있다. ③ 오랫동안 분리되었던 호주는 다른 곳에서는 발견될 수 없는 수많은 독특한 생물들의 전시실이라고 칭해져 왔다. ④ 그리고 마지막으로 인도에는, 여름뿐 아니라 겨울에도 온도계가 그렇게 높은 곳을 나타내기 때문에 호주인들은 그들의 (온도계의) 선들이 더 쾌적한 위치에 던져져 있음에 감사해할 수 있을 뿐이다.

| 정답해설 |

③ 첫 두 문장에서 호주가 다른 나라들보다 안정적 기후를 가지고 있다는 것을 제시하며, ①은 호주의 날씨에 대한 부연설명을, ②와 ④는 다른 국가들의 날씨에 대한 내용을 언급하고 있다. ③은 호주에 독특한 생물이 많이 있다는 내용으로 이 흐름과 관련이 없다.

| 오답해설 |

① 첫 두 문장에 제시된 호주의 안정적 기후에 대한 부연설명이다.
② 북미 New England 주들의 기후가 호주의 안정적 기후와 대조적인 예로 제시되었다.
④ 또 다른 지역인 인도의 날씨가 흐름에 맞게 제시되었다.

| 어휘 |

extent 정도	stable 안정적인
marked 뚜렷한	exemplify 예시를 제공하다
intensely 강렬하게	refer to ~라고 칭하다
creature 생물	thermometer 온도계
stand at ~을 나타내다	cast 던지다

10 독해 > Micro Reading > 내용일치/불일치 오답률 38.5% | 답 ②

다음 글의 내용과 일치하지 않는 것은?

The hiring process for the Centerville Fire Department comprises four phases. The first step is a written test. It is a 100 question test about reading comprehension, analyzing tables, estimate of the situation, logical reasoning, reading gauges, applying basic math rules, mechanical aptitude, space perception, map reading, and vocabulary. There is no study guide available for this test. A passing score of 80% is required to advance to the next step. The second one is a physical ability test. An information session for the test is held 2 months before the test. The applicant must attend the session to take the test. The time limit to complete the test is 12 minutes. The test consists of stair climb, hose drag, equipment carry, ladder raise and extension, forcible entry, search, and rescue. Successful completion of this test is required to advance to the next step. The final stage is an interview. It is conducted by a board of three fire fighters who interview each candidate who passed the preceding stages. The board recommends the top applicants for the final interview. Then the fire chief conducts the final interview. After all recommended applicants are interviewed, the chief makes the final decision.

① Centerville 소방서의 채용은 총 4단계로 구성된다.
② 총 지원자들 중 80%가 두 번째 단계로 진출한다.
③ 체력 시험에 대한 설명회가 시험 2개월 전 제공된다.
④ 면접은 총 두 번에 걸쳐 진행되며 2차 면접은 소방서장에 의해 이루어진다.

| 선지별 선택률 |

①	②	③	④
3.9%	61.5%	0%	34.6%

| 해석 |
Centerville 소방서의 채용 과정은 네 단계로 구성된다. 첫 번째 단계는 지필시험이다. 그것은 100문항짜리 시험으로, 독해, 표 분석, 상황 판단, 논리적 추론, 계기반 읽기, 기본적인 수학 규칙들을 적용하기, 기계 적성, 공간 인지, 지도 읽기, 그리고 어휘에 관한 것이다. 이 시험을 위해 이용 가능한 학습 안내서는 없다. 통과 점수인 80%가 다음 단계로 진출하는 데 요구된다. 두 번째 단계는 체력 시험이다. 시험을 위한 설명회가 시험 2개월 전 열린다. 지원자는 시험을 치르기 위해서는 그 설명회에 참석해야 한다. 그 시험을 완료하는 시간 제한은 12분이다. 그 시험은 계단 오르기, 호스 끌고 가기, 장비 운반, 사다리 올리기와 연장, 강제 진입, 수색, 그리고 구조로 이루어진다. 이 시험의 성공적 완료가 그 다음 단계로 진출하는 데 요구된다. 마지막 단계는 면접이다. 그것은 이전 단계들을 통과한 각 후보자들을 인터뷰하는 세 명의 소방관들로 구성된 위원회에 의해 수행된다. 그 위원회는 최종 면접을 위한 최상위 후보자들을 추천한다. 그러면 소방서장이 최종 면접을 수행한다. 모든 추천된 지원자들이 인터뷰된 후, 서장은 최종 결정을 내린다.

| 정답해설 |
② 다섯 번째 문장의 A passing score of 80%는 지원자들 중 80%가 아닌 지필 시험에서 80%의 점수를 받아야 통과한다는 의미이다.

| 오답해설 |
① 첫 번째 문장에 언급되어 있다.
③ 여섯 번째 문장과 일곱 번째 문장에 언급되어 있다.
④ 마지막 다섯 문장에 의하면 소방관들로 구성된 위원회가 1차 면접을, 소방서장이 최종 면접을 진행한다.

| 어휘 |

comprise ~로 구성되다	phase 단계
comprehension 이해	table 표
estimate 판단, 추정	logical reasoning 논리적 추론
gauge 계기반	apply 적용시키다
mechanical 기계의	aptitude 적성
perception 지각	advance 진출하다, 나아가다
applicant 지원자	consist of ~로 구성되다
ladder 사다리	forcible entry 강제 진입
board 위원회	preceding 앞선, 이전의

오답률 TOP 1

11 문법 > Modifiers > 분사 오답률 53.8% | 답 ①

다음 밑줄 친 부분 중 어법상 틀린 것은?

The current year's license tag must be kept ① displaying on a dog's collar or harness at all times. Alabama law allows Animal Control Officers ② to confine dogs ③ that are not wearing a license, even from the dog owner's yard. The maximum penalty for a violation is a $150 fine. For more ④ detailed information, please refer to the following web site.

| 선지별 선택률 |

①	②	③	④
46.2%	3.8%	19.2%	30.8%

| 해석 |
현재 연도의 허가증 태그가 항상 개의 목걸이 또는 벨트에 보이도록 유지되어야 한다. Alabama 법은 동물 관리 담당자들이 허가증을 착용하고 있지 않은 개들을, 심지어 견주의 마당에서 데려와 가두는 것을 허용한다. 위반에 대한 최대 처벌은 150달러 벌금이다. 추가적인 세부 정보를 위해서는, 다음의 웹사이트를 참고하라.

| 정답해설 |
① 5형식 동사인 keep이 수동태(be kept)로 사용되어 밑줄 친 부분이 목적격 보어이다. 뒤에 목적어가 없으며 문맥상 수동(보이도록 유지되어야 한다)이므로 현재분사가 아닌 과거분사 displayed가 쓰여야 한다.

| 오답해설 |
② allow는 to부정사를 목적격 보어로 취하는 동사이므로 to부정사가 알맞게 사용되었다.
③ 선행사가 복수(dogs)이므로 주격 관계대명사 that 그리고 복수동사 are가 모두 알맞게 쓰였다.
④ 형용사화된 분사 detailed가 문맥에 맞게 뒤의 명사 information을 수식하고 있다.

| 어휘 |

license tag 허가증 태그	collar 목걸이
harness 벨트, 마구	confine 가두다
detailed 상세한	refer to ~를 참조하다

12 문법 > Main Structure > 태 오답률 19.2% | 답 ③

다음 밑줄 친 부분 중 어법상 틀린 것은?

Employees ① who have been telecommuting will begin returning to the research center in June to resume high-priority research activities and in July ② to prepare for the new projects. Your health is important, so laboratories, offices and other spaces ③ are modifying to encourage social distancing and, where needed, provide plexiglass barriers. It's important that we all work together to promote safety and ④ support the community.

| 선지별 선택률 |

①	②	③	④
0%	3.8%	80.8%	15.4%

| 해석 |
재택 근무를 해오고 있는 중인 직원들은 6월에 최고 우선순위 연구 활동을 재개하기 위해 그리고 7월에는 새로운 프로젝트들을 준비하기 위해 연구 센터로 복귀를 시작할 것입니다. 여러분들의 건강이 중요하기 때문에, 실험실들, 사무실들, 그리고 다른 공간들은 사회적 거리두기를 장려하고 필요한 곳은 투명 아크릴 수지 장벽을 제공하기 위해 변경되고 있는 중입니다. 우리 모두가 안전을 촉진시키고 지역 사회를 지지하기 위해 함께 노력하는 것이 중요합니다.

| 정답해설 |
③ 뒤에 목적어가 없으며 문맥상 수동과 진행(변경되고 있는 중이다)의 의미가 적합하므로 are being modified가 쓰여야 한다.

| 오답해설 |
① 선행사가 사람이며 복수이므로 「주격 관계대명사 + 복수동사」인 who have가 알맞게 사용되었다.
② 부사적 용법으로 쓰인 앞의 to부정사구인 to resume ~ 뒤에 등위접속사 and가 있으므로 병치의 조건을 충족시켜주는 to부정사구 to prepare ~가 적합하게 쓰였다.
④ and 앞에 to부정사구 to promote ~와 and 뒤의 to가 생략된 동사원형 support가 적합하게 병치되어 있다.

| 어휘 |

telecommute 재택 근무하다	resume 재개하다

priority 우선순위
modify 변경하다
plexiglass 투명 아크릴 수지

laboratory 실험실
social distancing 사회적 거리두기
barrier 장벽

13 독해 〉 Reading for Writing 〉 빈칸 구 완성   오답률 30.8% | 답 ①

다음 빈칸에 들어갈 말로 가장 적절한 것은?

The small yellow tree frogs, Hyla microcephala and its relatives, are among the most frequently heard and commonly collected frogs in the lowlands of southern Mexico and Central America. The similarities in size, proportions, and coloration of the different species have resulted not so much in a multiplicity of specific names as in differences of opinion on the application of existing names to the various species. For example, the populations on the Atlantic lowlands have been known by three names, two of which have been applied to other species. Much of the _____ has been the result of previous workers' unfamiliarity with the animals and unawareness of the intraspecific geographic variation in the most widespread species.

① confusion   ② reflection
③ duplication   ④ infusion

| 선지별 선택률 |

①	②	③	④
69.2%	11.5%	15.4%	3.9%

| 해석 |
Hyla microcephala와 그것의 동족들인 작은 노랑 청개구리들은 멕시코 남부와 중앙 아메리카의 저지대에서 가장 빈번하게 들리고 흔하게 수집되는 개구리들이다. 상이한 종들의 크기, 비율, 그리고 천연색에 있어서의 유사성들은 많은 특정 명칭들보다는 다양한 종들에게 기존 명칭들을 적용하는 것에 대한 의견 차이를 초래해왔다. 예를 들면, 대서양 연안 지역의 저지대의 개체들은 세 가지 이름들로 알려져 있는데, 그중 둘은 다른 종들에게도 적용되어 왔다. ① 혼란의 많은 부분들은 동물들에 대한 이전 작업자들의 생소함과 가장 널리 퍼져있는 종들의 동일종 내의 지리적 차이에 대한 무지의 결과였다.
① 혼란   ② 반사, 반영
③ 복제   ④ 주입, 투입

| 정답해설 |
① 앞 문장에서는 명칭이 엄격하게 적용되지 않는 예(같은 종에 대한 세 가지 이름 중 두 가지는 다른 종에도 사용)가 제시되어 있고, 빈칸이 포함된 문장에서 이것이 연구자들의 무지 등에서 비롯된다는 것으로 보아 '혼란(confusion)'이 빈칸에 적합하다.

| 어휘 |
tree frog 청개구리
coloration 천연색
not so much A as B A라기보다는 B인
multiplicity 다수, 다양성
application 적용
unawareness 모름, 알아채지 못함
variation 차이, 변화, 변형
infusion 주입, 투입

lowland 저지대
result in ~을 초래하다, ~을 야기시키다
a multiplicity of 다수의, 다양한
existing 기존의
intraspecific 동일종 내의
duplication 복제

14 독해 〉 Reading for Writing 〉 빈칸 구 완성   오답률 26.9% | 답 ②

다음 빈칸에 들어갈 말로 가장 적절한 것은?

It pays well to take some time to find a good spot for a camp. If you are only to stop one night, it matters not so much; but even then you should camp on a dry spot near wood and water, and where your horse, if you have one, can _____ well for the next day's trip. Look out for rotten trees that may fall; see that a sudden rain will not drown you out; and do not put your tent near the road, as it frightens horses.

① grow   ② rest
③ emerge   ④ discern

| 선지별 선택률 |

①	②	③	④
0%	73.1%	11.5%	15.4%

| 해석 |
캠핑을 위한 좋은 장소를 찾는 데 어느 정도의 시간을 들이는 것은 이득이 된다. 만약 당신이 하룻밤만 묵는다면, 그다지 중요하지 않다. 그러나 심지어 그런 때에도 당신은 나무와 물 근처의 마른 자리에서 야영을 해야 하며, 만약 말이 있다면 당신의 말이 다음 날의 여행을 위해 잘 ② 쉴 수 있는 곳이어야 한다. 쓰러질지도 모르는 썩은 나무를 조심하라. 갑작스런 비가 당신을 떠내려 보내지 않도록 주의하라. 그리고 당신의 텐트를 길 근처에 설치하지 않아야 하는데, 그것이 말들을 겁먹게 하기 때문이다.
① 성장하다   ② 쉬다
③ 나타나다   ④ 식별하다

| 정답해설 |
② 캠핑 사이트를 정하는 방법에 관한 내용이다. 문장의 주어가 your horse이므로, 캠핑 사이트 선정 시 말이 잘 '쉴' 수 있는 장소여야 한다는 흐름이 알맞다.

| 어휘 |
pay ~한 보람이 있다, 이익이 되다
rotten 썩은, 부패한
frighten 겁먹게 하다
discern 식별하다

look out for ~를 조심하다
drown out 떠내려 보내다
emerge 나타나다, 등장하다

오답률 TOP 2

15 독해 〉 Reading for Writing 〉 빈칸 구 완성   오답률 52% | 답 ③

다음 빈칸에 들어갈 말로 가장 적절한 것은?

The subject of diet and its relation to human welfare is one deserving of the most careful consideration. It should be studied as a science, to enable us to choose such materials as are best adapted to our needs under the varying circumstances of climate, occupation, and the numerous changing conditions of the human system; as an art, we may become so skilled in the preparation of the articles selected as to make them both appetizing and healthful. It is an unfortunate fact that even among _____ housekeepers the scientific principles, which govern the proper preparation of food, are but little understood, and much unwholesome cookery is the result.

① sensitive   ② audacious
③ experienced   ④ self-interested

| 선지별 선택률 |

①	②	③	④
21.3%	11.5%	**48%**	19.2%

| 해석 |

음식 그리고 인간 복지와의 그것의 관련성이라는 주제는 가장 신중한 고려를 받아 마땅한 것이다. 그것은 과학으로서 연구되어야 하는데, 기후, 직업, 그리고 인간 체계의 수많은 변화 중인 조건들 하에서 우리의 필요 사항들에 가장 잘 조정된 재료들을 우리가 선택할 수 있도록 해주기 위해서이다. 기술로서, 우리는 선별된 일품을 준비하는 데 있어서 그것들이 식욕을 돋우고 건강에 좋도록 만들 정도로 숙련될 수도 있다. 심지어 ③ 숙련된 살림꾼들 사이에서도 음식에 대한 알맞은 준비를 좌우하는 과학적 원칙들이 거의 이해되지 않고, 아주 건강에 좋지 않은 요리가 그 결과물이라는 것은 불행한 사실이다.

① 예민한
② 대담한
③ 숙련된
④ 이기적인

| 정답해설 |

③ 빈칸이 포함된 문장의 내용은 요리에서 과학적 원칙들이 거의 이해되지 않아서 건강에 좋지 못한 음식이 결과물로 만들어진다는 것이다. 힌트는 빈칸 앞의 부사 even으로, 이는 '심지어 ~하는 살림꾼들 사이에서도'의 의미로 예상 밖의 놀라운 일을 나타내기 때문에 '숙련된'이 빈칸에 적합하다.

| 어휘 |

welfare 복지, 안녕
deserve ~을 해야 마땅하다, ~에 대한 값어치가 있다

adapt 조정하다, 적응시키다	varying 변화하는, 가지각색의
occupation 직업	art 기술
skilled 능숙한	article 일품, 훌륭한 것
appetizing 식욕을 돋우는	healthful 건강에 좋은
govern 지배하다, 좌우하다	unwholesome 건강에 안 좋은
cookery 요리	audacious 대담한
experienced 숙련된, 경력이 풍부한	self-interested 이기적인

16 독해 > Logical Reading > 문맥상 다양한 추론　오답률 26.9% | 답 ②

다음 밑줄 친 부분 중 문맥상 낱말의 쓰임이 적절하지 않은 것은?

The soaring tower of Notre Dame Cathedral in Paris has collapsed in flames, and a church spokesman says the entire wooden interior of the 12th century landmark is burning and ① likely to be destroyed. A massive fire engulfed the roof of the cathedral in the heart of the French capital on Monday afternoon as Parisians watched in ② relief. Notre Dame spokesman Andre Finot told French media: "Everything is burning, nothing will remain from the frame." The cathedral is home to ③ incalculable works of art and is one of the world's most famous tourist attractions. The cause of the blaze isn't yet known, but scaffolding could be seen on the roof of the burning structure. The tower was undergoing renovation. The police in Paris say the cause of the massive fire enveloping the tower of Notre Dame Cathedral isn't yet ④ known. The French capital's police department is investigating all possibilities including arson.

| 선지별 선택률 |

①	②	③	④
11.5%	73.1%	7.7%	7.7%

| 해석 |

파리 Notre Dame 대성당의 치솟은 탑은 불길 속에 붕괴되었고, 교회 대변인은 이 12세기 랜드마크의 나무로 된 전체 내부가 타고 있으며 파괴될 ① 것 같다고 말했다. 월요일 오후 파리 시민들이 ② 안도(→ 공포) 속에서 봤을 때 프랑스 수도의 중심에 있는 대성당의 지붕을 거대한 화재가 집어삼켰다. Notre Dame 대변인인 Andre Finot은 프랑스 언론에 말했다. "모든 것이 타고 있고 아무것도 뼈대에서 남

지 않을 것입니다." 대성당은 ③ 수없이 많은 예술작품들의 거처이며 세계에서 가장 유명한 관광지들 중 하나이다. 그 대형 화재의 원인은 아직 알려지지 않았지만, 건설용 발판이 타고 있는 구조물의 지붕에서 보여질 수 있다. 그 탑은 수리작업을 거치고 있던 중이었다. 파리 경찰은 Notre Dame 대성당의 탑을 둘러싸고 있는 거대한 화재의 원인이 아직은 ④ 알려지지 않았다고 말한다. 프랑스 수도의 경찰서는 방화를 포함한 모든 가능성들을 조사 중이다.

| 정답해설 |

② 시민들이 화재현장을 목격하고 있는 상황이므로 '안도(relief)'가 아닌 부정적 감정의 명사가 적합하다. 즉, 'horror(공포)' 등의 어휘가 문맥에 적합하다.

| 오답해설 |

① 대성당의 탑이 붕괴되었고(has collapsed) 내부가 불타고 있다(is burning)는 설명으로 보아 파괴될 가능성이 있다(likely)는 표현은 적절하다.

③ incalculable은 '수없이 많은'의 뜻으로, 대성당에 많은 예술작품들이 있다는 의미로 적합하게 사용되었다.

④ 뒤 문장에서 방화를 포함한 모든 가능성을 조사한다는 내용으로 보아, 화재 원인이 아직 알려지지 않은(isn't yet known) 상태임을 알 수 있다.

| 어휘 |

soar 치솟다	cathedral 대성당
collapse 붕괴되다	flame 불길, 불꽃
spokesman 대변인	likely 가능성이 있는, 있음직한
massive 거대한	engulf 집어삼키다, 에워싸다
relief 안도, 구호	incalculable 수없이 많은
blaze 대형 화재	scaffolding 발판, 비계
undergo 거치다, 겪다	envelop 감싸다, 뒤덮다
investigate 조사하다	arson 방화

오답률 TOP 3

17 독해 > Logical Reading > 삽입　오답률 50% | 답 ④

다음 주어진 문장이 들어가기에 가장 적절한 곳은?

Our standard of business letters is very low.

The American people are noted for being hasty in all they do. Their manufactures are quickly made and cheap. They have not had time to secure perfection in minute details which constitutes "quality." (①) The slow-going Europeans still excel in nearly all fine and high-grade forms of manufacture — fine pottery, fine carpets and rugs, fine cloth, fine bronze and other art wares. (②) In our language, too, we are hasty, and therefore imperfect. (③) Fine logical accuracy requires more time than we have had to give to it, and we read the newspapers, which are very poor models of language, instead of books, which should be far better. (④) It is rare to find a letter of any length without one or more errors of language, to say nothing of frequent errors in spelling made by ignorant stenographers and not corrected by the business men who sign the letters.

| 선지별 선택률 |

①	②	③	④
0%	19.2%	30.8%	50%

| 해석 |

미국인들은 그들이 하는 모든 것에 있어서 성급한 것으로 유명하다. 그들의 제품들은 빨리 만들어지고 싸구려이다. 그들은 "품질"을 구성하는 미세한 세부사항에서의 완벽함을 확보할 시간을 갖지 않아왔다. ① 속력이 느린 유럽인들은 여전히 모든 좋은 고급 형태의 제품들에 있어 - 좋은 도자기, 좋은 카펫과 양탄자, 좋은 옷감, 좋은 청동제품과 다른 미술 도자기들 - 앞선다. ② 우리의 언어에 있어서도 역시 우리는 성급하며, 그래서 완벽하지 못하다. ③ 좋은 논리적 정확성은 우리가 그것에 줘야 했었던 것보다 더 많은 시간을 필요로 하며, 우리는 훨씬 더 나은 책 대신 신문을 읽는데, 그것은 언어의 매우 열등한 모델이다. ④ 사업상의 편지에 대한 우리의 기

준은 매우 낮다. 어떤 길이의 편지이든 하나 또는 더 많은 오류들이 없는 편지를 찾는 것은 드문데, 무지한 속기사에 의해 만들어지거나 그 편지에 서명을 하는 사업가에 의해 수정되지 않은 빈번한 철자 오류는 말할 것도 없다.

| 정답해설 |

④ 주어진 문장에서는 사업상의 편지라는 소재를 다루고 있는데, ④의 뒤 문장에서 사업상의 편지에서 많은 오류들이 발견된다는 내용이 나오므로 ④의 위치가 가장 알맞다.

| 어휘 |

be noted for ~로 유명하다	hasty 성급한
manufacture 제품, 상품	secure 확보하다
minute 극히 작은	constitute 구성하다
slow-going 속력이 느린	excel 능가하다
high-grade 고급의	pottery 도자기
bronze 청동제품	art ware 미술 도자기
to say nothing of ~는 말할 것도 없이	ignorant 무지한
stenographer 속기사	

18 독해 〉 Reading for Writing 〉 빈칸 절 완성　　오답률 38.5% | 답 ①

다음 빈칸에 들어갈 말로 가장 적절한 것은?

The origin of painting is unknown. The first important records of this art are met with in Egypt; but before the Egyptian civilization, the men of the early ages probably used color in ornamentation and decoration. Traces of this rude primitive work still remain to us on the pottery, weapons, and stone implements of the cave-dwellers. But while indicating the awakening of intelligence in early man, they can hardly be considered as art. The first aim of this primitive painting was undoubtedly decoration. The second, and perhaps later aim, was by imitating the shapes and colors of men, animals, and the like, to _____ of the proportions and characters of such things. An outline of a cave-bear or a mammoth was perhaps the cave-dweller's way of telling his fellows what monsters he had killed.

① convey an idea　　② regulate behavior
③ set the limit　　④ embellish caves

| 선지별 선택률 |

①	②	③	④
61.5%	19.2%	7.8%	11.5%

| 해석 |

그림의 기원은 알려지지 않았다. 이 예술의 최초의 중요한 기록은 이집트에서 마주하게 된다. 그러나 이집트 문명 이전에, 초기 시대의 사람들은 꾸미고 장식하는 데 아마도 색을 사용했다. 이러한 조잡한 원시 작품의 흔적들은 여전히 우리에게 동굴 거주자들의 도자기, 무기, 그리고 석기에 남아있다. 그러나 원시인의 지능에 대한 자각을 암시하는 반면, 그것들은 예술로 거의 여겨지지 않는다. 이 원시적 그림의 첫 목표는 틀림없이 장식이었다. 두 번째, 그리고 아마 나중의 목표는 인간, 동물 등등의 모양과 색을 흉내냄으로써 그러한 것들의 비율과 특징들에 대한 ① 생각을 전달하는 것이었다. 동굴 곰이나 매머드의 윤곽은 아마 자신이 어떤 괴물들을 죽였는지 자신의 동료들에게 이야기하는 동굴 거주자의 방식이었을 것이다.
① 생각을 전달하다　　② 행동을 규제하다
③ 한계를 정하다　　④ 동굴을 장식하다

| 정답해설 |

① 뒤 문장에서 동료들에게 자신이 사냥한 것을 이야기하는 방식(way of telling ~)이라고 했으므로 두 번째 목표는 '생각을 전달하는' 것이었음을 유추할 수 있다.

| 오답해설 |

② 행동을 규제한다는 내용은 글에 언급이 없다.
③ 한계를 정한다는 내용도 글에서 다루지 않는다.

④ 장식의 기능은 빈칸이 포함된 문장에서 다루는 그림의 두 번째 목표가 아닌 그림의 첫 번째 목표이다.

| 어휘 |

ornamentation 장식	rude 거친, 조잡한
primitive 원시적인	pottery 도자기
implement 도구	cave-dweller 동굴 거주자
indicate 암시하다	awakening 자각
undoubtedly 의심할 여지없이, 틀림없이	
imitate 흉내내다	and the like 기타 등등
character 특징	fellow 동료
convey 전달하다	regulate 규제하다
embellish 장식하다	

19 독해 〉 Logical Reading 〉 연결사　　오답률 19.2% | 답 ④

다음 빈칸 (A), (B)에 들어갈 말로 가장 적절한 것은?

Dogs differ from each other in both the size and conformation of the skeleton, and in many other important points, almost as **much as if they** belonged to entirely different species. Notice,_____(A)_____, how dissimilar the bulldog is to the greyhound, or the Scotch toy-terrier to the English mastiff; yet, from the toy-terrier upwards to the giant Saint Bernard, they are all dogs, every one of them. Among the various breeds of cats, _____(B)_____, there exists no such characteristic differences, so in proposing a classification one almost hesitates to use the word "breed" at all, and feels inclined to search for another and better term.

	(A)	(B)
①	furthermore	**without doubt**
②	furthermore	in short
③	for instance	that is
④	for instance	however

| 선지별 선택률 |

①	②	③	④
11.5%	3.9%	3.8%	80.8%

| 해석 |

개들은 골격의 크기와 형태 모두에 있어 서로 다르고, 많은 다른 중요한 점들에 있어 거의 마치 그들이 완전히 다른 종들에 속하는 것만큼 그렇다. (A) 예를 들면, 불독이 그레이하운드와, 혹은 스카치 토이 테리어가 잉글리시 마스티프와는 얼마나 다른지를 주목하라. 그러나, 토이 테리어부터 위로는 거대한 세인트 버나드에 이르기까지, 그것들 각자는 모두가 개이다. (B) 그러나, 다양한 고양이 품종들 사이에는 그러한 특성상의 차이점들이 존재하지 않기 때문에, 분류법을 제안하는 데 있어, "품종"이라는 말 자체를 사용하는 것을 거의 망설이며, 다른 그리고 더 나은 용어를 찾고자 하는 마음이 든다.
① 게다가 – 의심할 여지없이
② 게다가 – 요컨대
③ 예를 들면 – 즉, 다시 말하면
④ 예를 들면 – 그러나

| 정답해설 |

④ (A) 앞 문장에서 개들이 여러 면에서 다르다는 주장이 제시되어 있고, 빈칸이 포함된 문장에서는 구체적인 개들의 종으로 예를 들고 있으므로 for instance가 알맞다.
　　(B) 앞 문장들은 개들이 같은 종으로 분류됨에도 불구하고 모두 많이 다르다는 점이 나오는데, 빈칸이 포함된 문장에서는 고양이의 경우 그런 특성상의 차이점들이 존재하지 않는다는 반대 현상이 제시되어 있으므로 however가 적합하다.

| 어휘 |

conformation 형태, 구조	skeleton 골격, 뼈대

belong to ~에 속하다
breed 품종
in short 요컨대

notice 주목하다
feel inclined to ~할 마음이 들다
that is 즉, 다시 말하면

| 어휘 |
carbon monoxide 일산화탄소
power 동력을 공급하다
poisoning 중독
flu 독감
shortness of breath 숨가쁨
vomit 구토하다
lightheadedness 몽롱함
variable 변수
condition 질환
concentration 농도

lethal 치명적인
internal combustion engine 내연기관
be confused with ~와 혼동되다
food poisoning 식중독
nausea 메스꺼움
dizziness 어지러움
generator 발전기
infant 유아
severely 심각하게

20 독해 〉 Logical Reading 〉 배열 오답률 23.1% | 답 ②

주어진 글 다음에 이어질 글의 순서로 가장 적절한 것은?

Carbon monoxide(CO) is one of the most lethal chemicals, usually in a form of gas, which shows no detectable signs. Equipment and vehicles powered by internal combustion engines are a common source of carbon monoxide.

(A) Low level CO poisoning can often be confused with flu symptoms, food poisoning, and other illnesses. Some symptoms include shortness of breath, nausea, vomiting, dizziness, lightheadedness or headaches.

(B) Vehicles running in an attached garage or generators running inside a home or attached garage can quickly produce dangerous levels of carbon monoxide. The dangers of CO depend on a number of variables, including the person's health and activity level.

(C) Infants, pregnant women, and people with physical conditions that limit their body's ability to use oxygen can be more severely affected by lower concentrations of CO than healthy adults would be. A person can be poisoned by a small amount of CO over a longer period of time.

① (B) − (A) − (C)
② (B) − (C) − (A)
③ (C) − (A) − (B)
④ (C) − (B) − (A)

| 선지별 선택률 |

①	②	③	④
15.4%	76.9%	0%	7.7%

| 해석 |
일산화탄소(CO)는 보통 기체의 형태로 가장 치명적인 화학물질들 중 하나인데, 감지 가능한 표시가 전혀 없다. 내연기관에 의해 동력이 공급되는 장비나 자동차들이 CO의 흔한 원천이다.
(B) 부속 차고에서 작동되는 자동차들이나 집 내부 혹은 부속 차고에서 작동되는 발전기는 위험한 수준의 일산화탄소를 빠르게 만들어낼 수 있다. CO의 위험성은 사람의 건강이나 활동 수준을 포함한 많은 변수들에 달려있다.
(C) 유아, 임신부, 그리고 산소를 사용하는 신체의 능력을 제한시키는 신체적 질환을 지닌 사람들은 건강한 사람들이 그러한 것보다 더 낮은 농도의 CO에 의해서도 더 심각하게 영향을 받을 수 있다. 사람은 장기간 동안 적은 양의 CO에 의해 중독이 될 수도 있다.
(A) 낮은 수준의 CO 중독은 독감 증상, 식중독, 그리고 다른 질병들과 종종 혼동될 수도 있다. 일부 증상들은 숨가쁨, 메스꺼움, 구토, 어지러움, 몽롱함 또는 두통을 포함한다.

| 정답해설 |
② 주어진 글의 마지막 부분에서 자동차가 일산화탄소의 원천이라고 했는데, (B)에서 자동차가 일산화탄소를 발생시키는 상황(폐쇄된 차고 등)으로 제시 문단의 내용을 부연설명하고 있으므로 첫 순서가 된다. (B)에서는 일산화탄소의 위험이 개인의 건강과 활동 수준에 따라 다르다는 것을 지적했는데, (C)에서 이에 대한 예로 유아, 임산부, 신체적 질환을 가진 사람들을 들고 있으므로 다음 순서로 알았다. (C)의 마지막 문장에서는 적은 양의 일산화탄소에 의해서도 중독이 될 수 있음을 지적하는데, (A)에서 구체적으로 어떤 증상들이 있는지를 이어 설명하고 있다. 따라서 (B) − (C) − (A)가 알맞은 순서이다.

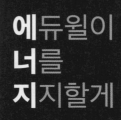

에듀윌이
너를
지지할게
ENERGY

능력 때문에 성공한 사람보다
끈기 때문에 성공한 사람이 더 많습니다.

– 조정민, 『인생은 선물이다』, 두란노

문제편 p.46

01	①	02	②	03	④	04	④	05	④
06	③	07	①	08	①	09	③	10	①
11	①	12	①	13	③	14	④	15	③
16	④	17	③	18	③	19	③	20	③

▶풀이시간: /30분 나의 점수: /100점

01 어휘 > 빈칸 완성   오답률 55.6% | 답 ①

다음 빈칸에 가장 적절한 것은?

The tenants association initially had trouble reaching a consensus on the expansion of the parking lot, but all residents finally agreed to _____ the method suggested by Ms. Wellington.

① adopt
② adjust
③ adapt
④ admit

| 선지별 선택률 |

①	②	③	④
44.4%	0%	38.9%	16.7%

| 해석 |
세입자 협회는 처음에는 주차장 확장에 대한 의견 일치에 도달하는 데 어려움이 있었으나, 모든 주민들은 마침내 Wellington 씨에 의해 제안된 방법을 ① 채택하는 데 동의했다.
① 채택하다
② 조정하다
③ 적응하다
④ 인정하다

| 정답해설 |
① but 앞에서는 의견 일치에 어려움이 있었다고 했으므로 빈칸이 포함된 절은 '방법을 채택하는 데 동의했다'는 흐름이 되는 것이 적합하다.

| 어휘 |
tenant 세입자   initially 처음에는
have trouble -ing ~하는 데 어려움을 겪다
consensus 의견 일치   adopt 채택하다, 입양하다
adjust 조정하다, 적응하다   adapt 적응하다, 조정하다

02 어휘 > 빈칸 완성   오답률 16.7% | 답 ②

다음 빈칸에 가장 적절한 것은?

The team finally won the championship after _____ its long-time rival team.

① noticing
② defeating
③ approaching
④ suspecting

| 선지별 선택률 |

①	②	③	④
5.5%	83.3%	5.6%	5.6%

| 해석 |
그 팀은 그것의 오랜 경쟁 팀을 ② 물리친 후 마침내 우승을 했다.
① 알아차리기
② 물리치기
③ 접근하기
④ 의심하기

| 정답해설 |
② 우승을 차지했다는 내용이므로 경쟁 팀을 이겼음을 알 수 있다. 따라서 defeat의 표현이 필요하다. 여기서는 전치사 뒤이므로 동명사 형태가 왔다.

| 어휘 |
championship 선수권 (대회), 우승자의 지위
notice 알아차리다   defeat 물리치다
suspect 의심하다

오답률 TOP 3

03 어휘 > 빈칸 완성   오답률 61.1% | 답 ④

다음 빈칸에 가장 적절한 것은?

It had been more than five month, but the _____ impacts by the catastrophic hurricane made all the citizens exhausted.

① delicate
② temperate
③ impressive
④ enduring

| 선지별 선택률 |

①	②	③	④
5.6%	11.1%	44.4%	38.9%

| 해석 |
5개월 넘게 지났지만, 그 재난적인 허리케인의 ④ 지속적인 영향들은 모든 시민들을 완전히 지치게 만들었다.
① 약한, 섬세한
② 온화한
③ 인상적인
④ 지속적인

| 정답해설 |
④ 5개월 넘게 지났음에도 사람들을 지치게 하는 것으로 보아 '지속적인 영향들'이 문맥상 맞다. 따라서 enduring이 적합하다.

| 어휘 |
catastrophic 참사의, 재난적인   exhausted 완전히 지친
delicate 약한, 섬세한   temperate 온화한
impressive 인상적인   enduring 오래가는, 지속적인

04 어휘 > 빈칸 완성   오답률 44.4% | 답 ④

다음 빈칸에 가장 적절한 것은?

James is still considering all three options. His _____ attitude makes his employees anxious because one of the rival companies is likely to release a very similar product anytime soon.

① immovable   ② adamant
③ versatile   ④ irresolute

| 선지별 선택률 |

①	②	③	④
16.7%	5.5%	22.2%	55.6%

| 해석 |

James는 여전히 모든 세 개의 옵션들을 고려 중이다. 그의 ④ 우유부단한 태도는 그의 직원들을 불안하게 만드는데, 경쟁사들 중 하나가 조만간 아주 비슷한 제품을 출시할 것 같기 때문이다.

① 움직이지 않는   ② 단호한
③ 다용도의   ④ 우유부단한

| 정답해설 |

④ 세 가지 옵션을 여전히 고려 중이며, 그 태도로 인해 직원들을 불안하게 만들고 있다고 했으므로 그의 태도는 우유부단함을 알 수 있다. 따라서 선지 중 irresolute가 가장 알맞다.

| 어휘 |

anxious 불안해하는   adamant 단호한
versatile 다용도의   irresolute 우유부단한

05 독해 〉 Logical Reading 〉 연결사   오답률 33.3% | 답 ④

다음 글의 빈칸에 들어갈 말로 가장 적절한 것은?

As children and youth grow up, they are expected to take on the characteristics of adulthood by easy stages. At the end of the process it is expected that they will be able to do the things that adults do; to think as they think; to bear adult responsibilities; to be efficient in work; to be thoughtful public-spirited citizens; and the like. The individual who reaches this level of attainment is educated, even though he may never have attended school. _____, the one who falls below this level is not truly educated, even though he may have had a surplus of schooling.

① With few exceptions   ② In other words
③ Regardless   ④ On the other hand

| 선지별 선택률 |

①	②	③	④
5.5%	27.8%	0%	66.7%

| 해석 |

아이들과 청소년들이 성장하면서 그들은 쉬운 단계들에 의해 성인의 특징들을 띠게 될 것으로 예상된다. 그 과정의 끝에서 그들은 성인들이 하는 것들을 할 수 있게 될 것으로 예상된다. 그들이 생각하는 것처럼 생각하는 것, 성인들의 책임을 지는 것, 일에 있어 효율적인 것, 사려 깊은 공공심을 지닌 시민들이 되는 것, 그리고 기타 등등. 학교에 다니지 못했더라도, 이 수준의 성취에 도달하는 개인은 교육 받은 사람이다. ④ 반면에, 이 수준 아래에 속하는 사람은 그가 학교 교육을 넘치게 받았을지라도, 진정으로 교육 받았다고 할 수 없다.

① 거의 예외 없이   ② 즉
③ 상관없이   ④ 반면에

| 정답해설 |

④ 빈칸의 앞 문장에는 학교 교육이 부족해도 성인으로서의 소양을 갖추고 있으면 교육 받은 사람이라는 내용이 나오는데, 빈칸이 포함된 문장에서는 반대로 학교 교육을 많이 받았어도 이 수준 이하의 소양을 갖추고 있다면 진정으로 교육 받았다고 할 수 없다고 했으므로 대조를 나타내는 On the other hand(반면에)가 적합하다.

| 어휘 |

take on ~을 띠다. 떠맡다   bear 지다

thoughtful 사려 깊은   public-spirited 공공심이 있는
and the like 기타 등등   attainment 성취, 달성
fall 속하다, 들다   surplus 과잉, 잉여
schooling 학교 교육

06 생활영어 〉 회화/관용표현   오답률 22.2% | 답 ③

다음 대화의 빈칸에 들어갈 말로 가장 적절한 것은?

A: Who bought the concert tickets?
B: My brother did.
A: _____
B: Don't worry. I gave him my credit card.

① Did he get any help?
② Where is my ticket?
③ Did you pay him back?
④ Why did you invite him?

| 선지별 선택률 |

①	②	③	④
11.1%	5.5%	77.8%	5.6%

| 해석 |

A: 콘서트 티켓을 누가 샀니?
B: 내 형이 샀어.
A: ③ 그에게 갚았니?
B: 걱정 마. 그에게 내 신용카드를 줬어.

① 그는 도움을 받았니?   ② 내 표는 어디에 있니?
③ 그에게 갚았니?   ④ 너는 왜 그를 초대했니?

| 정답해설 |

③ 뒤 문장에서 B의 신용카드를 줬다는 것으로 보아 A는 표 값을 그에게 갚았는지를 묻는 질문을 했음을 유추할 수 있다.

| 어휘 |

pay back 되갚다

07 독해 〉 Macro Reading 〉 제목   오답률 50% | 답 ①

다음 글의 제목으로 가장 적절한 것은?

The three things essential to all wealth production are land, labor, and capital. "The dry land" was created before there appeared the man, the laborer, to work it. With his bare hands the worker could have done nothing with the land either as a grazer, a farmer or a miner. Then he needed the most important component, capital, that is, the tools to work the land. The first tool may have been a pole, one end hardened in the fire, or a combined hoe and axe, made by fastening with a suitable stone to the end of a stick; but no matter what the kind of tool, or the means of producing it, it represented capital, and the man who owned this tool was a capitalist as compared with the man without any such appliance.

① What is capital and how did it start?
② Three essentials in forming wealth

③ Anything can be capital.
④ The power of a capitalist in ancient times

| 선지별 선택률 |

①	②	③	④
50%	22.2%	27.8%	0%

| 해석 |

모든 부의 생성의 세 가지 필수요소는 토지, 노동, 그리고 자본이다. "육지"는 노동자인 인간이 그것을 경작하기 위해 등장하기 전에 만들어졌다. 그의 맨손으로는 노동자는 방목자, 농부, 혹은 광부 중 어느 것으로서든 토지에 대해 아무 것도 할 수 없었을 것이다. 그러면 그는 가장 중요한 요소인 자본, 즉 땅을 경작할 도구들이 필요했다. 최초의 도구는 막대기였을 수도 있는데, 한쪽 끝이 불에 단단해졌거나, 합쳐진 괭이 겸 도끼로 막대기의 끝부분에 알맞은 돌로 연결시켜서 만들어졌을 수도 있다. 그러나 도구의 종류 혹은 그것을 만드는 수단에 상관없이, 그것은 자본을 상징했으며, 이 도구를 소유했던 사람은 어떠한 그러한 기기가 없는 사람과 비교했을 때 자본가였다.
① 자본이란 무엇이고 그것은 어떻게 시작되었는가?
② 부를 형성하는 세 가지 필수요소들
③ 어떤 것이든 자본일 수 있다.
④ 고대 시대의 자본가의 권력

| 정답해설 |

① 첫 세 문장에서는 부의 생성에 필요한 세 가지 필수요소들을 나열했고, 네 번째 문장부터는 땅을 경작할 도구인 자본이 어떻게 시작되었는지를 설명하고 있다.

| 오답해설 |

② 부의 생성에 필요한 세 가지 필수요소들이 글의 초반에 제시되어 있으나 글의 주요 내용은 그 중 자본에 관한 것이다.
③ 도구의 종류나 이를 만드는 수단과는 상관없이 도구는 자본을 상징했다는 내용은 나오나, 이것이 어떤 것이든 자본일 수 있다는 내용은 아니다.
④ 글에 전혀 언급이 없는 내용이다.

| 어휘 |

dry land 육지
work 경작하다
grazer 방목자
that is 즉
harden 단단하게 만들다
axe 도끼
no matter ~에 상관없이
represent 상징하다, 나타내다
appliance 기구, 기기

laborer 노동자
bare 맨, 벌거벗은
miner 광부
pole 막대기
hoe 괭이
fasten 연결하다, 매다, 고정시키다, 조이다
means 수단
as compared with ~와 비교해서

오답률 TOP 2

08 독해 > Logical Reading > 문맥상 다양한 추론   오답률 66.7% | 답 ①

다음 밑줄 친 it[It]이 가리키는 대상이 나머지 셋과 다른 것은?

Do you have a glass breaker? You should not take ① it for granted that you won't face any emergency. ② It is an essential safety tool for your car, four-wheel drive, caravan, home or workplace. ③ It is designed to quickly and easily break through automotive and double-glazed glass, so in an emergency situation if you need to evacuate through a locked or jammed window, ④ it is a potentially life-saving device.

| 선지별 선택률 |

①	②	③	④
33.3%	11.2%	22.2%	33.3%

| 해석 |

당신은 탈출용 망치를 가지고 있는가? 당신은 당신이 어떠한 비상상황도 마주하지 않을 것을 당연시하면 안 된다. ② 그것은 당신의 자동차, 사륜 구동차, 카라반, 집

또는 직장을 위한 필수적인 안전 도구이다. ③ 그것은 자동차 유리와 이중 유리를 빠르고 쉽게 깨뜨리고 나오도록 만들어졌기 때문에, 비상 상황에서 만약 당신이 잠겨 있거나 혹은 꼼짝하지 않는 창을 통해 대피해야 할 경우, ④ 그것은 잠재적으로 목숨을 구해주는 장비이다.

| 정답해설 |

① 「take it for granted + that절」의 구조에서 it은 가목적어이며 that절이 실제 목적어이다. ②, ③, ④는 모두 탈출용 망치(glass breaker)를 지칭한다.

| 어휘 |

glass breaker 유리를 부수는 데 사용되는 탈출용 망치
take ~ for granted ~을 당연시하다   face 직면하다
automotive 자동차의   double-glazed glass 이중 유리
jammed 꼼짝하지 않는

09 독해 > Logical Reading > 문맥상 다양한 추론   오답률 0% | 답 ③

다음 글에 따르면 반려동물 주인이 비상상황에서 해서는 안 되는 일은?

If you evacuate in an emergency, take your pet. First, if it isn't safe for you, it isn't safe for your pets. You can't be sure how long you'll be kept out of the area, and you may not be able — or allowed — to return for your pets. Pets left behind in a disaster can easily be wounded, lost, or killed. Make sure to make plans for all your pets; during natural disasters, decent plans for outdoor cats, horses, and other animals on farms can be lifesavers. Second, evacuate early. Don't wait for a mandatory evacuation order. Some people who have waited to be evacuated by emergency officials have been told to leave their pets behind. The smell of smoke or the sound of storms or thunder may make your pet more fearful and difficult to load into a crate or carrier. Evacuating before conditions become serious will keep everyone safer and make the process less stressful.

① Taking your pet with you in an emergency
② Making good plans for your farm animals in case of any natural disasters
③ Waiting until you gather accurate information about the potential disaster
④ Trying to escape before circumstances turn severe

| 선지별 선택률 |

①	②	③	④
0%	0%	100%	0%

| 해석 |

만약 당신이 비상상황에서 대피한다면, 당신의 반려동물을 데리고 가라. 우선, 당신에게 안전하지 않다면, 당신의 반려동물들에게도 안전하지 않다. 당신은 당신이 얼마나 오래 그 구역 밖에서 대기할지를 확신할 수 없으며, 당신은 당신의 반려동물들을 위해 돌아올 수 없거나 혹은 허용되지 않을 수도 있다. 재난 상황에 남겨진 반려동물들은 쉽게 부상 당하고, 실종되고, 혹은 사망할 수도 있다. 반드시 당신의 모든 반려동물들을 위한 계획을 세우도록 하라. 자연 재해 동안, 농장의 옥외 고양이들, 말들, 그리고 다른 동물들을 위한 좋은 계획들은 목숨을 구해줄 수도 있다. 둘째, 일찍 대피하라. 강제 대피령을 기다리지 말라. 비상상황 관계자들에 의해 대피될 때까지 기다렸던 어떤 사람들은 그들의 반려동물들을 두고 대피하라고 명령 받았다. 연기 냄새 또는 폭풍이나 천둥 소리는 당신의 반려동물이 겁먹어서 상자 또는 캐리어에 담기를 어렵게 만들 수도 있다. 상황이 심각해지기 전에 대피하는 것은 모든 사람들을 더 안전하게 유지해줄 것이고 그 과정을 덜 스트레스 받는 것으로 만들어줄 것이다.
① 비상상황에서 당신의 반려동물을 데리고 가는 것
② 자연 재난의 경우를 대비하여 당신의 농장 동물들을 위한 좋은 계획을 세우는 것
③ 잠재적 재난에 관한 정확한 정보를 당신이 수집하기 전까지 기다리는 것

④ 심각해지기 전에 탈출하려고 노력하는 것

| 정답해설 |
③ 글의 중반의 Second 이후부터는 강제 대피령을 기다리지 말라고 언급되어 있다.

| 오답해설 |
① 첫 문장에 언급되어 있다.
② 다섯 번째 문장인 Make sure to make plans ~의 문장에 언급되어 있다.
④ 마지막 문장에 언급되어 있다.

| 어휘 |

evacuate 대피하다, 대피시키다	disaster 재난
wound 부상을 입히다	make sure 반드시 ~하다
decent 좋은	lifesaver 목숨을 구해 주는 것
mandatory 의무적인, 강제적인	leave behind 두고 가다
load 싣다	crate 상자
severe 심각한, 극심한	

오답률 TOP 1

10 어휘 > 유의어 찾기　　　　　　　오답률 83.3% | 답 ①

다음 밑줄 친 부분과 의미가 가장 가까운 것은?

> While reading a newspaper at a cafe, Janice realized that one of the articles rang a bell.

① looked familiar
② seemed weird
③ was interesting
④ became calm

| 선지별 선택률 |

①	②	③	④
16.7%	16.6%	66.7%	0%

| 해석 |
카페에서 신문을 읽던 중, Janice는 기사들 중 하나가 낯이 익었다는 것을 깨달았다.
① 익숙해 보였다
② 기이해 보였다
③ 흥미로웠다
④ 고요해졌다

| 정답해설 |
① ring a bell은 '낯이 익다. 들어본 적이 있는 것 같다'의 뜻으로 look familiar와 그 의미가 가장 가깝다.

| 어휘 |
ring a bell 낯이 익다. 들어본 적 있는 것 같다
weird 기이한

11 독해 > Macro Reading > 주제　　　　　오답률 50% | 답 ①

다음 글의 주제로 가장 적절한 것은?

> Before sunset on the memorable day on which King Charles the First was executed, the House of Commons passed an act declaring it treason for any one to proclaim the Prince of Wales — or anybody else — King of England. Soon afterwards, it declared that the House of Lords was useless and dangerous, and ought to be abolished; and directed that the late King's statue should be taken down from the Royal Exchange in the city and other public places. Having laid hold of some famous Royalists who had escaped from prison, and having beheaded the Duke Of Hamilton, Lord Holland, and Lord Capel in Palace Yard (all of whom died very courageously), they then appointed a Council of State to govern the country. It consisted of forty-one members, of

> whom five were peers. Bradshaw was made president. The House of Commons also re-admitted members who had opposed the King's death, and made up its numbers to about a hundred and fifty.

① How the House of Commons got to seize power
② Why the king of England was deprived of power
③ The conflict between the House of Commons and the House of Lords
④ Who constituted the House of Commons

| 선지별 선택률 |

①	②	③	④
50%	0%	27.8%	22.2%

| 해석 |
Charles 1세가 처형되었던 기억할 만한 날의 해가 지기 전, 하원은 누구라도 영국의 왕세자가 — 혹은 다른 누구라도 — 영국의 왕이라고 선언하는 것을 반역죄라고 선언하는 법률을 통과시켰다. 그 이후에 곧, 그것은 상원이 쓸모 없으며 위험하여, 폐지되어야 한다고 선언했다. 그리고 사망한 왕의 조각상은 그 도시의 증권 거래소와 다른 공공 장소에서 분해되어야 한다고 지시했다. 감옥에서 탈출한 몇몇 유명한 왕정주의자들을 잡아서 Hamilton 공작, Holland 경, 그리고 Capel 경을 Palace Yard에서 참수시킨 후(그들 모두 매우 용맹하게 죽었다.), 그들은 국가를 통치할 국무원을 임명했다. 그것은 41명으로 구성되었는데, 그들 중 다섯 명은 귀족이었다. Bradshaw가 원장이 되었다. 하원은 또한 왕의 죽음에 반대했던 일원들도 다시 받아들였고, 그 수를 대략 150명으로 구성했다.
① 하원은 어떻게 권력을 장악했는가
② 영국의 왕은 왜 권력을 빼앗겼는가
③ 하원과 상원 간의 갈등
④ 누가 하원을 구성했는가

| 정답해설 |
① 영국의 왕이 처형된 날 하원이 반역죄에 대한 법률을 통과시키고, 상원을 폐지시켰으며 41명의 국무원을 임명하는 등 하원이 권력을 장악한 방법을 설명하고 있는 글이다. 따라서 ①이 주제로 알맞다.

| 오답해설 |
② 왕이 처형되었다는 내용은 나오나 그가 권력을 빼앗긴 이유는 나와있지 않다.
③ 하원이 상원을 폐지시켰다는 내용은 나오지만, 그 둘의 갈등 자체가 주제는 아니다.
④ 마지막 문장에 하원에 재진입이 허용된 사람들이 언급되었을 뿐 다른 구성원에 관한 내용은 없으며 글에서 핵심적 내용도 아니다.

| 어휘 |

execute 처형하다	House of Commons 하원
act 법률	treason 반역죄
proclaim 선언하다	Prince of Wales 영국 왕세자
afterwards 이후에	House of Lords 상원
abolish 폐지하다	take down 분해하다
Royal Exchange 런던 증권거래소	lay hold of ~을 잡다
royalist 왕당파, 왕정주의자	behead 참수하다
courageously 용감하게	Council of State 국무원
govern 통치하다, 지배하다	peer (영국) 귀족
seize 잡다, 장악하다	deprive 빼앗다

12 독해 > Macro Reading > 주제　　　　　오답률 27.8% | 답 ①

다음 글의 주제로 가장 적절한 것은?

> Although Greece (or Hellas) is only half as large as the State of New York, it has been deemed a very important area throughout the world history. It is situated in the southern part of Europe, cut off from the rest of the continent by a chain

of high mountains which form a great wall on the north. It is surrounded on nearly all sides by the blue waters of the Mediterranean Sea, which stretch so far inland that it is said no part of the country is forty miles from the sea, or ten miles from the hills. Thus shut in by sea and mountains, it forms a little territory by itself, but it was the home of noted people.

① Greece holds a significant position in history.
② Greece is quite an isolated place.
③ Greece is surrounded by sea and mountains.
④ A small territory of Greece makes it attempt to find new places.

| 선지별 선택률 |

①	②	③	④
72.2%	5.6%	11.1%	11.1%

| 해석 |
그리스는 (혹은 Hellas는) 뉴욕 주의 겨우 절반 크기이지만, 세계사 전반에 걸쳐 아주 중요한 지역으로 여겨져 왔다. 그것은 유럽 남부에 위치하는데, 북부에 거대한 벽을 형성하는 높은 산맥들에 의해 대륙의 나머지로부터 차단되어 있다. 그것은 거의 모든 면들이 지중해의 푸른 대로로 둘러싸여 있는데, 그것들은 내륙으로 아주 멀리 뻗어있어서 그 나라의 어느 부분도 바다에서 40마일이거나 산에서 10마일이 되지 않는다고 말해진다. 따라서 바다와 산으로 갇힌 그것은 홀로 작은 영토를 형성하지만, 그것은 유명인들의 고향이었다.
① 그리스는 역사적으로 중요한 위치를 갖고 있다.
② 그리스는 꽤 고립된 장소이다.
③ 그리스는 바다와 산들로 둘러싸여 있다.
④ 그리스의 작은 영토는 그것이 새로운 장소들을 찾도록 만든다.

| 정답해설 |
① 주제 문장인 첫 문장에서 그리스가 세계사에 있어 중요한 자리를 차지하고 있다고 진술하고 있다. 그 이후의 내용들은 그리스의 지리적 특성들을 나열하고 있다.

| 오답해설 |
② 마지막 문장에서 바다와 산에 갇힌 장소라는 언급은 있으나 그리스의 지리적 특성들 중 하나일 뿐 글 전체에서는 지엽적인 내용이다.
③ 마지막 문장의 shut in by sea and mountains에 언급되어 있으나 지엽적인 내용이다.
④ 글에 전혀 언급이 없다.

| 어휘 |
deem ~로 여기다[생각하다]
cut off 차단하다
stretch 뻗다
territory 영토
noted 유명한
situate 위치시키다
Mediterranean 지중해의
inland 내륙으로
by itself 홀로, 저절로
isolated 고립된

13 독해 〉 Logical Reading 〉 문맥상 다양한 추론　오답률 27.8% | 답 ③

다음 밑줄 친 부분 중 문맥상 낱말의 쓰임이 적절하지 않은 것은?

If you reside or work in a multistory building, you definitely want to have an emergency evacuation ladder. This is because if a fire or other emergency situation occurs, you need more than one option to get ① down to the lower level and safely evacuate. Elevators are often out of action and should not be used during a fire, and if the stairs are blocked for any reason during an emergency, it pays to have a backup plan. It is highly ② advisable for you to have

emergency ladders in your building that can be used to exit from ③ lower stories safely in the event of an evacuation. Because those ladders can be folded compactly, it will allow for ④ easy storage when not in use.

| 선지별 선택률 |

①	②	③	④
0%	16.7%	72.2%	11.1%

| 해석 |
만약 당신이 다층 건물에서 살거나 일한다면, 당신은 틀림없이 비상 대피용 사다리를 가지기를 원할 것이다. 이것은 만약 화재 또는 다른 비상상황이 발생한다면, 당신은 아래층으로 ① 내려가 안전하게 대피할 하나 이상의 옵션이 필요하기 때문이다. 엘리베이터들은 종종 작동이 안 되고 화재 동안에는 사용되어서도 안 되며, 만약 계단이 비상상황 동안 무슨 이유이든 막혀있다면, 예비 계획을 가지고 있는 것이 이득이 된다. 당신이 당신의 건물 내에서 비상상황의 경우 안전하게 ③ 저(→ 고)층에서 떠나는 데 사용될 수 있는 비상용 사다리들을 가지고 있는 것은 매우 ② 바람직하다. 그 사다리들은 작게 접힐 수 있게 때문에, 사용하지 않을 때는 ④ 쉬운 보관을 허용할 것이다.

| 정답해설 |
③ 건물에서의 비상상황 시 사다리를 통한 대피에 대한 내용이므로, 저층에서 탈출하는 것이 아닌 고층에서 탈출을 해야 하는 상황을 말하는 것이 적절하다. 따라서 lower가 아닌 upper가 쓰여야 한다.

| 오답해설 |
① 비상 시 '아래층으로 내려가다'는 표현에서 down이 적합하게 쓰였다.
② 문장의 주어(It은 가주어이고 to부정사 이하가 진주어이다)가 '비상용 사다리를 가지고 있는 것'이므로 advisable(바람직한)은 문맥에 맞다.
④ 주절에서 사다리가 작게 접힌다는 것으로 보아 '쉬운(easy)' 보관을 가능하게 한다는 흐름이 알맞다.

| 어휘 |
reside 거주하다
definitely 분명히, 틀림없이
level 층
pay 이득이 되다
highly 상당히, 매우
exit 나가다, 떠나다
compactly 작게, 소형으로
multistory 다층의
evacuation ladder 대피용 사다리
out of action 작동을 못 하는
backup 예비의
advisable 바람직한
story 층
in use 사용 중인

14 문법 〉 Balancing 〉 일치　오답률 5.6% | 답 ④

다음 밑줄 친 부분 중 어법상 적절하지 않은 것은?

Human history is full of instantly-recognizable symbols ① which take all sorts ② of forms, from 2D art to 3D buildings to great achievements. ③ These show the capacity of humanity to create and achieve, to change the environment around us, and ④ understanding how the world, our psyches, and societies work.

| 선지별 선택률 |

①	②	③	④
0%	0%	5.6%	94.4%

| 해석 |
인간의 역사는 2차원 예술부터 3차원 건물들과 위대한 성취들에 이르기까지 모든 종류의 형태들을 취하는 즉시 인식할 수 있는 상징들로 가득 차 있다. 이것들은 만들고 성취하고 우리 주변의 환경을 변화시키고 세계와 우리의 정신 및 사회들이 어떻게 작동하는지를 이해할 수 있는 인간의 능력을 보여준다.

| 정답해설 |
④ 바로 앞에 and가 있는 것으로 보아 그 앞의 to부정사구인 to create와 to change

와 병렬구조를 이루도록 to understand가 되어야 한다. 모두 앞의 명사 the capacity of humanity를 수식하는 형용사적 용법이다.

| 오답해설 |

① 선행사가 복수(symbols)이므로 주격 관계대명사 which 뒤에 복수동사 take가 적절하게 쓰였다.
② 앞에 명사 sorts가 있으므로 뒤에는 「of + 무관사 단수/복수명사」가 쓰여야 하는데 여기서는 무관사 복수명사가 알맞게 쓰였다.
③ 주어는 복수의 지시대명사 These이며 복수동사인 show도 알맞게 사용되었다.

| 어휘 |

recognizable 알아볼 수 있는   humanity 인간, 인간성
psyche 정신, 마음

| 더 알아보기 | kind, sort, type

> 명사 kind, sort, type은 모두 '종류'라는 뜻으로 사용되며 뒤에 of가 이끄는 구가 오는 경우 of 뒤의 명사는 무관사로 써야 한다.
> • a kind/sort/type of + 무관사 단수명사/복수명사: a kind of insect
> • kinds/sorts/types of + 무관사 단수명사/복수명사: kinds of insects

15 문법 〉 Modifiers 〉 분사   오답률 22.2% | 답 ③

다음 밑줄 친 부분 중 어법상 적절하지 <u>않은</u> 것은?

> Steam power would create the first train, and thus the modern railroad was born in 1784. James Watt, ① who was a Scottish inventor, made improvements to Thomas Newcomen's steam engine, which was used ② to move water out of mine. With these improvements ③ achieving, he could create smaller and smaller engines, ④ finally patenting the design for the steam locomotive in 1784.

| 선지별 선택률 |

①	②	③	④
5.5%	5.6%	77.8%	11.1%

| 해석 |

증기력은 최초의 기차를 만들어내려 했고, 따라서 현대 철도가 1784년에 탄생했다. 스코틀랜드의 발명가였던 James Watt는 Thomas Newcomen의 증기 엔진을 개선시켰는데, 그것은 광산에서 물을 이동시키는 데 사용되었다. 이 개선들이 성취된 상태에서, 그는 점점 더 작은 엔진들을 제작할 수 있었고, 1784년 증기기관차를 위한 디자인으로 마침내 특허를 받았다.

| 정답해설 |

③ with 분사구문으로 「with + 명사 + 분사(~한 채로, ~한 상태로)」의 구조로 쓰인다. 여기서는 문맥상 수동(이 개선들이 성취된 상태에서)이므로, 현재분사가 아닌 과거분사 achieved가 되어야 한다.

| 오답해설 |

① 선행사가 사람이며 뒤에 동사가 있으므로 주격 관계대명사 who가 적절하게 쓰였다.
② 문맥상 '이동시키는 데 사용되었다'이므로 「be used to + 동사원형」이 알맞게 사용되었다.
④ 분사구문으로, 원래 문장인 and he finally patented ~에서 접속사와 주어가 생략되고 동사는 현재분사로 알맞게 전환되었다.

| 어휘 |

steam power 증기력   patent ~의 특허를 얻다
locomotive 기관차

| 더 알아보기 | use 관용표현

> • be used to + 동사원형: ~하는 데 사용되다
> • be used to -ing: ~하는 데 익숙하다
> • used to + 동사원형: ~하곤 했다

16 독해 〉 Macro Reading 〉 요지   오답률 0% | 답 ④

다음 글의 요지로 가장 적절한 것은?

> The purpose of the designers of the Constitution was to avoid having a dictator or king who had absolute power. To prevent this event, they created two systems. One system they set up was federalism. This called for a balance between federal and state governments. Another system was the checks and balances written into the Constitution. Checks and balances are an important part of the wonderful way the early leaders of the United States designed the Constitution. With these checks and balances, each of the three separate parts of our government has different roles and can provide a check on the power of any other. The powers of all three are balanced to work together.

① 연방제는 미국 헌법에 있어 가장 중요한 개념들 중 하나이다.
② 삼권분립에 관한 논란은 오늘날까지 이어지고 있다.
③ 견제와 균형은 왕의 과도한 권력을 막기에는 부족했다.
④ 절대 권력의 폐해를 막기 위해 연방제와 더불어 견제와 균형이 도입되었다.

| 선지별 선택률 |

①	②	③	④
0%	0%	0%	100%

| 해석 |

헌법을 만든 이들의 목적은 절대적 권력을 갖는 독재자 또는 왕이 생기는 것을 막는 것이었다. 이런 일을 막기 위해, 그들은 두 시스템을 만들었다. 그들이 수립한 한 시스템은 연방주의였다. 이것은 연방 정부와 주 정부들 간의 균형을 필요로 했다. 또 다른 시스템은 헌법에 쓰여진 견제와 균형이었다. 견제와 균형은 미국의 초기 지도자들이 헌법을 만들었던 훌륭한 방법의 중요한 부분이다. 이 견제와 균형을 가지고, 우리 정부의 세 개의 분리된 기관들 각각은 다른 역할을 가지고 있고 다른 어떤 권력에 대한 견제를 제공할 수 있다. 모든 세 개 기관의 권력들은 균형을 이루어 함께 일한다.

| 정답해설 |

④ 첫 문장에서 독재자나 왕의 절대 권력을 막는 것이 헌법의 목적이라고 언급했고, 이어서 이를 위해 연방제 그리고 견제와 균형이라는 두 시스템을 도입했다고 설명한다. 따라서 ④가 글의 요지로 가장 적합하다.

| 오답해설 |

① 연방제가 미 헌법에서 가장 중요한 개념이라는 내용은 글에 없고, 견제와 균형이 글 내용의 더 많은 부분을 차지하고 있다.
② 삼권분립에 관한 논란은 글에서 다루고 있지 않다.
③ 글에 언급되지 않은 내용이다.

| 어휘 |

constitution 헌법   dictator 독재자
absolute 절대적인   set up 수립하다, 설치하다
federalism 연방주의   call for 필요로 하다, 요구하다
checks and balances 견제와 균형   separate 별개의, 분리된

17 독해 〉 Logical Reading 〉 삭제   오답률 11.1% | 답 ③

다음 글에서 전체 흐름과 관계 <u>없는</u> 문장은?

> Grebes are birds having a ducklike body, but with pointed bills. Their feet, too, are unlike those of the ducks, each toe having its separate web, and having a broad flat nail. ① Their wings are very small for the size of the body, making

it impossible for them to rise in flight from the land. ② They rise from the water by running a few yards along the surface until they have secured sufficient headway to allow them to launch themselves into the air. ③ Most of the time, they search for and eat a range of plants near their habitat, but they dig up fields to find worms in winter. ④ After having risen from the water, their flight is very swift and strong. On land they are very awkward and can only progress by a series of uncomfortable hops.

| 선지별 선택률 |

①	②	③	④
0%	5.5%	88.9%	5.6%

| 해석 |

논병아리들은 오리 같은 몸을 가진 새들이지만, 뾰족한 부리를 가지고 있다. 그들의 발 또한 오리의 발과는 다른데, 각 발가락은 별개의 물갈퀴가 있고, 넓고 납작한 발톱을 갖고 있다. ① 그들의 날개는 몸의 크기에 비해 아주 작아서, 그들이 땅으로부터 비행하고자 날아가는 것을 불가능하게 만든다. ② 그들은 자신들이 공중으로 출발할 수 있도록 허용해줄 정도로 충분한 진로를 확보할 때까지 수면을 따라 몇 야드를 달려감으로써 물에서 날아오른다. ③ 대부분의 경우, 그들은 그들의 서식지 근처에서 다양한 식물들을 찾아서 먹지만, 겨울에는 벌레를 찾기 위해 땅을 파낸다. ④ 물에서 떠오른 후, 그들의 비행은 아주 재빠르고 강력하다. 땅 위에서 그들은 매우 어색한데 일련의 불편한 뜀에 의해서만 전진할 수 있다.

| 정답해설 |

③ 첫 두 문장에서는 논병아리의 외형적 특징을 나열하고, 세 번째 문장부터는 이들의 비행 방법에 대해 설명한다. ③의 경우 먹이를 찾는 방법에 대한 문장으로, 글의 내용과 관계가 없다.

| 어휘 |

grebe 논병아리
bill 부리
for ~에 비해서
along ~을 따라
headway 진로, 전진
habitat 서식지
awkward 어색한

pointed 뾰족한
web 물갈퀴
in flight 비행 중인
secure 확보하다, 안전하게 만들다
a range of 다양한
worm 벌레
hop 깡충 뛰기

18 독해 〉 Logical Reading 〉 삽입   오답률 38.9% | 답 ③

다음 주어진 문장이 들어가기에 가장 적절한 것은?

The colonists had no choice but to pay it because there was only one company selling tea.

There were several factors which led to the Revolutionary War, beginning with the British trying to overtax the colonists in America. In 1770, many of the colonists protested against the British because they were being forced to give money to the government in Britain, yet they had no say or vote in that government. This is called taxation without representation. (①) The protests led to more violence in 1770 when the British soldiers fired at the colonists killing five men. (②) This became known as the Boston Massacre. A few years later, the British placed a tax on tea. (③) In protest against the unfair tax, several people from Boston, who were dressed as Indian, went aboard some British ships and dumped the tea into the water as another protest. (④) This became known as the Boston Tea Party.

The British became angry and attempted to pass stricter rules, but the colonists resisted and war began.

| 선지별 선택률 |

①	②	③	④
5.6%	11.1%	61.1%	22.2%

| 해석 |

독립전쟁을 초래한 몇 가지 요소들이 있는데, 이는 영국이 미국의 식민지 주민들에게 과도한 세금을 부과하려고 시도하면서 시작되었다. 1770년에, 많은 식민지 주민들은 영국에 대항하여 시위를 했는데, 이것은 그들이 영국의 정부에게 돈을 지급하도록 강요 당하고 있었지만, 그들은 그 정부에 대한 발언권이나 투표권이 없었기 때문이었다. 이것은 대표 없는 과세라고 불린다. ① 시위는 1770년에 영국 군인들이 식민지 주민들에게 발포하여 다섯 명을 죽였을 때 더 많은 폭력사태로 이어졌다. ② 이것은 보스턴 대학살이라고 알려졌다. 몇 년 후, 영국은 차에 세금을 부과했다. ③ 식민지 주민들은 차를 파는 회사가 하나밖에 없었기 때문에 그것을 지불할 수 밖에 없었다. 부당한 세금에 대한 항의에서, 보스턴에서 온 몇몇 사람들은 미 원주민처럼 옷을 입고 몇몇 영국 배에 탑승했고 또 다른 항의로 차를 물속에 버렸다. ④ 이것은 보스턴 차 사건으로 알려지게 되었다. 영국은 화가 나서 더 엄격한 법을 통과하려고 시도했지만, 식민지 주민들은 저항했고 전쟁이 시작되었다.

| 정답해설 |

③ 주어진 문장은 차를 판매하는 회사가 하나밖에 없어 그것(it)을 지불할 수 밖에 없었다는 내용인데, 여기서 it은 ③의 바로 앞 문장에서 나온 영국이 차에 부과한 세금(a tax)을 말하므로 제시 문장은 ③에 들어가는 것이 적합하다.

| 어휘 |

colonist 식민지 주민
have no choice but to ~하지 않을 수 없다
overtax 지나친 과세를 하다   say 발언권
massacre 대학살   go aboard 탑승하다
dump 버리다

19 독해 〉 Logical Reading 〉 삽입   오답률 27.8% | 답 ③

다음 주어진 문장이 들어가기에 가장 적절한 것은?

But more importantly, it showed that we as one people could overcome both the fundamental forces of nature and our fear of death to achieve impossible feats.

Our understanding of the world has led us to one of the most symbolic achievements in history — landing on the Moon. (①) The Moon itself has a multitude of symbolic qualities, from full moons being bad luck in medieval times, to being associated with the yin to the Sun's yang. (②) The first 1969 Apollo 11 Moon landing showed the capitalism of the United States winning out over the communism of the Soviet Union. (③) For example, you don't say 'Neil Armstrong and Buzz Aldrin went to the Moon,' you say 'we went to the Moon.' (④)

| 선지별 선택률 |

①	②	③	④
0%	11.1%	72.2%	16.7%

| 해석 |

세계에 대한 우리의 이해는 우리를 역사상 가장 상징적인 성취들 중 하나인 달 착륙으로 이끌었다. ① 달 자체는 많은 상징적 특성들을 가지고 있는데, 중세에는 보름달이 불운을 상징했던 것부터 태양의 양과 대비되는 음과 연관 지어지는 것에 이른다. ② 1969년 아폴로 11호의 최초의 달 착륙은 미국의 자본주의가 소련의 공산

주의에 대해 승리하는 것을 보여주었다. ③ 그러나 더 중요하게는, 그것은 우리가 하나의 국민으로서 자연의 근본적인 힘과 죽음에 대한 두려움을 둘 다 극복하여 불가능한 위업을 달성할 수 있었음을 보여주었다. 예를 들면, 우리는 'Neil Armstrong과 Buzz Aldrin이 달에 갔'고 말하지 않고, '우리는 달에 갔다'고 말한다. ④

| 정답해설 |
③ 주어진 문장은 But으로 시작되며, '하나의 국민으로서 우리(we as one people)'가 위업을 달성했다는 내용이다. ③ 앞의 문장에서는 미국의 자본주의의 승리라는 내용이 나오는데 이것이 주어진 문장으로 이어져 더 중요한 것은 우리가 함께 위업을 달성했다는 내용으로 연결되고 이 뒤에서 '우리'를 강조하는 예로 이어지는 흐름이 알맞다. 따라서 ③의 위치가 알맞다.

| 어휘 |

feat 위업	symbolic 상징적인
a multitude of 다수의	quality 특성, 질
medieval 중세의	be associated with ~와 관련 있다
yin 음	yang 양
communism 공산주의	

20 독해 〉 Logical Reading 〉 배열　　　오답률 22.2% | 답 ③

주어진 글 다음에 이어질 글의 순서로 가장 적절한 것은?

The sons of Codrus were appointed archons, or rulers for life. An office was at first handed down from father to son, but it soon became elective; that is to say, all the people voted for and elected their own rulers. Then nine archons were chosen at once, but they kept their office for only one year.

(A) As the rich held the reins of the government, they often used their power to oppress the poor, and this gave rise to many quarrels. Little by little the two parties, the rich and the poor, grew to hate each other so much that it was decided that a new code or set of laws should be made, and that they should be obeyed by all alike.

(B) A severe archon called Draco was chosen to draw up these new laws (602 B.C.); and he made them so strict and cruel that the least sin was punished as if it had been a crime, and a man was sentenced to be hanged for stealing even a cabbage.

(C) As these men received no pay for serving the state, only the richest citizens could accept the office. Thus Athens, from a monarchy, or country ruled by a king, became an oligarchy, or state ruled by the rich and noble citizens.

① (A) - (C) - (B)
② (B) - (A) - (C)
③ (C) - (A) - (B)
④ (C) - (B) - (A)

| 선지별 선택률 |

①	②	③	④
0%	16.7%	77.8%	5.5%

| 해석 |
Codrus의 아들들은 집정관, 즉 종신 지배자로 임명되었다. 처음에는 공직이 아버지에게서 아들에게 물려졌지만, 곧 선출직이 되었다. 즉, 모든 사람들이 그들 자신의 통치자들을 투표로 선출했다. 그리고 나서 아홉 명의 집정관들이 한꺼번에 선출되었지만, 그들은 그들의 공직을 오직 1년 동안만 유지했다.
(C) 이 사람들은 국가를 위해 일하는 것에 대해 급여를 받지 않았기 때문에, 오직 가장 부유한 시민들만이 그 공직을 받아들일 수 있었다. 따라서, 아테네는 군주제,

즉 왕에 의해 통치되는 국가에서 과두제, 즉 부유한 시민들과 귀족들에 의해 통치되는 국가가 되었다.
(A) 부자들이 정부의 통치권을 차지했기 때문에, 그들은 종종 그들의 권력을 가난한 자들을 억압하는 데 사용했고, 이는 많은 다툼을 발생시켰다. 조금씩 부자들과 빈자들의 두 무리들은 서로를 아주 싫어하게 되어 새로운 법규 또는 법률 체계가 만들어져야 하며, 그것들은 모두 동일하게 복종되어야 한다고 결정되었다.
(B) Draco라고 불리는 엄격한 집정관이 이 새로운 법률들을 작성하도록 선정되었다(기원전 602년). 그리고 그는 그것들을 아주 엄격하고 잔인하게 만들어서 가장 적은 과실도 마치 그것이 범죄인 것처럼 처벌받았고, 어떤 남자는 심지어 양배추를 훔친 것 때문에 교수형을 선고받았다.

| 정답해설 |
③ 주어진 글의 마지막 문장에서 집정관 아홉 명이 선출된다는 내용이 나오는데, 이는 (C)의 these men으로 연결된다. (C)에서는 집정관들은 급여를 받지 않기 때문에 부유하거나 귀족 시민만이 집정관으로 일했다는 설명이 제시되는데, (A)에서 부유한 집정관들의 권력 남용에 관한 내용으로 연결되며 빈부의 갈등이 그 결과로 생겼으며 이를 해결할 법적 장치의 필요성을 설명한다. 그리고 그 법률이 만들어졌다는 내용이 (B)에서 제시된다. 따라서 (C) - (A) - (B)가 글의 순서로 알맞다.

| 어휘 |

archon 집정관	for life 평생의, 종신의
office 공직, 지위	hand down 물려주다
elective 선거로 선출되는	that is to say 다시 말해서, 즉
rein 지배, 통제(력)	oppress 억압하다
give rise to ~을 일으키다	quarrel 다툼, 언쟁
little by little 조금씩	code 규칙, 법규
obey 복종하다	severe 엄한, 가혹한
draw up 작성하다, 만들다	strict 엄격한
sin 죄, 잘못, 과실	sentence 선고하다
hang 교수형에 처하다	serve ~을 위해 일하다
monarchy 군주제	oligarchy 과두제, 과두 정치

문제편 p.52

01	④	02	③	03	①	04	③	05	②
06	③	07	①	08	③	09	③	10	④
11	③	12	②	13	④	14	④	15	①
16	④	17	④	18	④	19	①	20	④

▶풀이시간: /30분 나의 점수: /100점

01 어휘 〉 유의어 찾기   오답률 13.3% | 답 ④

밑줄 친 부분과 의미가 가장 가까운 것은?

> Senator Miller has been under such intense criticism for how he handled the refugee problem.

① uneasy   ② complicated
③ vague   ④ severe

| 선지별 선택률 |

①	②	③	④
0%	6.6%	6.7%	86.7%

| 해석 |
상원의원인 Miller는 그가 난민 문제를 다뤘던 방식 때문에 그렇게 극심한 비판을 받아왔다.
① 불안한   ② 복잡한
③ 모호한   ④ 극심한

| 정답해설 |
④ intense는 '극심한'이라는 뜻으로 선지 중 severe가 동일한 의미를 가지고 있다.

| 어휘 |
intense 극심한, 강렬한   refugee 난민
uneasy 불안한   complicated 복잡한
vague 모호한   severe 극심한

02 어휘 〉 유의어 찾기   오답률 13.3% | 답 ③

밑줄 친 부분과 의미가 가장 가까운 것은?

> The new government, though denying all suspicion, is accused of oppressing religious minorities.

① sustaining   ② eliminating
③ suppressing   ④ threatening

| 선지별 선택률 |

①	②	③	④
0%	0%	86.7%	13.3%

| 해석 |
모든 의심을 부인하지만, 그 새 정부는 종교적 소수집단을 억압하는 것으로 비난 받는다.
① 지속시키는 것   ② 제거하는 것

③ 억압하는 것   ④ 위협하는 것

| 정답해설 |
③ oppress는 '억압하다'는 뜻으로 suppress와 동의어이다.

| 어휘 |
accuse 비난하다, 고소하다   oppress 억압하다, 탄압하다
minority 소수집단   sustain 지속시키다
eliminate 제거하다   suppress 억압하다
threaten 위협하다

03 어휘 〉 빈칸 완성   오답률 33.3% | 답 ①

빈칸에 들어갈 말로 가장 적절한 것은?

> Because the call was _____, we had no way to identify the person who had witnessed the fire accident.

① anonymous   ② immune
③ determinate   ④ meticulous

| 선지별 선택률 |

①	②	③	④
66.7%	0%	20%	13.3%

| 해석 |
그 전화는 ① 익명이었기 때문에, 우리는 그 화재 사건을 목격한 사람의 신원을 확인할 방법이 없었다.
① 익명의   ② 면역성이 있는, 영향을 받지 않는
③ 확정적인   ④ 꼼꼼한

| 정답해설 |
① 목격자의 신원을 확인할 방법이 없다는 것으로 보아 전화가 익명으로 왔다는 흐름이 되는 것이 알맞다.

| 어휘 |
identify 신원을 확인하다   witness 목격하다
anonymous 익명의
immune 면역성이 있는, 영향을 받지 않는
determinate 확정적인   meticulous 꼼꼼한

오답률 TOP 2
04 독해 〉 Reading for Writing 〉 빈칸 절 완성   오답률 53.3% | 답 ③

빈칸에 들어갈 말로 가장 적절한 것은?

> When the water naturally existing in plants is expelled by exposure to the air or a gentle heat, the residual dry matter is found to be composed of a considerable number of different substances, which have been divided into two great classes, called the organic and the inorganic, or mineral constituents of plants. The former are readily combustible, and on the application of heat, catch fire, and are entirely consumed, leaving the inorganic matters in the form of a white residuum or ash. All plants contain both classes of substances; and though their relative proportions vary within very wide limits, the former always greatly exceed the

latter. It was at one time believed that the inorganic substances formed no part of the true structure of plants; but this opinion _____, and it is no longer doubted that both classes of substances are equally essential to their existence.

① has secured its own logical basis
② is being hotly debated
③ is now entirely abandoned
④ has its own validity

| 선지별 선택률 |

①	②	③	④
13.3%	20%	46.7%	20%

| 해석 |

식물 내에서 자연적으로 존재하는 물이 공기 또는 가벼운 열에 대한 노출로 인해 배출될 때, 남아있는 건조한 물질은 상당히 많은 다른 물질들로 구성됨이 밝혀졌는데, 이는 유기물과 무기물, 즉 식물의 광물 구성요소라고 불리는 두 개의 큰 종류들로 나뉘어져 왔다. 전자는 쉽게 불이 붙고, 열을 적용하자마자 불이 붙어 완전히 전소되며, 하얀 잔여물, 즉 재 형태의 무기물을 남기게 된다. 모든 식물들은 두 가지 물질의 종류들을 포함한다. 그리고 그것들의 상대적인 비율은 매우 큰 한계치 내에서 다양하지만, 전자는 항상 후자를 크게 초과한다. 한때 무기물질은 진정한 식물의 구조의 어떠한 일부도 형성하지 못한다고 믿어졌다. 그러나 이 의견은 ③ 이제 완전히 버려졌고, 물질의 두 종류 모두 동일하게 그것들의 존재에 중대하다는 것은 더 이상 의심되지 않는다.
① 그것 자신의 논리적 기반을 확보해왔다
② 열띠게 토론되고 있는 중이다
③ 이제 완전히 버려졌다
④ 그것 자신의 타당성을 가지고 있다

| 정답해설 |

③ 세미콜론 앞의 절에서 예전에는 무기물이 식물 구조를 형성하지 못한다고 여겨졌다고 했는데, 세미콜론 뒤에서는 역접의 접속사 but이 있으므로 이 의견이 바뀌거나 역전되었음을 유추할 수 있다.

| 오답해설 |

① 접속사 but이 있는 상태에서 논리적 기반을 확보했다는 내용은 앞뒤 내용을 자연스럽게 연결하지 못한다.
② 빈칸 뒤의 절에서 확실한 결론이 내려졌다는 내용이 있으므로 열띠게 토론중이라는 내용은 적합하지 않다.
④ 접속사 but이 있으므로 타당성을 가지고 있다는 내용은 앞뒤 문장을 알맞게 연결하지 못한다.

| 어휘 |

expel 배출하다, 쫓아내다	residual 남은, 잔여의
be composed of ~로 구성되다	considerable 상당한
substance 물질	class 종류, 부류
constituent 구성 성분	former 전자
readily 손쉽게	combustible 불이 잘 붙는, 가연성의
consume 전소시키다	residuum 잔류물
vary 다르다, 다양하다	latter 후자
at one time 한때, 일찍이	no longer 더 이상 ~ 않다
secure 확보하다	validity 타당성, 유효성

05 독해 〉 Reading for Writing 〉 빈칸 절 완성　오답률 20% | 답 ②

빈칸에 들어갈 말로 가장 적절한 것은?

The story of Robinson Crusoe is an allegory of human history. Man is a castaway upon a desert planet, isolated from other inhabited worlds — if there be any such — by millions of miles of untraversable space. He _____ _____, because this world of his,

---

as Wells says, has no imports except meteorites and no exports of any kind. Man has no wrecked ship from a former civilization to draw upon for tools and weapons, but must utilize as best he may such raw materials as he can find.

① has no choice but to pay a high price
② is absolutely dependent upon his own efforts
③ realizes he has got out of all the social obligations
④ finds what he has learned from society useful

| 선지별 선택률 |

①	②	③	④
0%	80%	13.3%	6.7%

| 해석 |

로빈슨 크루소의 이야기는 인간 역사의 우화이다. 인간은 횡단 불가능한 수백 마일의 공간에 의해 – 만약 그러한 것이 있다면 – 생물이 살고 있는 다른 세계들로부터 고립된, 적막한 행성에 있는 조난자이다. 그는 ② 절대적으로 자신의 노력에 기대는데, Wells가 말하듯, 그의 이 세계는 운석 이외에는 들어오는 것도 어떠한 나가는 것도 없기 때문이다. 인간은 도구와 무기로 이용할만한 이전 문명에서 온 난파선은 없지만 그가 발견할 수 있는 날것의 재료를 최대한 활용해야만 한다.
① 높은 가격을 지불할 수 밖에 없다
② 절대적으로 자신의 노력에 기댄다
③ 그가 모든 사회적 책무들로부터 빠져 나왔음을 깨닫는다
④ 그가 사회로부터 배웠던 것이 유용하다고 생각한다

| 정답해설 |

② 앞의 문장에서 외부 세계와 완전히 단절된 상황이 묘사되어 있고, 빈칸 뒤에서 그 상황에서 들어오는 것도 빠져나가는 것도 없다고 했으므로 선지 중 ②가 빈칸에 알맞다.

| 오답해설 |

① 높은 가격을 지불한다는 내용은 고립된 상황과는 맞지 않다.
③ 사회적 책무에서 벗어났다는 내용은 고립이라는 부정적 상황과는 어울리지 않는다.
④ 이전 문명에서 온 난파선이 없다고 한 것으로 보아 사회에서 배운 것이 유용하다는 문장은 알맞지 않으며 고립이라는 부정적 상황과도 맞지 않는다.

| 어휘 |

allegory 우화, 풍자	castaway 조난자
desert 적막한, 사막 같은	isolate 고립시키다
inhabited (생물이) 사는	untraversable 횡단할 수 없는
meteorite 운석	wrecked 난파된
draw upon ~을 이용하다, 의지하다	utilize 이용하다
raw 날것의, 가공하지 않은	
have no choice but to ~하지 않을 수 없다	
be dependent upon[on] ~에 기대다	obligation 의무

06 독해 〉 Micro Reading 〉 내용일치/불일치　오답률 26.7% | 답 ③

다음 글의 내용과 일치하는 것은?

Before the dawn of history, mankind was engaged in the study of dreaming. The wise man among the ancients was pre-eminently the interpreter of dreams. The ability to interpret successfully or plausibly was the quickest road to royal favor; failure to give satisfaction in this respect led to banishment from court or death. But the psychologist rarely paid attention to dreams except incidentally in his study of imagery, association and the speed of thought. But now a change has come. The subject of the significance of dreams, so long ignored, has suddenly become a matter of energetic study and of fiery controversy the world over. The cause of this revival of interest is the new point of view brought forward by Professor Bergson in his paper. It is the idea that we can explore the unconscious substratum of our mentality and the storehouse of our memories, by means of dreams, because these memories are by no means inert, but have a life and purpose of their own.

① 꿈에 대한 연구는 비교적 현대적인 현상이다.
② 꿈은 심리학자들이 언제나 관심을 가져왔던 현상이다.
③ 꿈은 현재 전세계적으로 논쟁의 대상이 되었다.
④ 꿈의 여러 기능들 중 하나는 불필요한 기억을 삭제하는 것이다.

| 선지별 선택률 |

①	②	③	④
0%	13.4%	73.3%	13.3%

| 해석 |
유사 전, 인류는 꿈의 연구에 몰두했었다. 고대인들 중 현자는 출중하게 꿈의 해석자였다. 성공적으로 혹은 그럴듯하게 해석하는 능력은, 왕의 은총으로 가는 가장 빠른 길이었다. 이런 점에서 만족을 제공하지 못하는 것은 궁궐로부터의 추방이나 죽음을 초래했다. 그러나 심리학자는 생각의 형상화, 연상, 그리고 속도에 대한 그의 연구에서 우연한 경우를 제외하면 꿈에 거의 주의를 기울이지 않았다. 그러나 지금은 변화가 찾아왔다. 오랫동안 무시되었던 꿈의 중요성이라는 주제는 갑자기 전세계적으로 힘찬 연구와 열띤 논쟁의 문제가 되었다. 이 관심의 부활의 원인은 Bergson 교수에 의해 그의 논문에서 제기된 새로운 견해이다. 이것은 꿈을 이용하여 우리가 우리 정신상태의 무의식적인 기층과 우리 기억의 보관장소를 탐구할 수 있다는 견해인데, 이 기억들은 결코 무력하지 않고, 그것들만의 생명과 목적을 가지고 있기 때문이다.

| 정답해설 |
③ 중반의 The subject of the significance of dreams ∼ 이하의 문장에서 꿈이 전세계적으로 열띤 논쟁의 대상이 되었다고 언급되어 있다.

| 오답해설 |
① 첫 문장에 의하면 유사 시대부터 있었다.
② 네 번째 문장인 But the psychologist rarely ∼에 의하면 심리학자들은 꿈에 거의 관심을 두지 않았다.
④ 글에 전혀 언급이 없는 내용이다.

| 어휘 |
pre-eminently 특별히, 출중하게
plausibly 그럴싸하게
in this respect 이런 점에서
court 대궐
incidentally 우연히, 부수적으로
association 연상
revival 부활
explore 탐구하다
substratum 기층
be means of ∼의 도움으로, ∼에 의하여
by no means 결코(never)

interpreter 해석자
royal favor 왕의 은총
banishment 추방, 유배
rarely 거의 ∼ 않다
imagery 형상화
fiery 맹렬한, 불타는 듯한
bring forward 제기하다
unconscious 무의식의

inert 비활성의, 힘없는

07 독해 〉 Macro Reading 〉 주제   오답률 6.7% | 답 ①

다음 글의 주제로 가장 적절한 것은?

There are quite a few different types of fire extinguishers. Of course, you must use the right extinguisher depending on the type of fire. The following are the most popular types of fire extinguishers. The first one is a water fire extinguisher. This type of extinguisher oppresses fire by removing the heat elements of the fire triangle, which are fuel, oxidizer, and sufficient heat. The second one is a dry chemical fire

extinguisher. It extinguishes fires by stopping the chemical reaction of the fire triangle. The last one CO_2 fire extinguisher. It puts out fires by taking away the oxygen element from the fire triangle and getting rid of the heat with a cold discharge.

① The most commonly used fire extinguishers and their features
② The history of fire extinguishers and their development
③ How to operate a water fire extinguisher
④ The three heat elements and their relationship with various fires

| 선지별 선택률 |

①	②	③	④
93.3%	0%	0%	6.7%

| 해석 |
꽤 많은 다른 종류의 소화기들이 있다. 물론, 당신은 화재의 종류에 따라 적합한 소화기를 사용해야만 한다. 다음은 가장 많이 사용되는 소화기들이다. 첫 번째 종류는 물 소화기이다. 이 유형의 소화기는 연료, 산화제, 그리고 충분한 열이라는 화재(발화)의 3요소 중에서 열 요소들을 제거함으로써 화재를 진압한다. 두 번째 종류는 분말 소화기이다. 그것은 화재(발화)의 3요소의 화학적 반응을 중단시킴으로써 불을 끈다. 마지막 종류는 이산화탄소 소화기이다. 그것은 화재(발화)의 3요소로부터 산소 요소를 없애고 차가운 배출물질로 열을 제거함으로써 불을 끈다.
① 가장 흔하게 사용되는 소화기들과 그것들의 특징들
② 소화기의 역사와 그것들의 발전
③ 물 소화기를 작동시키는 방법
④ 세 가지 열의 요소들과 다양한 화재들과 그것들의 관계

| 정답해설 |
① 첫 세 문장에서 상황에 따라 사용되는 가장 흔한 소화기가 세 종류가 있음을 진술하고, 이후의 문장들은 이 각각의 소화기의 종류와 원리를 설명하고 있으므로 ①이 글의 주제로 가장 적절하다.

| 오답해설 |
② 소화기의 역사와 발전은 글에 언급이 없다.
③ 물 소화기의 작동 원리가 간단히 언급되어 있으나 글 전체의 주제는 아니다.
④ 열의 요소들과 화재들과의 관련성에 대한 언급은 없다.

| 어휘 |
quite a few 꽤 많은
oppress 진압하다
sufficient 충분한
dry chemical fire extinguisher 분말 소화기
put out 끄다
get rid of ∼를 없애다

depending on ∼에 따라
oxidizer 산화제

take away 치우다, 제거하다
discharge 배출, 방출

08 독해 〉 Macro Reading 〉 요지   오답률 33.3% | 답 ③

다음 글의 요지로 가장 적절한 것은?

We schedule evacuation and shelter-in-place drills every three months throughout the year to secure the readiness of the apartment complex in responding to any sort of crisis that requires building residents to evacuate a building or to seek a safe place inside of a building. Evacuation and sheltering-in-place are the converse of each other. You evacuate a building if the situations inside the building present a danger to human life, health or safety. On the contrary, if the situations outside of a building presented a hazard to human life, health or safety, one would invert the evacuation stages and seek refuge inside a building.

① Regular evacuation and shelter-in-place drills have their lifesaving value.
② Evacuation and sheltering-in-place are the same thing despite their different terms.
③ There are two types of emergency response procedures, each of which shows reverse procedures of the other.
④ There are strict government regulations related to a shelter-in-place order.

| 선지별 선택률 |

①	②	③	④
26.7%	6.6%	66.7%	0%

| 해석 |

건물 거주자들이 건물에서 대피하거나 건물 내 안전한 장소를 찾도록 요구하는 어떠한 종류의 위기에 대응하는 데 있어서 아파트 단지의 준비를 확보하기 위해 저희는 1년 내내 매 3개월마다 대피 및 자택 대기 훈련 일정을 잡습니다. 대피와 자택 대기는 서로 정반대입니다. 만약 건물 내의 상황이 인명, 건강, 또는 안전에 대한 위험을 나타낸다면 당신은 건물에서 대피합니다. 반대로, 건물 밖의 상황이 인명, 건강, 또는 안전에 위험을 나타낸다면, 대피 과정을 반대로 하고 건물 내의 피난처를 찾습니다.
① 정기적인 대피와 자택 대기 훈련들은 그들의 목숨을 구해주는 가치가 있다.
② 대피와 자택 대기는 그것들의 다른 용어에도 불구하고 같은 것이다.
③ 비상 대응 절차에는 두 가지 종류가 있고 각각은 나머지 다른 하나의 반대 절차들을 보여준다.
④ 자택 대기령과 관련된 엄격한 정부 규정들이 있다.

| 정답해설 |

③ 첫 문장에서 evacuation drills와 shelter-in-place drills라는 두 가지 소재를 제시하고 이하의 문장들에서는 각각의 연습이 어떤 경우 이루어지는지를 설명하고 있다. 따라서 ③이 글의 요지로 가장 적합하다.

| 오답해설 |

① 두 가지 종류의 정기적인 훈련이 제시되어 있지만 '목숨을 구해주는 가치'는 글에 언급이 없다.
② 두 번째 문장에 의하면 두 가지는 상반된다.
④ 정부 규정에 대한 언급은 없다.

| 어휘 |

shelter-in-place 자택 대기
throughout ~ 내내, ~ 종일
readiness 준비되어 있음, 태세
crisis 위기
converse 반대, 역전
invert 뒤집다, 도치시키다
lifesaving 목숨을 구해주는
procedure 절차
shelter-in-place order 자택 대기 명령
drill 연습
secure 확보하다
apartment complex 아파트 단지
resident 주민
hazard 위험
refuge 피난처
term 용어
carry out 실행하다

09 독해 > Logical Reading > 삭제 오답률 26.7% | 답 ③

다음 글에서 전체 흐름과 관계 없는 문장은?

The yin-yang represents two complementary forces which are technically in opposition, but which cannot exist separately. ① This cuts to the core of our understanding of the universe. ② There can be no light without darkness, no summer without winter, no male without female. ③ The yin-yang philosophy has hardly been known to the western society, mainly because there have never been serious translations about it by both eastern scholars and western scholars. ④ This complementary relationship between seemingly opposite forces has taught us much about the mechanisms which govern both how our bodies work and how the world works.

| 선지별 선택률 |

①	②	③	④
6.7%	20%	73.3%	0%

| 해석 |

음과 양은 엄밀히 말해 정반대인 두 개의 보완적인 힘들을 나타내지만, 별개로 존재할 수는 없다. ① 이것은 우주에 대한 우리의 이해의 핵심을 찌른다. ② 어둠 없이는 빛이 없고, 겨울이 없이는 여름이 없으며, 여성이 없으면 남성이 없다. ③ 음양 철학은 서양 사회에는 거의 알려지지 않았었는데, 이는 주로 동양 학자들과 서양 학자들 모두에 의한 그것에 관한 진지한 번역이 전혀 없었기 때문이다. ④ 겉으로 보기에는 반대인 힘들의 이 상호보완성은 우리의 신체가 어떻게 작동하고 세상이 어떻게 작동하는지 모두를 통제하는 작동원리에 관해 많은 것을 우리에게 가르쳐 왔다.

| 정답해설 |

③ 음과 양이 정반대이지만 분리되어 존재할 수 없는 상호 보완적인 힘이며, 신체와 세상의 작동원리를 가르쳐준다는 내용이다. ③은 음양에 관한 철학이 서양에 잘 알려져 있지 않은 이유를 진술하는 내용으로, 글 전체의 내용에 부합되지 않는다.

| 오답해설 |

① This는 앞 문장의 내용(음과 양은 정반대이나 별개로 존재할 수 없는 보완적 힘이다) 전체를 가리키므로 흐름상 알맞다.
② 우주 이해에 음양이 핵심이라는 앞 문장의 예로 적합하다.
④ 우리의 신체와 세계가 작동하는 것을 음양을 통해 배운다는 내용으로, 글 내용에 부합한다.

| 어휘 |

yin 음
complimentary 보완적인
separately 따로, 분리되어
cut to the core 핵심을 찌르다, 정곡을 찌르다
scholar 학자
yang 양
technically 엄밀히 말하면, 기술적으로
mechanism 기제

10 독해 > Logical Reading > 연결사 오답률 26.7% | 답 ④

빈칸 (A)와 (B)에 들어갈 말로 가장 적절한 것은?

This is perhaps the most destructive insect attacking the apple. Every year, when we have a good apple crop, there are thousands of bushels of wormy apples which are practically worthless. ___(A)___, they cause an actual loss of thousands of dollars a year to the apple growers of this country. ___(B)___, each apple grower should come to know the life history, habits and injury of this pest. It is most destructive to the apple though the pear comes in for its share.

	(A)	(B)
①	Relatively	In the meantime
②	In other words	Nonetheless
③	Relatively	Accordingly
④	In other words	Therefore

| 선지별 선택률 |

①	②	③	④
0%	0%	26.7%	73.3%

| 해석 |

이것은 아마도 사과를 공격하는 가장 파괴적인 곤충일 것이다. 매년, 우리가 좋은 사과 작황을 얻을 때면, 수천 부셸의 벌레 먹은 사과가 있고 이는 사실상 쓸모가 없다. (A) 다시 말해서, 그것들은 이 나라의 사과 재배자들에게 매년 수천 달러의 실질적 손실을 발생시킨다. (B) 그러므로, 각 사과 재배자는 이 해충의 일대기, 습성, 그리고 피해를 알게 되어야 한다. 배도 한몫을 차지하지만 그것은 사과에 대해 가장 파괴적이다.

① 상대적으로 – 그 동안에
② 다시 말해서 – 그럼에도 불구하고
③ 상대적으로 – 따라서
④ 다시 말해서 – 그러므로

| 정답해설 |

④ (A) 앞 문장에서는 엄청난 양의 벌레 먹은 사과가 쓸모 없다는 내용이, 빈칸이 포함된 문장에서는 연간 수천 달러의 손실이 있다는 내용이 제시되어 있으므로 부연설명을 하는 In other words가 알맞다.

(B) 앞 문장에서 사과 벌레로 인한 피해가 심각하다는 내용이 제시되고, 빈칸에 포함된 문장에서는 대비책(사과 벌레에 대한 지식의 확보)이 있으므로 인과 관계의 의미인 Therefore가 적합하다.

| 어휘 |

crop 작황
wormy 벌레가 들어있는
life history 일대기
pest 해충
bushel 부셸(용량 단위; 35리터)
practically 사실상
injury 피해
come in for a share 한몫을 차지하다

11 어휘 〉 빈칸 완성   오답률 46.7% | 답 ③

빈칸에 들어갈 말로 가장 적절한 것은?

Inhaling fumes from the fire has a _____ effect on your body, especially damaging your respiratory system.

① repetitive
② dissatisfactory
③ deleterious
④ defective

| 선지별 선택률 |

①	②	③	④
0%	13.4%	53.3%	33.3%

| 해석 |

불에서 나오는 연기를 들이쉬는 것은 당신의 신체에 ③ 해로운 영향을 주는데, 특히 당신의 호흡계통을 손상시킨다.
① 반복적인
② 만족스럽지 않은
③ 해로운
④ 결함이 있는

| 정답해설 |

③ 호흡계통을 손상시킨다는 것으로 보아 신체에 해로운 영향을 미친다는 것을 알 수 있다. 따라서 deleterious가 적합하다.

| 어휘 |

inhale 숨을 들이쉬다
respiratory 호흡의
fume 연기, 매연
deleterious 해로운

12 어휘 〉 빈칸 완성   오답률 20% | 답 ②

빈칸에 들어갈 말로 가장 적절한 것은?

As opposed to what people commonly believe, tigers are not _____. Even after they are fully grown, they actively interact with one another throughout their lives.

① predatory
② solitary
③ nocturnal
④ inactive

| 선지별 선택률 |

①	②	③	④
6.6%	80%	6.7%	6.7%

| 해석 |

사람들이 흔히 믿는 것과는 반대로, 호랑이들은 ② 혼자 지내지 않는다. 그들이 완전히 다 자란 후에도, 그들은 평생 동안 서로 적극적으로 상호작용한다.
① 포식성의
② 혼자 하는
③ 야행성의
④ 활동하지 않는

| 정답해설 |

② 두 번째 문장에서 평생 적극적으로 상호작용한다는 것으로 보아, 혼자서 사는 것이 아님을 알 수 있다. 빈칸 앞에 부정어 not이 있으므로 선지 중 solitary가 적합하다.

| 어휘 |

as opposed to ~와는 반대로
throughout ~ 내내, ~ 종일
solitary 혼자 하는
interact with ~와 상호작용하다
predatory 포식성의
nocturnal 야행성의

13 생활영어 〉 회화/관용표현   오답률 0% | 답 ④

다음 대화의 빈칸에 들어갈 말로 가장 적절한 것은?

A: Did you hear the news about the conflagration?
B: What? No. Where and when did it happen?
A: It started in a small factory.
B: _____
A: Unfortunately, there are several casualties.

① The fire was suppressed already.
② So where did that break out?
③ Don't worry about it.
④ I hope no one got hurt.

| 선지별 선택률 |

①	②	③	④
0%	0%	0%	100%

| 해석 |

A: 너 그 대화재에 관한 소식 들었어?
B: 뭐? 아니. 어디서 그리고 언제 그랬어?
A: 그건 작은 공장에서 시작되었어.
B: ④ 아무도 안 다쳤으면 좋겠다.
A: 안타깝게도, 사상자가 몇 명 있어.
① 그 화재는 이미 진압되었어.
② 그래서 그게 어디서 발생했어?
③ 그것에 관해 걱정하지 마.
④ 아무도 안 다쳤으면 좋겠다.

| 정답해설 |

④ 뒤 문장에서 안타깝게도 사상자가 몇 명 있다고 답한 것으로 보아 B는 다친 사람이 없기를 바라는 말을 했음을 유추할 수 있다.

| 어휘 |

conflagration 대화재
suppress 진압하다
casualty 사상자
break out 발생하다

14 독해 〉 Logical Reading 〉 문맥상 다양한 추론   오답률 20% | 답 ④

밑줄 친 부분이 가리키는 대상이 나머지 셋과 <u>다른</u> 것은?

The study of bacteria practically began with the use of the microscope. It was toward the close of the seventeenth century that the Dutch microscopist, Leeuwenhoek, working with his simple lenses, first saw the organisms which we now know under this name, with sufficient clearness to describe ① them. Beyond mentioning ② their existence, however, his observations told little or nothing. Nor could much more be said of the studies which followed during the next one hundred and fifty years. During this long period, many a microscope was used to observe ③ these, but the majority of observers were contented with simply seeing them, marveling at their minuteness and at the wonders of Nature. ④ Those of more strictly scientific natures paid some attention to them.

| 선지별 선택률 |

①	②	③	④
6.6%	6.7%	6.7%	80%

| 해석 |

박테리아 연구는 실질적으로 현미경의 사용으로 시작되었다. 단순한 렌즈들을 가지고 작업을 했던 네덜란드의 현미경 전문가인 Leeuwenhoek은 ① 그것들을 묘사할 정도로 충분히 분명하게 우리가 현재 이 이름으로 알고 있는 유기체들을 처음으로 보았던 것은 17세기 끝무렵이었다. 그러나 ② 그것들의 존재를 언급하는 것을 넘어서서는, 그의 관찰은 거의 말해주는 것이 없거나 아무것도 말해주지 않았다. 향후 150년 간 뒤따랐던 연구에 관해서도 더 많은 것이 얘기되지 못했다. 이 긴 기간 동안, 많은 현미경들이 ③ 이것들을 관찰하기 위해 사용되었지만, 대다수의 관찰자들은 그것들의 미세함과 자연의 경이로움에 경탄하며 단순히 그것들을 보는 것에 만족했다. 더 엄격한 과학적 기질을 지닌 ④ 이들은 그것들에 약간의 관심을 기울였다.

| 정답해설 |

④ 밑줄 뒤의 수식어구인 of more strictly scientific natures(더 엄격한 과학적 기질을 지닌) 그리고 관심을 기울였다는 내용으로 보아 Those는 '사람들'임을 알 수 있다. ①, ②, ③은 모두 박테리아(bacteria)를 지칭한다.

| 어휘 |

microscope 현미경
microscopist 현미경 전문가
be contented with ~에 만족하다
minuteness 미세함

Dutch 네덜란드(인)의
the majority of 대다수의
marvel 경탄하다, 경이로워하다
strictly 엄격하게

15 독해 〉 Logical Reading 〉 배열   오답률 40% | 답 ①

주어진 글 다음에 이어질 글의 순서로 가장 적절한 것은?

You can treat first-degree burns by yourself. However, it's important to know how to do it. Though first-degree burns aren't as severe as higher-degree burns, you can suffer from pain, and it can leave a scar unless properly treated. To treat a first-degree burn, doctors recommend the following tips:

(A) Dip the burn in cool tap water or apply something cold as soon as possible. Do this for at least 10 minutes or until the pain diminishes. Never apply ointments or butter to the burn, since they may result in an infection.

(B) Once the burn heals, you should guard the area from the sun by wearing protective clothing or applying water-resistant sunblock with an SPF of 30 or higher. This will help to minimize scarring.

(C) Cover the burn with an antiseptic bandage. If you find blisters formed, let them disappear on their own while keeping the area covered.

① (A) – (C) – (B)
② (B) – (A) – (C)
③ (C) – (A) – (B)
④ (C) – (B) – (A)

| 선지별 선택률 |

①	②	③	④
60%	6.7%	20%	13.3%

| 해석 |

당신은 혼자서 1도 화상을 치료할 수 있다. 그러나, 어떻게 그것을 하는지 아는 것이 중요하다. 1도 화상은 더 높은 단계의 화상만큼은 심각하지는 않지만, 당신은 고통을 겪을 수 있고, 그것은 제대로 치료되지 않는다면 흉터를 남길 수 있다. 1도 화상을 치료하기 위해서, 의사들은 다음의 조언들을 권고한다.
(A) 최대한 빨리 화상 부위를 시원한 수돗물에 담그거나 차가운 것을 갖다 대라. 이것을 최소한 10분 동안 혹은 고통이 줄어들 때까지 하라. 화상 부위에 절대 연고나 버터를 바르지 말아야 하는데, 그것들은 감염을 발생시킬 수도 있기 때문이다.
(C) 살균된 붕대로 화상부위를 덮어라. 만약 당신이 수포가 발생되는 것을 발견한다면, 그 부위가 덮인 상태로 유지하는 동안 저절로 그것들이 없어지도록 하라.
(B) 일단 화상 부위가 낫고 나면, 당신은 보호복을 착용하거나 SPF 30 이상의 방수 자외선 차단제를 바름으로써 태양으로부터 그 부위를 보호하라. 이것은 흉터가 생기는 것을 최소화 해주는 것을 도울 것이다.

| 정답해설 |

① 주어진 글은 1도 화상을 스스로 치료하기 위한 의사들의 다음의 조언들이 있다는 내용이다. 따라서 화상 부위를 물에 담그는 내용의 (A)가 가장 먼저 위치해야 하고, 붕대로 화상 부위를 덮는 내용의 (C)가 그 다음이며, 화상이 나은 후의 관리법을 설명하는 (B)가 제일 마지막에 위치하는 것이 알맞다. 따라서 (A) – (C) – (B)가 적합한 순서이다.

| 어휘 |

first-degree burn 1도 화상
severe 심각한, 극심한
dip 담그다
diminish 줄어들다
ointment 연고
infection 감염
sunblock 자외선 차단제
blister 수포, 물집

by oneself 혼자서, 혼자 힘으로
scar 흉터
tap water 수돗물
apply to ~에 바르다, ~에 적용시키다
result in ~을 초래하다
water-resistant 방수의
antiseptic 소독된, 살균된
on one's own 저절로, 혼자서

16 오답률 TOP 3   독해 〉 Logical Reading 〉 배열   오답률 50.7% | 답 ④

주어진 글 다음에 이어질 글의 순서로 가장 적절한 것은?

Business owners argued that higher wages would bring about higher prices for the consumers. In the 1890's, the government called the unions organizations operating 'in restraint of trade.'

(A) The unions did not want these problems to be handled by laws. They wanted to use the power of the labor unions to bargain with employers. Businesses persuaded unions to accept workers' compensation deals which were not as good as the workers wanted.

(B) Several states passed laws to provide minimum wages for women, do away with child labor, and provide funds for workers hurt on the job. Workers' compensation is the phrase describing financial help for those workers injured at work.

(C) The government used the Sherman Antitrust Act against unions instead of against businesses. Between 1890 and 1920, a period called the Progressive Era, many groups were organized to fight low wages, child labor and long hours for factory workers. And their efforts started paying off to some extent.

① (B) – (A) – (C)　　② (B) – (C) – (A)
③ (C) – (A) – (B)　　④ (C) – (B) – (A)

| 선지별 선택률 |

①	②	③	④
17.4%	0%	33.3%	49.3%

| 해석 |

사업주들은 더 높은 임금이 소비자들에게 더 높은 가격을 야기시킬 것이라고 주장했다. 1890년대에, 정부는 노조들을 '업계를 억누르며' 운영되고 있는 조직들로 여겼다.

(C) 정부는 Sherman 독점 금지법을 사업체들 대신 노조들에게 불리하게 사용했다. 개혁시대라고 불리던 시기인 1890년과 1920년 사이에, 많은 단체들이 낮은 임금, 아동 노동, 그리고 공장 노동자의 긴 노동시간과 싸우기 위해 조직되었다. 그리고 그들의 노력은 어느 정도 성과를 내기 시작했다.

(B) 몇몇 주들은 여성들을 위한 최저 임금을 제공하고, 아동 노동을 폐지하며, 근무 중에 다친 사람들을 위한 자금을 제공하는 법률들을 통과시켰다. 산재보상제도는 직장에서 부상당한 노동자들을 위한 재정적 지원을 묘사하는 말이다.

(A) 노조들은 이 문제들이 법에 의해 다뤄지는 것을 원하지 않았다. 그들은 사용자들과 협상하기 위해 노조의 힘을 이용하기를 원했다. 사업체들은 노동자들이 원하는 것만큼은 좋지 못했던 산재 보상 제도 협상을 받아들이도록 노조들을 설득했다.

| 정답해설 |

④ 주어진 글의 두 번째 문장에서 정부가 노조를 적대했음을 알 수 있다. 따라서 정부가 독점 금지법을 노조에 불리하게 사용했다는 (C)가 첫 순서로 알맞다. (C)의 두 번째와 세 번째 문장에서 노조가 점점 조직화되어 성과를 내기 시작했다고 했는데, (B)에서 이 성과(산재보상 제도 등의 노동자들을 위한 법률 통과)가 설명된다. (A)에서는 these problems로 (B)에서 언급된 문제들(여성들의 저임금 등)을 연결하고 있다. 따라서 (C) – (B) – (A)가 글의 순서로 가장 적합하다.

| 어휘 |

wage 급여　　　　　　　　bring about 야기시키다
in restraint of ～을 억제하여　　labor union 노동조합
bargain with ～와 협상[흥정]하다　workers' compensation 산재보상제도
do away with ～을 폐지하다　　on the job 근무 중에
antitrust act 독점 금지법　　　Progressive Era 개혁시대
pay off 성공하다, 성과를 올리다

17　문법 > Main Structure > 태　　오답률 46.7% | 답 ④

밑줄 친 부분 중 어법상 틀린 것은?

New Hampshire is not a peculiarly wealthy state, but it has some resources ① hardly found in other states. The White Mountains, though useless to the farmer, is a piece of real estate which ② yields a sure and abundant income by numerous tourists and their money; and this revenue is certain to increase, ③ unless they are mismanaged. The

White Mountains is at present a unique object of attraction; but they ④ may easily spoil, and the yearly tide of tourists will thus be turned towards other states that have their own attractions.

| 선지별 선택률 |

①	②	③	④
26.7%	6.7%	13.3%	53.3%

| 해석 |

New Hampshire는 딱히 부유한 주는 아니지만, 그것은 다른 주에서는 거의 발견되지 않는 자원들을 가지고 있다. 농부들에게는 쓸모 없지만, White Mountains는 수많은 관광객들과 그들의 돈으로 분명하고 풍부한 수입을 만들어내는 토지 덩어리이다. 그리고 이 수입은 그것들이 잘못 관리되지 않는다면 분명 증가할 것이다. White Mountains는 현재 독특한 매력의 대상이다. 그러나 그것들은 ④ 쉽게 망칠 수도 있다.(→ 쉽게 망쳐질 수도 있다.) 매년 몰려드는 관광객들은 따라서 그것들만의 매력을 가진 다른 주들로 보내질 수도 있다.

| 정답해설 |

④ 목적어가 없으며 문장의 주어 they가 The White Mountains이므로 문맥상 수동(White Mountains가 쉽게 망쳐질 수도 있다)이 적합하다. 따라서 may be easily spoiled가 쓰여야 한다.

| 오답해설 |

① 과거분사 found가 앞의 명사 resources를 문맥에 알맞게 수식(발견되는 자원들)하며 부사 hardly 역시 분사 found를 문맥에 맞게 수식(거의 발견되지 않는)하고 있다.
② 선행사가 단수(a piece of real estate)이며 뒤에 목적어가 있으므로 단수동사인 yields가 적합하게 쓰였다.
③ 뒤에 절을 취하는 조건의 부사절 접속사 unless가 '그것들이 잘못 관리되지 않는다면'이라는 문맥에 맞게 사용되었다.

| 어휘 |

peculiarly 특히, 아주　　　　real estate 토지, 부동산
yield 낳다, 산출하다　　　　abundant 풍부한
revenue 수익　　　　　　　spoil 망치다
tide 물결

18　문법 > Main Structure > 동사　　오답률 26.7% | 답 ④

밑줄 친 부분 중 어법상 틀린 것은?

A proper noun is a name ① applied to a particular object, whether person, place, or thing. It specializes or limits the thing ② to which it is applied, ③ reducing it to a narrow application. Thus, *city* is a word used for any one of its kind; but *Chicago* is a name of one city, the one in the U.S. Midwest, and ④ fix the attention upon that particular city. *King* means any ruler of a kingdom, but *Alfred the Great* is the name of only one king.

| 선지별 선택률 |

①	②	③	④
6.7%	0%	20%	73.3%

| 해석 |

고유명사는 사람이든, 장소든, 사물이든 특정한 대상에 적용되는 이름이다. 그것은 그것이 적용되는 것을 한정하거나 제한해서, 좁은 적용범위로 그것을 줄인다. 따라서, city는 같은 종류의 어떤 것에도 사용되는 단어이다. 그러나 Chicago는 한 도시, 미국 중서부에 있는 어떤 도시의 이름이며, 관심을 그 특정한 도시에 고정시킨다. King은 어떤 왕국의 아무 통치자든 의미하지만, Alfred 대왕은 오직 한 명의 왕의 이름이다.

| 정답해설 |

④ 문장의 주어가 3인칭 단수(Chicago)이므로 동사도 단수동사인 fixes가 쓰여야 한다.

| 오답해설 |

① 분사 applied 뒤에 목적어가 없으며 문맥상 수동의 의미(적용되는 이름)이므로 과거분사가 알맞게 쓰였다.

② 선행사가 사물(the thing)이며 관계사절의 동사가 전치사 to가 필요한 apply이므로 to which가 적합하게 쓰였다.

③ 분사구문으로, 원래 문장인 and it reduces it ~에서 접속사와 주어가 생략되고 동사가 현재분사인 reducing으로 알맞게 변형되었다.

| 어휘 |

proper noun 고유명사
specialize 한정하다, 전문적으로 하다

apply to ~에 적용시키다
ruler 통치자, 지배자

| 더 알아보기 | 전치사+관계대명사

관계대명사 앞에 사용되는 전치사의 종류는 선행사와 관계사절의 관계가 결정한다. 쉽게 알아내는 방법은 관계대명사 앞의 전치사를 관계사절 제일 뒤로 이동시키고 그 뒤에 선행사가 있다고 가정하는 것이다.
• This is the book to which I always refer. (이것은 내가 항상 참고하는 책이다.)
• 관계사절 = I always refer to the book. (나는 항상 그 책을 참고한다.)

---

19 독해 〉 Logical Reading 〉 문맥상 다양한 추론   오답률 55.3% | 답 ①

다음 밑줄 친 it[It]/its가 가리키는 대상이 다른 하나는?

In artificial selection the breeder chooses out for pairing only such individuals as possess the character desired by him in a somewhat higher degree than the rest of the race. Some of the descendants inherit this character, often in a still higher degree. If ① it is pursued throughout several generations, the race is transformed in respect of that particular character. Natural selection depends on the same three factors as artificial selection: on variability, inheritance, and selection for breeding, but this last is here our focal point. It cannot be carried out by a breeder but by what Darwin called the "struggle for existence." Of course, Darwin is not the first one who used and develop ② its concept, but he is the first one who popularize it. ③ It is also the most special feature of the Darwinian conception of nature. Numerous scholars including biologists and evolutionists are still discussing ④ its validity and applications.

| 선지별 선택률 |

①	②	③	④
44.7%	8.6%	26.7%	20%

| 해석 |

인위 선택에서 육종자는 번식을 위해 그 품종의 나머지보다 다소 더 높은 정도로 그에 의해 희망되어지는 특징을 지닌 개체들만은 선택한다. 그 후손들 중 일부는 이 특징을 물려받는데, 종종 훨씬 더 높은 정도로 그러하다. 만약 ① 그것이 몇 개의 세대들 내내 추구된다면, 그 품종은 그 특정한 특징이라는 면에서 변형이 된다. 자연 선택은 인위 선택과 동일한 세 가지 요인들에 기댄다. 변이성, 유전, 그리고 번식을 위한 선택이 그것인데, 이 마지막 것이 여기서 우리의 초점이다. 그것은 육종자에 의해서가 아니라 Darwin이 "생존 투쟁"이라고 불렀던 것에 의해 수행될 수 있다. 물론 Darwin이 ② 그것의 개념을 사용하고 개발했던 최초의 사람은 아니지만, 그는 그것을 대중화했던 최초의 사람이다. ③ 그것은 또한 자연에 대한 다윈주의 개념의 특별한 특징들 중 하나이다. 생물학자들과 진화론자들을 포함한 수많은 학자들은 여전히 ④ 그것의 타당성과 적용성을 논의 중이다.

| 정답해설 |

① 앞 문장에서 '인위 선택(artificial selection)'에 관한 설명이 제시되어 있고 '그것이 추구된다'는 문맥이므로 it은 '인위 선택'이다. ②, ③, ④는 모두 struggle for existence(생존 투쟁)를 지칭한다.

| 오답해설 |

② 앞 문장에서 Darwin이 struggle for existence라고 말했으므로 '그것의 개념'은 '생존 투쟁'이다.

③ 다원주의의 가장 특별한 특징이라고 칭하므로 It은 앞 문장의 '생존 투쟁'을 의미한다.

④ 학자들의 토론 대상으로 앞 문장에서 언급된 '생존 투쟁'을 지칭한다.

| 어휘 |

artificial 인공적인
pair 짝을 짓다
rest 나머지
descendent 후손
throughout ~ 내내, ~ 종일
in respect of ~라는 점에 있어서
variability 변이성, 변동성
breeding 번식
carry out 수행하다
application 적용

breeder 육종자
somewhat 다소
race 혈통
inherit 물려받다
transform 변형시키다
natural selection 자연 선택
inheritance 유전
focal point 초점
validity 타당성, 유효성

---

20 독해 〉 Macro Reading 〉 주장   오답률 46.7% | 답 ④

다음 글에서 필자가 주장하는 바로 가장 적절한 것은?

We first begin to trace the clear outlines of the doctrine of witchcraft not far from the commencement of the Christian era. It presupposes the belief of the Devil. Early observers of nature in the East were led to the conclusion that the world was a divided empire, ruled by the alternate or simultaneous energy of two great antagonistic beings, one perfectly good, and the other perfectly bad. It was for a long time, and perhaps is at this day, a prevalent faith among Christians, that the Bible teaches a similar doctrine; that it presents, to our adoration and obedience, a being of infinite perfections in the Deity; and to our abhorrence and our fears, a being infinitely wicked, and of great power, in the Devil.

① 기독교의 선과 악은 동양의 사상에 영향을 받았다.
② 마술에 대한 경외심이 기독교의 발전에 영향을 끼쳤다.
③ 악에 대한 사람들의 두려움은 시대와 지역과 관계없이 보편적이다.
④ 선과 악이라는 이분법은 기독교 초기부터 존재해왔다.

| 선지별 선택률 |

①	②	③	④
20%	6.7%	20%	53.3%

| 해석 |

우리는 우선 기독교 시대의 시작에서 멀지 않은 마술의 교리에 대한 분명한 설명을 추적하는 것을 시작한다. 그것은 악에 대한 믿음을 전제로 한다. 동양에서 자연의 초기 관찰자들은 세계가 두 개의 거대한 적대적 존재들이 번갈아 나타나거나 동시에 발생하는 에너지에 의해 지배되는 분리된 제국인데, 하나는 완벽히 선하고 나머지 다른 하나는 완벽히 악하다는 결론에 도달했다. 성경이 비슷한 교리를 가르친다는 것은 오랫동안 그리고 아마 현재도 기독교인들 사이에서 일반적인 믿음이다. 그것은 우리가 경배하고 복종하는 신 속에 있는 무한한 완벽함의 존재를 나타낸다. 그리고 우리가 혐오하고 두려워하는 악 속에 있는 큰 힘을 지닌 무한하게 사악한 존재를 나타낸다.

| 정답해설 |

④ 첫 문장에서 마술(악)에 대한 설명이 기독교 초기부터 있었음을 제시하고 중반

이후로는 선과 악의 두 힘을 설명하고 있으므로 ④가 글의 주장으로 가장 적합하다.

| 오답해설 |

① 글에 언급이 없는 내용이다. 세 번째 문장에서 동양에서도 선과 악의 구분이 있었다는 설명이 나오나 이것이 기독교에 영향을 줬다는 내용은 아니다.

② 마술에 대한 경외심은 글에서 언급이 없다.

③ 글에 언급이 없는 내용이다.

| 어휘 |

trace 추적하다
witchcraft 마술
presuppose 전제하다, 추정하다
alternate 번갈아 생기는
antagonistic 적대적인
prevalent 일반적인, 우세한
obedience 순종
deity 신
wicked 사악한

doctrine 교리, 신조
commencement 시작
rule 통치하다, 지배하다
simultaneous 동시에 발생하는
being 존재
adoration 경배
infinite 무한한
abhorrence 혐오

문제편 p.58

01	③	02	④	03	④	04	①	05	③
06	②	07	④	08	①	09	③	10	④
11	③	12	②	13	②	14	②	15	④
16	③	17	③	18	①	19	①	20	①

▶풀이시간: /30분 나의 점수: /100점

01 어휘 〉 유의어 찾기   오답률 15.4% | 답 ③

밑줄 친 부분과 의미가 가장 가까운 것은?

> The cat has very different nature from the dog. The former shows independence while the latter is <u>sociable</u>.

① frugal
② active
③ gregarious
④ aloof

| 선지별 선택률 |

①	②	③	④
7.7%	0%	84.6%	7.7%

| 해석 |
고양이는 개와는 아주 다른 천성을 지니고 있다. 후자가 <u>사교적인</u> 반면, 전자는 독립성을 보여준다.
① 검소한
② 활동적인
③ 사교적인
④ 냉담한

| 정답해설 |
③ sociable은 '사교적인'의 의미로 선지 중 gregarious가 의미상 가장 가깝다.

| 어휘 |
nature 천성, 본성
the former 전자
the latter 후자
sociable 사교적인, 어울리기 좋아하는
frugal 검소한
gregarious 사교적인
aloof 냉담한

02 어휘 〉 빈칸 완성   오답률 0% | 답 ④

다음 빈칸에 들어갈 말로 가장 적절한 것은?

> I'm sure everyone knows smoking is harmful. But people must be also aware of the _____ of secondhand smoking.

① institutions
② barriers
③ invasions
④ hazards

| 선지별 선택률 |

①	②	③	④
0%	0%	0%	100%

| 해석 |
나는 모든 사람들이 흡연은 해롭다는 것을 안다고 확신한다. 그러나 사람들은 간접

흡연의 ④ 위험들 또한 알고 있어야 한다.
① 기관[단체]들
② 장벽[장애물]들
③ 침입들
④ 위험들

| 정답해설 |
④ 흡연이 해롭다는(harmful) 것 뿐 아니라 간접흡연의 해로움도 알아야 한다는 흐름이 알맞으므로, 선지 중 hazards가 문맥에 가장 적합하다.

| 어휘 |
harmful 해로운
be aware of ~를 알다
secondhand 간접적인
barrier 장벽, 장애물
invasion 침입
hazard 위험

03 어휘 〉 빈칸 완성   오답률 7.7% | 답 ④

다음 빈칸에 들어갈 말로 가장 적절한 것은?

> To save energy, it is efficient to _____ your home; for example, installing storm windows can cut down on heating costs in winter.

① drench
② evade
③ obliterate
④ insulate

| 선지별 선택률 |

①	②	③	④
7.7%	0%	0%	92.3%

| 해석 |
에너지를 절약하기 위해, 당신의 집을 ④ 단열 처리하는 것은 효율적이다. 예를 들면, 이중창을 설치하는 것은 겨울에 난방비를 줄여줄 수 있다.
① 흠뻑 적시다
② 피하다
③ 없애다
④ 단열[절연, 방음] 처리를 하다

| 정답해설 |
④ 세미콜론 뒤의 문장에서 이중창을 설치하는 것이 겨울 난방비를 낮춰준다는 것으로 보아 집에 단열 처리를 하는 것이 효과적이라는 흐름이 알맞다.

| 어휘 |
storm window 이중창
cut down on ~을 줄이다
drench 흠뻑 적시다
obliterate 없애다
insulate 단열[절연, 방음] 처리를 하다

오답률 TOP 3
04 독해 〉 Logical Reading 〉 문맥상 다양한 추론   오답률 62% | 답 ①

밑줄 친 it[It]이 가리키는 대상이 나머지 셋과 <u>다른</u> 것은?

> Before setting up a campfire, make sure if ① <u>it</u> is legally permitted to do so. You can ask your local fire department. If it is permitted, ② <u>it</u> must be 25 feet away at a minimum from any building and anything flammable. Clear away combustible things such as dry leaves, sticks, overhanging low branches and shrubs. You should also avoid setting up a fire on windy, dry days. ③ <u>It</u> tends to easily spread out of control on such days. You must monitor your children while the fire is burning. Under no circumstance should kids play or stand too close to the fire. Keep an eye on ④ <u>it</u> at all times.

> A campfire unattended for only several minutes can develop into a disastrous fire. Have a good supply of water nearby to put out the fire.

| 선지별 선택률 |

①	②	③	④
38%	10.6%	15.4%	36%

| 해석 |

캠프파이어를 지피기 전, ① 그렇게 하는 것이 법적으로 허용되는지를 반드시 확인하라. 당신은 지역 소방서에 문의할 수 있다. 만약 그것이 허용된다면, ② 그것은 건물이나 가연성 물체로부터 최소한 25피트는 떨어져 있어야 한다. 마른 나뭇잎, 막대기, 돌출된 낮은 가지들과 관목과 같은 가연성 물체들을 치워라. 당신은 또한 바람이 부는 건조한 날에는 불을 지피는 것을 피해야 한다. ③ 그것은 그런 날에는 통제할 수 없이 쉽게 번지는 경향이 있다. 당신은 불이 타고 있는 동안에는 당신의 아이들을 주시해야 한다. 어떠한 경우에도 아이들이 불에서 너무 가까이 놀거나 서있어서는 안 된다. 항상 ④ 그것을 계속 지켜보고 있어라. 단 몇 분 동안 방치된 캠프파이어도 처참한 화재로 번질 수 있다. 불을 끌 수 있도록 충분한 물을 근처에 두어라.

| 정답해설 |

① it절의 진주어는 to do so이고 it은 가주어이다. ②, ③, ④는 모두 '캠프파이어'를 지칭한다.

| 어휘 |

set up 준비하다, 설치하다
make sure 확실하게 하다, 반드시 ~하다

legally 법적으로	
flammable 가연성의	at a minimum 최소한
combustible 가연성의	clear away 치우다, 청소하다
shrub 관목	overhanging 돌출되어 있는
monitor 주시하다, 감시하다	out of control 제어되지 않는
unattended 방치된	keep an eye on ~을 계속 지켜보다
disastrous 처참한	develop into ~의 사태로 번지다

05 독해 〉 Macro Reading 〉 제목   오답률 7.7% | 답 ③

다음 글의 제목으로 가장 적절한 것은?

> No man has a right, either moral or legal, to destroy or squander an inheritance of his children that he holds for them in trust. And man, the wasteful and greedy spendthrift that he is, has not created even the humblest of the species of birds, mammals and fishes that adorn and enrich this earth. The wild things of this earth are not ours, to do with as we please. They have been given to us in trust, and we must account for them to the generations which will come after us and audit our accounts. But human beings persistently exterminate one species after another.

① The basic human right to use nature
② The inability of humans to create species
③ Human, the destroyer of nature
④ Human, the master of all creatures

| 선지별 선택률 |

①	②	③	④
0%	7.7%	92.3%	0%

| 해석 |

어떤 사람도 도덕적으로나 법적으로나 그가 아이들을 위해 신탁으로 가지고 있는 아이들의 유산을 파괴하거나 낭비할 권리는 없다. 그리고 낭비적이고 탐욕스런 낭비벽이 있는 인간은 이 지구를 장식하고 풍성하게 하는 조류, 포유류, 그리고 어류의 심지어 가장 미천한 종도 만들어내지 않았다. 이 지구의 야생생물들은 우리의 것

이 아니고 우리가 원하는 대로 처분할 수 없다. 그것들은 우리에게 신탁의 형태로 주어졌고, 우리는 우리 다음에 등장하고 우리의 계좌를 회계 감사할 세대들에게 그것들에 대한 책임을 져야 한다. 그러나 인간들은 끈덕지게 종을 하나씩 멸종시킨다.

① 자연을 사용할 기본적 인간의 권리
② 종을 만드는 것에 대한 인간의 무능
③ 인간, 자연의 파괴자
④ 인간, 모든 생물들의 주인

| 정답해설 |

③ 인간은 그러할 권리가 없으면서 지구를 파괴하고 있다는 주장의 글로, 특히 마지막 문장에서 계속해서 종들을 멸종시키고 있다고 비판하고 있으므로 제목으로 ③이 가장 적합하다.

| 오답해설 |

① 인간이 자연을 원하는 대로 처분할 수 없다는 내용 등으로 보아 그것을 사용하는 것이 인간의 기본적 권리라는 것은 주장과 상반되며. 따라서 제목으로도 부적절하다.
② 두 번째 문장에 언급되어 있으나 글쓴이의 주장을 뒷받침하기 위한 내용으로, 제목으로는 부적합하다.
④ 글의 주장과 상반된다.

| 어휘 |

squander 낭비하다	inheritance 유산
in trust 신탁하여	greedy 탐욕스러운
spendthrift 낭비벽이 있는 사람	humble 미천한, 초라한
adorn 장식하다	enrich 풍요롭게 하다
do with ~을 마음대로 처분하다	
account for ~에 대한 책임이 있다, 차지하다, 설명하다	
audit 회계 감사하다	persistently 끈덕지게
exterminate 근절하다, 전멸시키다	creature 생물

06 독해 〉 Macro Reading 〉 주제   오답률 15.4% | 답 ②

다음 글의 주제로 가장 적절한 것은?

> A healthy body struggles continually to purify itself of poisons that are inevitably produced while going about its business of digesting food, moving about, and repairing itself. The body is a marvelous creation, a carbon, oxygen combustion machine, constantly burning fuel, disposing of the waste products of combustion, and constantly rebuilding tissue by replacing worn out, dead cells with new, fresh ones. Every seven years virtually every cell in the body is replaced. All by itself this would be a lot of waste disposal for the body to handle. The waste products of digestion, of indigestion, of cellular breakdown and of the general metabolism are all poisonous to one degree or another. Another word for this is toxic. If these toxins were allowed to remain and accumulate in the body, it would poison itself and die in agony. So the body has a processing system to eliminate toxins. And when that system does break down, the body does die in agony, as from liver or kidney failure.

① Becoming a new person every seven years
② Operation of the body to deal with toxins
③ Metabolism as the cause of various kinds of toxic chemicals
④ Cellular breakdown as the main activity of your liver and kidney

| 선지별 선택률 |

①	②	③	④
7.7%	84.6%	7.7%	0%

| 해석 |

건강한 신체는 음식물을 소화시키는 것, 돌아다니는 것, 그리고 자신의 회복이라는 일을 계속하는 동안 필연적으로 만들어지는 독으로부터 자신을 지속적으로 정화시키려고 분투한다. 신체는 놀라운 창조물이며 탄소와 산소를 연소하는 기계인데, 지속적으로 연료를 연소시키고, 연소의 폐기 부산물을 처리하고, 낡고 죽은 세포들을 새롭고 신선한 것들로 끊임없이 교체한다. 매 7년마다 사실상 신체의 모든 세포는 교체된다. 이것 하나로 신체가 다루는 폐기물은 많을 것이다. 소화, 소화불량, 세포 분해, 그리고 일반적 신진대사의 폐기 부산물은 대체적으로 모두 독성을 가지고 있다. 이것에 대한 또 다른 단어는 유독성이다. 만약 이 독성물질들이 체내에 남아서 축적되도록 허용된다면, 그것은 자신을 중독시키고 고통 속에서 죽게 될 것이다. 따라서 신체는 독소들을 제거할 처리 시스템을 가지고 있다. 그리고 그 시스템이 고장 날 때, 신체는 간 또는 신장의 병으로부터 고통 속에서 죽는다.
① 매 7년마다 새로운 사람이 되는 것
② 독소를 처리하기 위한 신체의 작동
③ 다양한 독성 화학물질들의 원인으로서의 신진대사
④ 당신의 간과 신장의 주요 활동으로서의 세포 분해

| 정답해설 |

② 글의 초~중반의 내용은 신체가 늘 기능을 수행하고 있다는 것이고, 중반 이후는 이 기능 수행에서 발생하는 독성물질들이 있는데 신체가 제대로 작동하지 않는다면 이로 인해 고통을 받고 사망하게 된다는 내용이므로 ②가 주제로 가장 알맞다.

| 오답해설 |

① 세 번째 문장에 매 7년마다 신체의 모든 세포들이 새것으로 교체된다는 내용이 나오나, 이를 Becoming a new person으로 보기가 무리가 있고 따라서 주제도 될 수 없다.
③ 글에 전혀 언급이 없는 내용이다.
④ 역시 글에 언급되어 있지 않다.

| 어휘 |

struggle 분투하다	inevitably 필연적으로
go about 계속하다	digest 소화하다
move about 돌아다니다	marvelous 놀라운
combustion 연소	
dispose of ~를 폐기하다, ~을 처분하다	
worn out 낡은	virtually 사실상
all by itself 홀로, 저절로	indigestion 소화불량
breakdown 분해	metabolism 신진대사
to one degree or another 대체적으로	toxic 유독성의
toxin 독성	accumulate 축적되다
agony 고통, 괴로움	eliminate 제거하다
break down 고장 나다	liver 간
kidney 신장	failure 병, 고장, 부전

07 독해 〉 Macro Reading 〉 주장   오답률 23.1% | 답 ④

다음 글에서 필자가 주장하는 바로 가장 적절한 것은?

The earlier forms of music were very simple; the range of tones employed was narrow, and the habits of mind in the people employing them were apparently calm and almost inactive. As time passed on, more and more tones were added to the musical scales, and more and more complicated relations were recognized between them, and the music thereby became more diversified in its tonal effects, and therein better adapted for the expression of a more energetic or more sensitive action of mind and feeling. This has been the general course of the progress, from the earliest times in which there was an art of music until now.

① If you develop music further, you can cultivate your mind better.
② We can expect some medicinal effects by listening to music.
③ Music reflects the inactive aspect of humans.
④ Mind and music are interrelated, and music of the present is richer than that of the past.

| 선지별 선택률 |

①	②	③	④
7.7%	7.7%	7.7%	76.9%

| 해석 |

더 이전의 음악 형태들은 매우 단순했다. 사용되는 음들의 범위는 좁았고, 그것들을 이용하는 사람들의 마음의 습관도 분명히 조용하고 거의 비활동적이었다. 시간이 지남에 따라, 점점 더 많은 음들이 음계에 추가되었고, 점점 더 복잡한 관련성들이 그것들 사이에서 발견되었으며, 그렇게 함으로써 음악은 그것의 톤의 영향에 있어 더 다양화되었고, 그 안에서 정신과 감정의 더 힘차고 혹은 더 예민한 행동의 표현을 위해 더 잘 적응했다. 이것이 음악적 기술이 있었던 가장 초기로부터 지금까지의 전반적인 진전의 과정이었다.
① 만약 당신이 음악을 더 발전시킨다면, 당신은 당신의 정신을 더 잘 함양할 수 있다.
② 우리는 음악을 들음으로써 어떤 약효를 기대할 수 있다.
③ 음악은 인간의 비활동적 측면을 반영한다.
④ 정신 상태와 음악은 서로 연관되어 있으며 과거보다는 현재의 음악이 더 풍성하다.

| 정답해설 |

④ 초기의 음악이 단순했고 초기 인간의 마음 역시 조용하고 비활동적이었는데, 음악이 더 복잡해짐에 따라 정신과 감정 역시 그것에 더 잘 적응했다는 내용이다. 따라서 음악과 정신이 연관되어 있고 현재 음악이 더 풍성하다는 ④가 주장으로 적합하다.

| 오답해설 |

① 정신과 음악과의 관계가 존재한다는 설명은 있으나, 음악의 발전으로 정신이 함양된다는 내용은 글에 언급이 없다.
② 음악 청취와 약효에 관해 추론할 수 있는 내용은 없다.
③ 음악이 인간의 비활동적 측면을 반영한다고 추론할만한 내용은 글에 없다.

| 어휘 |

tone 음	employ 사용하다
musical scale 음계	diversify 다양화하다, 다각화하다
therein 그 안에	adapt 조절하다, 적응하다
cultivate 기르다, 함양하다	medicinal 약효가 있는

08 독해 〉 Macro Reading 〉 요지   오답률 61.5% | 답 ①

다음 글의 요지로 가장 적절한 것은?

Perhaps some of you have gardens or grass plots at your own homes. If you see some dandelions in the lawn, or groundsel among the flowers or vegetables in the garden beds, you say, "Those weeds must be pulled up." You call the Dandelion and the Groundsel weeds, but they have flowers all the same; the Dandelion is perhaps one of the most lovely yellow flowers that we have. They are weeds certainly in your lawn or garden beds, because they ought not to be there. Weeds are plants in the wrong place. By and by, in the farmer's fields, we shall see many pretty flowers which he calls weeds. We speak of the Nettle as a weed, and do not usually admire it; yet the Nettle has a flower, as we shall see.

① What is food to one is to others bitter poison.
② The squeaky wheel gets the grease.
③ A rotten apple spoils the barrel.
④ Every cloud has a silver lining.

| 선지별 선택률 |

①	②	③	④
38.5%	30.8%	7.6%	23.1%

| 해석 |

아마 여러분들 일부는 자신의 집에 정원 또는 잔디밭이 있을 것이다. 만약 당신이 잔디밭에 몇몇 민들레를 본다면, 혹은 화단의 꽃들과 야채들 사이에서 개쑥갓을 본다면, 당신은 "저 잡초들은 뽑아져야 해."라고 말한다. 당신은 민들레와 개쑥갓을 잡초라고 부르지만, 그것들도 역시 꽃을 가지고 있다. 민들레는 아마 우리가 가지고 있는 가장 사랑스러운 노란 꽃들 중 하나일 것이다. 그것들은 당신의 잔디 또는 화단에서는 분명히 잡초인데, 그것들이 거기에 있어서는 안 되기 때문이다. 잡초는 잘못된 장소에 있는 식물들이다. 곧, 농부의 들판에서, 우리는 그가 잡초들이라고 부르는 많은 예쁜 꽃들을 볼 것이다. 우리는 쐐기풀을 잡초라고 부르고, 보통은 그것에 감탄하지 않는다. 그러나 우리가 보게 될 것이듯, 쐐기풀은 꽃을 가지고 있다.
① 누군가의 음식이 다른 이들에게는 쓴 독이다.
② 우는 아이 젖 준다.
③ 미꾸라지 한 마리가 온 웅덩이를 흐린다.
④ 괴로움이 있으면 즐거움도 있다.

| 정답해설 |

① 정원을 가진 사람 그리고 농부들은 꽃을 가지고 있더라도 의도하지 않은 식물을 잡초로 취급한다는 내용으로, 같은 사물이라도 자신의 기준에 따라 사물을 다르게 대한다는 내용이다. 따라서 '누군가의 음식이 다른 이들에게는 쓴 독이다'라는 속담이 글의 요지로 가장 알맞다.

| 어휘 |

grass plot 잔디밭	dandelion 민들레
groundsel 개쑥갓	garden bed 화단
weed 잡초	all the same 그래도, 여전히
by and by 머지않아, 곧	nettle 쐐기풀
admire 감탄하다, 존경하다	squeaky 끼익 소리가 나는
grease 기름	rotten 썩은
spoil 망치다	lining 안감

09 독해 〉 Logical Reading 〉 삭제 　　　오답률 15.4% | 답 ③

다음 글에서 전체 흐름과 관계 없는 문장은?

If human beings have been long in solitary confinement, they have lost speech either partially or entirely, and required to have it renewed through gestures. There are also several recorded cases of children, born with all their faculties, who, after having been lost or abandoned, have been afterwards found to have grown up possessed of acute hearing, but without anything like human speech. ① One of these was Peter, "the Wild Boy," who was found in the woods of Hanover in 1726, and taken to England. ② Vain attempts were made to teach him language, though he lived to the age of seventy. ③ When we take an evolutionist perspective into account, fluency in any language must be acquired not congenital; in other words, you can master any foreign language under certain circumstances. ④ Another was a boy of twelve, found in the forest of Aveyron, in France, about the beginning of this century, who was destitute of speech, and all efforts to teach him failed.

| 선지별 선택률 |

①	②	③	④
0%	7.7%	84.6%	7.7%

| 해석 |

만약 사람들이 오랫동안 혼자 고립되어 있어왔다면, 그들은 부분적으로든 혹은 완전하게든 말을 잃게 되며, 그것을 몸짓을 통해서 다시 새롭게 해야 한다. 또한 모든 기능을 갖춘 채 태어난 몇몇 아이들에 대한 기록된 사례들이 있는데, 이들은 실종되었거나 버림 받은 후에 발견되어 예리한 청력을 가진 채 성장했지만 인간의 말과 같은 그 어떤 것도 갖지 못했다. ① 이러한 이들 중 한 명이 "야생 소년" Peter였는데, 그는 1726년 Hanover의 숲에서 발견되었고 영국으로 보내졌다. ② 그는 70세의 나이까지 생존했으나, 그에게 언어를 가르치기 위한 헛된 노력들이 이루어졌다. ③ 우리가 진화론적 시각을 고려할 때, 어떤 언어에 대한 유창함은 타고나는 것이 아닌 습득되는 것이 틀림없다. 즉, 당신은 특정한 상황 하에서 어떤 외국어든 통달할 수 있다. ④ 또 다른 사례는 이번 세기 초쯤에 프랑스 Aveyron의 숲에서 발견된 12세 소년이었는데, 그는 말을 할 수 없었고, 그를 가르치려는 모든 노력이 실패했다.

| 정답해설 |

③ 글 전체적으로 오랫동안 고립된 인간은 언어를 습득할 수 없다는 내용이 이어진다. 그러나 ③은 언어가 후천적으로 통달될 수 있어 어떤 상황에서든 외국어에 통달할 수 있다는 내용으로, 흐름에 적합하지 않다.

| 오답해설 |

①, ② 오랫동안 고립되었던 Peter가 평생 언어를 익히지 못했다는 내용으로 글의 주장에 부합된다.
④ 오랫동안 고립되었던 또 다른 소년의 사례로, 글의 내용에 부합된다.

| 어휘 |

solitary 혼자 있는	confinement 갇힘
solitary confinement 독방 감금	faculty 기능, 능력
afterwards 그 후에	be possessed of ~를 지니고 있다
acute 예리한	vain 헛된, 소용없는
take into account 고려하다	evolutionist 진화론의
fluency 유창함	acquired 후천적인, 습득된
congenital 선천적인, 타고난	master 통달하다
destitute of ~가 없는	

10 독해 〉 Micro Reading 〉 내용일치/불일치 　　　오답률 23.1% | 답 ④

다음 글의 내용과 일치하지 않는 것은?

The first and most important of the laws to be considered here is that of similarity. It is by virtue of this law that the peculiar characters, qualities and properties of the parents, whether external or internal, good or bad, healthy or diseased, are transmitted to their offspring. This is one of the plainest and most certain of the laws of nature. Children resemble their parents, and they do so because these are hereditary. The law is constant. Within certain limits, progeny always and everywhere resemble their parents. If this were not so, there would be no constancy of species, and a horse might beget a calf or a sow have a litter of puppies, which is never the case. But the constancy is not absolute and perfect, and this introduces us to another law, that of variation. All organic beings, whether plants or animals, possess a certain flexibility, making them capable of change to a greater or less extent. When in a state of nature, variations are comparatively slow and infrequent, but when in a state of domestication, they occur much oftener and to a much greater extent.

① 유사성의 법칙에 의해 부모의 특징이 자식에게 전해진다.
② 유사성의 법칙은 특정한 한계 내에서 대체적으로 일정하다.
③ 동물과 식물 모두 종의 변화의 가능성도 지니고 있다.
④ 자연 상태보다는 가축화 상태에서 종의 변화가 덜 발생한다.

| 선지별 선택률 |

①	②	③	④
0%	0%	23.1%	76.9%

| 해석 |

여기서 고려되어야 할 법칙들 중 최초의 그리고 가장 중요한 것은 유사성의 법칙이다. 외부적이든 내부적이든, 좋든 나쁘든, 건강하든 병에 걸렸든, 부모의 고유한 성격들, 특성들과 속성들이 그들의 자손에게 전달되는 것은 바로 이 법칙에 의해서이다. 이것은 자연의 법칙들 중 가장 분명하고 가장 확실한 것들 중 하나이다. 자녀들은 그들의 부모들을 닮고, 그들이 그렇게 하는 것은 이것들이 유전적이기 때문이다. 그 법칙은 일정하다. 특정한 한계 내에서, 자손은 항상 그리고 어디서나 그들의 부모들을 닮는다. 만약 이것이 그렇지 않다면, 종의 일정함이 없을 것이고, 말이 송아지를 낳거나 암퇘지가 강아지들을 낳을지도 모르는데, 이는 결코 그렇지 않다. 그러나 일정함은 절대적이지도 완벽하지도 않다. 그리고 이것은 우리에게 또 다른 법칙인, 변이의 법칙을 소개해준다. 식물이든 동물이든 모든 유기적 존재들은 특정한 유연성을 가지고 있는데, 그것들에게 다소간의 변화를 가능하게 만들어준다. 자연의 상태에서 변이들은 상대적으로 느리고 드물지만, 가축화의 생태에서 그것들은 훨씬 더 자주 그리고 훨씬 더 큰 정도로 발생한다.

| 정답해설 |

④ 마지막 문장에 따르면 자연 상태보다는 가축화 상태에서 종의 변화가 훨씬 더 자주(much oftener) 그리고 훨씬 더 큰 정도로(to a much greater extent) 발생한다고 했다.

| 오답해설 |

① 글의 전반부까지 설명되고 있는 내용이다.
② 다섯 번째 문장 The law is constant.에 언급되어 있다.
③ 변이의 법칙을 설명하며, 끝에서 두 번째 문장 All organic beings ~에서 언급된 내용이다.

| 어휘 |

by virtue of ~에 의해서	peculiar 고유한, 특유의
property 속성	transmit 전하다
offspring 자식, 새끼	plain 분명한, 평이한
hereditary 유전적인	progeny (복수) 자손
beget 낳다	calf 송아지
sow 암퇘지	a litter of 한배에서 난
variation 변이, 변동	being 존재
greater or less 다소	extent 정도
comparatively 비교적	domestication 가축화

오답률 TOP 2

11 문법 > Modifiers > 부사　　오답률 63.5% | 답 ③

다음 밑줄 친 부분 중 어법상 적절하지 <u>않은</u> 것은?

All oral languages were at some past time far less useful to ① <u>those using</u> them than they are now, and as each particular language has been thoroughly studied, ② <u>it has</u> become evident that it grew out of some other and less advanced form. In the investigation of these old forms, it has been ③ <u>very difficult</u> to find out how any of them first became a useful instrument of inter-communication that many conflicting theories on this subject ④ <u>have been advocated</u>.

| 선지별 선택률 |

①	②	③	④
17.3%	10.7%	**36.5%**	35.5%

| 해석 |

모든 구어들은 과거 어느 순간에는 그것들이 지금 그런 것보다는 그것들을 사용하는 사람들에게는 훨씬 덜 유용했고, 각각의 특정한 언어가 철저하게 연구되어 옴에 따라, 그것이 어떤 다른 그리고 덜 발전된 형태로부터 발전하여 커졌다는 것이 명백해졌다. 이 오래된 형태들의 조사에 있어, 그것들 중 어느 것이 상호 의사소통의 유용한 도구가 최초로 되었는지를 알아내는 것은 아주 어려워서, 이 주제에 대한 많은 상충되는 이론들이 옹호되어왔다.

| 정답해설 |

③ 문장 후반부의 that절(that many conflicting theories ~)로 보아 '너무 ~해서 …하다'는 의미의 「so ~ that …」 구문이 되는 것이 알맞다. 따라서 very difficult는

so difficult가 되어야 한다.

| 오답해설 |

① 지시대명사 those가 people의 의미로 적합하게 사용되었고 뒤의 현재분사 using의 수식을 알맞게 받고 있다. using 뒤에 목적어(them)가 있고 '그것들을 사용하는 사람들'의 능동의 의미로 해석된다.
② 뒤의 that절이 주어이므로 가주어 it이 알맞게 사용되었다.
④ 「so ~ that …」 구문에서 that절은 완전한 절이다. 뒤에 목적어가 없으며 문맥상 수동(이론들이 옹호되어 왔다)이므로 수동태 동사가 적합하게 사용되었다.

| 어휘 |

oral 구두의	thoroughly 철저하게
evident 분명한	grow out of ~에서 발전하여 커지다
investigation 조사	instrument 도구
inter-communication 상호 의사소통	conflicting 상충되는, 모순되는
theory 이론	advocate 옹호하다

| 더 알아보기 | 「so ~ that …」 구문(결과의 부사절 접속사)

> • 「so+형용사/부사+that+완전한 절」: 아주 ~해서 …하다
> 뒤에 that절을 취하며 부사 so를 관용적으로 사용하는 경우이다. 이런 유형의 문제의 경우 so가 들어가야 할 자리에 very나 too가 들어가 있는 오답들이 즐겨 출제된다.

12 문법 > Balancing > 강조와 도치　　오답률 30.8% | 답 ②

다음 밑줄 친 부분 중 어법상 적절하지 <u>않은</u> 것은?

Almost all plants, including large trees, have flowers — they are flowering plants. ① <u>Just a few</u> plants have no flower; ferns have none, ② <u>nor has</u> the mosses and lichens which grow on walls and rocks and on the stems of trees. Fungi, too, such as the mushroom, have no flowers. Nearly all other plants have flowers. It is by the flower ③ <u>that</u> a plant is reproduced. After the flower has faded comes the fruit and seed; the seed falls into the ground or is sown, and from it springs another plant. Without the flower, ④ <u>there would be</u> no seed.

| 선지별 선택률 |

①	②	③	④
7.7%	**69.2%**	15.4%	7.7%

| 해석 |

큰 나무들을 포함해서, 거의 모든 식물들은 꽃을 가지고 있다. 그것들은 꽃식물이다. 단지 몇몇의 식물들은 꽃이 없다. 양치식물들은 전혀 갖고 있지 않고, 벽과 돌 위에서 그리고 나무의 줄기 위에서 자라는 이끼와 지의류 또한 전혀 갖고 있지 않다. 버섯과 같은 균류들 역시 꽃을 갖지 않는다. 거의 모든 다른 식물들은 꽃을 가지고 있다. 식물이 번식되는 것은 바로 꽃에 의해서이다. 꽃이 지고 난 후에는 과실과 씨앗이 나온다. 씨앗은 땅에 떨어지거나 심어진다. 그리고 그것으로부터 또 다른 식물이 튀어나온다. 꽃이 없다면 씨앗도 없을 것이다.

| 정답해설 |

② 문장이 부정어(nor)로 시작되어 주어와 동사가 도치된 구조이다(부정어 도치). 따라서 밑줄 친 부분 뒤의 명사구 the mosses and lichens가 주어이다. 주어가 복수이며 앞의 절에서 사용된 동사가 일반동사이므로 has가 아닌 do가 쓰여야 한다.

| 오답해설 |

① '단지 몇몇의'라는 의미로, 부사 Just가 뒤의 형용사 a few를 문맥에 맞게 수식하고 있다. 참고로 수량 형용사 a few는 복수명사를 수식하는데, 여기서는 뒤에 복수명사 plants가 알맞게 왔다.
③ 「it ~ that」 강조구문이다. 원래 문장인 A plant is reproduced by the flower.에서 부사구인 by the flower를 강조하기 위해 It is와 that 사이에 삽입한 구조로 적합하게 사용되었다.
④ without 가정법이다. 문맥상 현재 사실의 반대를 가정하므로 가정법 과거 시제인 would be가 적합하게 쓰였다.

| 어휘 |

fern 양치식물	moss 이끼
lichen 지의류	stem 줄기
fungi fungus(균류, 곰팡이류)의 복수형	reproduce 번식하다
fade 지다	seed 씨앗, 종자
sow 뿌리다, 심다	

| 더 알아보기 | without 가정법

가정법 과거(~가 없다면 …일 텐데)와 가정법 과거완료(~가 없었다면 …였을 텐데)에서 사용되며 다음과 같은 여러 형태로 사용되므로 미리 숙지해두어야 한다.
- without 가정법 과거
  - Without ~, S + 조동사의 과거형 + 동사원형…
    = But for ~, S + 조동사의 과거형 + 동사원형…
    = If it were not for ~, S + 조동사의 과거형 + 동사원형…
    = Were it not for ~, S + 조동사의 과거형 + 동사원형…
- without 가정법 과거완료
  - Without ~, S + 조동사의 과거형 + have p.p.…
    = But for ~, S + 조동사의 과거형 + have p.p.…
    = If it had not been for ~, S + 조동사의 과거형 + have p.p.…
    = Had it not been for ~, S + 조동사의 과거형 + have p.p.…

13 독해 〉 Reading for Writing 〉 빈칸 구 완성 　오답률 15.4% | 답 ②

다음 빈칸에 들어갈 말로 가장 적절한 것은?

> The theory of relativity is intimately connected with the theory of space and time. I shall therefore begin with a brief investigation of the origin of our ideas of space and time, although in doing so I know that I introduce a controversial subject. The object of all science, whether natural science or psychology, is to coordinate our experiences and to bring them into a logical system. How are our customary ideas of space and time ＿＿＿＿＿＿＿＿ the character of our experiences?

① contrary to　　　　② related to
③ indifferent to　　　④ exposed to

| 선지별 선택률 |

①	②	③	④
7.7%	84.6%	0%	7.7%

| 해석 |

상대성 이론은 공간과 시간의 이론과 직접적으로 연결되어 있다. 따라서 나는 공간과 시간에 대한 우리의 아이디어들의 기원에 대한 짧은 조사와 함께 시작할 것이지만, 그렇게 하는 데 있어, 내가 논쟁적인 주제를 소개한다는 것을 나는 알고 있다. 자연과학이든 심리학이든 모든 과학의 목적은 우리의 경험을 조직화하여 그것들을 논리적 체계로 가져오는 것이다. 공간과 시간에 관한 우리의 관례적인 생각들이 어떻게 우리의 경험들의 특징과 ② 관련되어 있는가?
① ~와 반대인　　　　　　② ~와 관련된
③ ~에 무관심한　　　　　④ ~에 노출된

| 정답해설 |

② 공간과 시간에 관한 아이디어를 포함한 과학의 목적이 우리의 경험을 조직화하는 것(to coordinate our experiences)이라고 했으므로, 이 공간과 시간에 관한 아이디어가 우리의 경험들의 특성과 어떻게 연관되어 있는지에 대한 질문이 되는 흐름이 알맞다.

| 어휘 |

relativity 상대성	intimately 친밀하게, 직접적으로
investigation 조사	controversial 논쟁적인
coordinate 조직화하다, 조정하다, 조화시키다	
customary 관례적인	contrary to ~와 반대인

indifferent 무관심한

14 독해 〉 Reading for Writing 〉 빈칸 구 완성 　오답률 7.7% | 답 ②

다음 빈칸에 들어갈 말로 가장 적절한 것은?

> The Industrial Revolution inspired many other great ＿＿＿＿＿＿＿＿ during the rest of the 19th century and well into the 20th century, including the light bulb by Thomas Edison in 1878, the telephone by Alexander Graham Bell in 1877, and the automobile by Karl Benz in 1885.

① politicians　　　　② inventions
③ cultures　　　　　④ nations

| 선지별 선택률 |

①	②	③	④
0%	92.3%	0%	7.7%

| 해석 |

산업혁명은 19세기의 나머지 기간과 20세기까지 줄곧 많은 다른 위대한 ② 발명품들에 영감을 주었는데, 1878년 Thomas Edison의 전구, 1877년 Alexander Graham Bell의 전화기, 그리고 1885년 Karl Benz의 자동차를 포함한다.
① 정치인들　　　　　　② 발명품들
③ 문화들　　　　　　　④ 국가들

| 정답해설 |

② 전구, 전화기, 자동차의 예에서 위대한 '발명품들'에 관한 이야기임을 알 수 있다.

| 어휘 |

inspire 영감을 주다	well into 줄곧 ~까지
light bulb 전구	

15 독해 〉 Reading for Writing 〉 빈칸 구 완성 　오답률 38.5% | 답 ④

다음 빈칸에 들어갈 말로 가장 적절한 것은?

> Rachel Carson is often given credit for advancing the environmental movement globally. She was a marine biologist as well as conservationist. One of her main ＿＿＿＿＿＿＿＿ to the environmental movement, a movement which focuses on preserving the earth, was the book *Silent Spring*, a book that highlights the effects of manmade production of chemicals and industry and what it does to the environment.

① characteristics　　　② limitations
③ directions　　　　　④ contributions

| 선지별 선택률 |

①	②	③	④
23.1%	0%	15.4%	61.5%

| 해석 |

Rachel Carson은 전세계적으로 환경 운동을 발전시킨 것에 대한 공로를 자주 인정 받는다. 그녀는 환경보호 활동가일 뿐 아니라 해양 생물학자였다. 지구를 보존하는 것에 집중하는 운동인 환경운동에 대한 그녀의 주요 ④ 공헌들 중 하나는 Silent Spring이라는 책이었는데, 이는 인간이 만든 화학물질의 생산과 산업의 영향들 그리고 그것이 환경에 무엇을 가하는지를 강조하는 책이다.
① 특성들　　　　　　　② 제한들
③ 지시들　　　　　　　④ 공헌들

| 정답해설 |

④ 첫 문장에서 Carson이 환경에 대한 공로를 인정받는다고 했다. 즉, 환경 운동에 대한 그녀의 주요 '공헌들(contributions)' 중 하나에 대한 설명이 이어지는 흐름이 알맞다.

| 어휘 |

give credit for ~에 대한 공로를 인정하다

marine 해양의   conservationist 환경보호 활동가

highlight 강조하다   manmade 인간에 의해 만들어진

---

16 독해 〉 Logical Reading 〉 문맥상 다양한 추론   오답률 7.7% | 답 ③

다음 밑줄 친 부분 중 낱말의 쓰임이 적절하지 <u>않은</u> 것은?

> Carbon monoxide is a gas that you cannot smell or taste. Inhaling it can make you sick, and it can even kill you when you are exposed to ① high levels. Each year almost 100 people are killed by accidental carbon monoxide poisoning nationwide. Once carbon monoxide is ② inhaled, it enters your bloodstream and mixes with hemoglobin, which is essential in carrying oxygen around your body. After this, the blood is no longer able to perform its task, which leads to ③ abundance of oxygen in the body. Subsequently, cells and tissue fail and die. In case you think you suffer a low level of carbon monoxide poisoning, seek medical advice although you are most unlikely to need hospital treatment. It is highly ④ desirable to check your residence for safety.

| 선지별 선택률 |

①	②	③	④
0%	7.7%	92.3%	0%

| 해석 |

일산화탄소는 당신이 냄새를 맡거나 맛을 볼 수 없는 기체이다. 그것을 흡입하는 것은 당신을 아프게 만들 수 있으며, 그것은 당신이 ① 높은 수준에 노출될 때 심지어 당신을 죽일 수도 있다. 매년 전국적으로 거의 100명의 사람들이 뜻하지 않은 일산화탄소 중독으로 사망한다. 일단 일산화탄소가 ② 흡입되고 나면, 그것은 당신의 혈류로 들어가 헤모글로빈과 혼합되는데, 헤모글로빈은 당신의 신체 전체에 산소를 운반하는 데 중요하다. 이것 후에, 피는 더 이상 그것의 역할을 수행하지 못하는데, 그것은 신체 내 산소의 ③ 풍부함(→ 결핍)을 초래한다. 이어서, 세포들과 조직이 작동을 하지 않고 죽는다. 당신이 낮은 수준의 일산화탄소 중독에 걸렸다고 생각하면, 당신은 거의 틀림없이 병원 치료는 필요는 없겠지만, 의료적 조언은 얻어라. 안전을 위해 당신의 거주지를 점검하는 것이 매우 ④ 바람직하다.

| 정답해설 |

③ 헤모글로빈이 산소 공급에 중대한 역할을 한다고 했는데, 흡입된 일산화탄소는 헤모글로빈과 혼합되어 피가 산소 운반을 못 한다고 했으므로 그 결과로 생기는 일은 산소의 '풍부함(abundance)'이 아닌 '결핍(deficiency)'일 것이다.

| 오답해설 |

① 당신을 죽일 수도 있다고 한 것으로 보아 높은 수준에의 노출임을 알 수 있다.

② 주절에서 혈류로 들어간다(it enters your bloodstream ~)는 것으로 보아 일산화탄소가 흡입된다는 흐름은 알맞다.

④ 안전을 위해 거주지를 점검하는 것이 바람직하다는 흐름은 적절하다.

| 어휘 |

carbon monoxide 일산화탄소   inhale 들이쉬다

accidental 우연한   poisoning 중독

nationwide 전국적으로   bloodstream 혈류

abundance 풍부함   subsequently 이어서, 차후에

fail 고장 나다, 작동이 안 되다   desirable 바람직한

residence 거주지

---

17 독해 〉 Logical Reading 〉 삽입   오답률 53.8% | 답 ③

다음 주어진 문장이 들어가기에 가장 적절한 곳은?

> A conjunction, then, is a word that conjoins, or joins together something.

> A conjunction is a part of speech that is chiefly used to connect sentences, joining two or more simple sentences into one compound sentence; it sometimes connects only words; for instance, "You and he are happy, because you are good." (①) Conjunctions are those parts of language, which, by joining sentences in different ways, mark the connections and various dependences of human thought. (②) The term CONJUNCTION comes from the two Latin words, *con*, which signifies together, and *jungo*, to join. (③) Before you can fully comprehend the nature and office of these sort of words, it is requisite that you should know what is meant by a sentence, a simple sentence, and a compound sentence, because conjunctions are chiefly used to connect sentences. (④)

| 선지별 선택률 |

①	②	③	④
23.1%	23.1%	46.2%	7.6%

| 해석 |

접속사는 주로 문장들을 연결하는 데 사용되는 말의 일부인데, 두 개 이상의 단문들을 결합시켜 하나의 중문으로 만든다. 그것은 때때로 단어들만을 연결하기도 한다. 예를 들면, "당신과 그는 행복한데, 당신이 좋은 사람이기 때문이다." ① 접속사들은 문장들을 다른 방식들로 결합시킴으로써 인간 사고의 연결성들과 다양한 종속관계들을 표시하는 언어의 그러한 부분들이다. ② CONJUNCTION이라는 용어는 두 개의 라틴어 단어들인 '함께'를 의미하는 con과 '결합하다'를 의미하는 jungo에서 유래한다. ③ 그렇다면, 접속사는 무언가를 결합시키는, 즉 함께 연결시켜주는 단어이다. 이런 종류의 단어들의 특성과 암시를 당신이 완전히 이해하기 전에, 당신은 문장, 단문, 그리고 중문에 의해 의미되는 것을 알고 있는 것이 필요한데, 접속사들은 주로 문장들을 연결하는 데 사용되기 때문이다. ④

| 정답해설 |

③ conjunction의 어원의 의미가 together와 join이라고 ③의 앞 문장에서 설명하는데, 따라서 joins together라고 의미를 합쳐 설명해주는 주어진 문장의 위치로는 ③이 알맞다.

| 어휘 |

conjunction 접속사   conjoin 결합시키다

chiefly 주로   compound 중문

dependence 종속상태, 의지, 의존   signify 의미하다

comprehend 이해하다   nature 본성, 성질

office 암시   requisite 필요한

simple sentence 단문

---

18 독해 〉 Reading for Writing 〉 빈칸 구 완성   오답률 61.5% | 답 ①

다음 빈칸에 들어갈 말로 가장 적절한 것은?

> Our foundation keeps providing assistance to those in need. Grants are offered to assist local fire victims, fire prevention education, volunteer fire department device purchase, and community programs for safety. If you or your organization is interested in a grant, please ensure to describe how

funding will be used and whether this is a _____ or one time program and/or equipment purchase.

① regular
② required
③ redundant
④ relevant

| 선지별 선택률 |

①	②	③	④
38.5%	23.1%	23.1%	15.3%

| 해석 |

우리 재단은 어려움에 처한 이들에게 계속해서 도움을 제공합니다. 보조금이 지역 화재 피해자들, 화재 예방 교육, 의용 소방대의 장비 구입, 그리고 안전을 위한 지역 사회의 프로그램들을 돕기 위해 제공됩니다. 만약 당신 혹은 당신의 단체가 보조금에 관심이 있다면, 지금이 어떻게 사용될지와 이것이 ① 정기적인 혹은 일회성 프로그램인지 그리고/혹은 장비 구입인지를 반드시 기술해주세요.

① 정기적인
② 필수의
③ 불필요한
④ 관련성 있는

| 정답해설 |

① 빈칸 바로 뒤에서 or one time program(또는 일회성 프로그램)이라고 하는 것으로 보아 빈칸에는 '정기적인'의 의미가 적합함을 알 수 있다.

| 어휘 |

in need 어려움에 처한　　　　　**grant** 보조금
volunteer fire department 의용 소방대
ensure 반드시 ~하게 하다, 보장하다　　**describe** 묘사[기술]하다
one time 일회성의, 한때의　　　**redundant** 불필요한
relevant 관련성 있는

오답률 TOP 1

19 독해 〉 Logical Reading 〉 연결사　　　오답률 69.2% | 답 ①

다음 빈칸 (A), (B)에 들어갈 말로 가장 적절한 것은?

We may define a food to be any substance which will repair the functional waste of the body, increase its growth, or maintain the heat, muscular, and nervous energy. In its most comprehensive sense, the oxygen of the air is a food, as although it is admitted by the lungs, it passes into the blood, and there reacts upon the other food which has passed through the stomach. It is usual, ___(A)___, to restrict the term food to such nutriment as enters the body by the intestinal canal. Water is often spoken of as being distinct from food, ___(B)___ there is no sufficient reason for this.

|　　　(A)　　　　　　　(B)
① however　　　　　　but
② however　　　　　　additionally
③ as a result　　　　　yet
④ as a result　　　　　nonetheless

| 선지별 선택률 |

①	②	③	④
30.8%	0%	38.5%	30.7%

| 해석 |

우리는 음식을 신체의 기능적 폐기물을 수리하고, 그것의 성장을 증진시키거나, 열, 근육, 그리고 신경의 에너지를 유지시켜 줄 어떤 물질인 것으로 규정할 수 있다. 그것의 가장 포괄적인 의미에서, 공기의 산소도 음식인데, 그것이 폐에 의해 들여지지만, 그것은 혈액 속으로 통과를 하며 거기서 위를 통해 통과된 다른 음식에 대해 반응하기 때문이다. (A) 그러나, 음식이라는 용어를 창자관을 통해 신체로 들어오는

양분으로 제한하는 것이 일반적이다. 물은 종종 음식과는 뚜렷이 다르다고 말해진다. (B) 하지만 이것에 대한 충분한 이유는 없다.

① 그러나 – 하지만
② 그러나 – 게다가
③ 결과적으로 – 그렇지만
④ 결과적으로 – 그렇기는 하지만

| 정답해설 |

① (A) 앞 문장에서 넓은 의미로는 공기의 산소도 음식에 포함된다고 했는데, 빈칸이 포함된 문장에서는 일반적으로는 음식을 창자관을 통해 신체로 들어오는 양분으로 한정한다고 했으므로 역접의 의미인 however가 적합하다.
　(B) 빈칸 앞의 절에는 물과 음식은 종종 뚜렷이 구분된다고 했는데, 빈칸 뒤에는 그에 대한 충분한 이유가 없다고 했다. 따라서 역접의 접속사 but이 적합하다. nonetheless의 경우 부사로, 절과 절을 연결할 수 없다.

| 어휘 |

define 규정하다, 정의하다　　　　**substance** 물질
muscular 근육의　　　　　　　**nervous** 신경의, 불안해하는
comprehensive 포괄적인　　　　**restrict** 제한하다
nutriment 음식물, 양분　　　　　**intestinal canal** 창자관
distinct 뚜렷이 구분되는

20 독해 〉 Logical Reading 〉 배열　　　오답률 15.4% | 답 ①

주어진 글 다음에 이어질 글의 순서로 가장 적절한 것은?

On Monday morning July 16, 1945, the world was changed forever when the first atomic bomb was tested in an isolated area of the New Mexico desert. Conducted in the final month of World War II by the top-secret Manhattan Engineer District, this test was code named Trinity.

(A) The Trinity test took place on the Alamogordo Bombing and Gunnery Range, about 230 miles south of the Manhattan Project's headquarters at Los Alamos, New Mexico. Today this 3,200 square mile range, partly located in the desolate Jornada del Muerto Valley, is named the White Sands Missile Range and is actively used for non-nuclear weapons testing.

(B) The other possible sites were not located in New Mexico. The last choice for the test was in the beautiful San Luis Valley of south-central Colorado, near today's Great Sand Dunes National Monument.

(C) The selection of this remote location in the Jornada del Muerto Valley for the Trinity test was from an initial list of eight possible test sites. Besides the Jornada, three of the other seven sites were also located in New Mexico.

① (A) – (C) – (B)
② (B) – (A) – (C)
③ (B) – (C) – (A)
④ (C) – (A) – (B)

| 선지별 선택률 |

①	②	③	④
84.6%	7.7%	0%	7.7%

| 해석 |

1945년 7월 16일 월요일 오전, 최초의 원자폭탄이 뉴멕시코 사막의 외딴 구역에서 실험되었을 때 세상은 영원히 바뀌었다. 일급비밀인 맨해튼 기술원 관구에 의해 2차 세계대전 마지막 달에 수행된 이 실험은 Trinity라는 암호명이 붙었다.
(A) Trinity 실험은 Alamogordo 폭격 및 포격 사격장에서 일어났는데, 뉴멕시코 주 Los Alamos에 있는 맨해튼 프로젝트의 본부로부터 남쪽으로 230마일 떨어진 곳이다. 황량한 Jornada del Muerto Valley에 부분적으로 위치한 이 3,200 평방

미터짜리 사격장은 오늘날 White Sands 미사일 사격장이라는 이름이 붙었고 비핵무기 실험을 위해 활발히 사용된다.

(C) Trinity 실험을 위한 Jornada del Muerto Valley에 있는 이 먼 장소의 선정은 여덟 곳의 가능한 실험 장소들에 대한 초기 목록에서 나왔다. Jornada 이외에도, 다른 일곱 곳의 장소들 중 세 곳 또한 뉴멕시코에 위치했다.

(B) 나머지 가능한 장소들은 뉴멕시코에 위치하지 않았다. 실험을 위한 마지막 선택은 오늘날의 Great Sand Dunes 천연기념물 근처의 Colorado 중남부의 아름다운 San Luis Valley에 있었다.

| 정답해설 |

① 주어진 글은 Trinity 실험이라는 소재를 소개하는데, 주어진 문단들 중 (A)가 실험 장소의 묘사라는 가장 기본적인 정보를 제시하므로 첫 순서로 적합하다. (B)와 (C)는 나머지 후보지들을 설명하는 내용인데, (C)는 여덟 곳의 최초 후보지들 중 뉴멕시코에 위치한 후보지가 세 군데임을 제시하고, (B)에서는 나머지(The other ~) 후보지들은 뉴멕시코 외의 지역이었다고 설명하고 있으므로 (C) - (B)의 순서가 알맞다. 따라서 (A) - (C) - (B)가 적합한 순서이다.

| 어휘 |

atomic bomb 원자폭탄 　　　　 isolated 외딴, 고립된
Manhattan Engineer District 맨해튼 기술원 관구
trinity 삼위일체 　　　　 gunnery 포격
range 사격장 　　　　 headquarters 본부, 본사
desolate 황량한 　　　　 sand dune 모래 언덕, 사구
national monument 천연기념물, 국립 유적지
remote 멀리 떨어진 　　　　 initial 초기의, 처음의

문제편 p.66

01	①	02	①	03	②	04	④	05	①
06	②	07	④	08	③	09	④	10	②
11	②	12	②	13	④	14	③	15	④
16	①	17	②	18	③	19	③	20	③

▶풀이시간: /25분 나의 점수: /100점

01 어휘 〉 빈칸 완성   오답률 39.3% | 답 ①

다음 빈칸에 들어갈 단어로 가장 적절한 것은?

> Since he started telecommuting last year, Richard, who had once enjoyed outdoor activities, has become rather _____.

① inert
② extrovert
③ vigorous
④ precarious

| 선지별 선택률 |

①	②	③	④
60.7%	33.3%	0%	6%

| 해석 |
작년에 재택 근무를 시작했던 이후로, 한때 야외활동을 즐겼던 Richard는 다소 ① 활발하지 못한 상태가 되었다.
① 활발하지 못한, 비활성의
② 외향적인
③ 힘찬
④ 불안정한

| 정답해설 |
① 작년부터 재택 근무를 했고, 한때는 야외활동을 즐겼다는 것으로 보아 지금은 그 반대 상태임을 유추할 수 있다. 따라서 선지 중 inert가 적합하다.

| 어휘 |
telecommute 재택 근무하다　　rather 다소
inert 활발하지 못한, 비활성의　　extrovert 외향적인
vigorous 힘찬　　precarious 불안정한

02 어휘 〉 빈칸 완성   오답률 9.1% | 답 ①

다음 빈칸에 들어갈 단어로 가장 적절한 것은?

> I know there are a lot of advocates for the theory that human nature is fundamentally good. However, I am convinced that the cruel civil war, broadcast by the media all over the world, proves the _____ side of human nature.

① destructive
② salutary
③ experiential
④ animated

| 선지별 선택률 |

①	②	③	④
90.9%	8.1%	1%	0%

| 해석 |
나는 인간의 본성이 근본적으로 선하다는 이론을 옹호하는 사람들이 많다는 것을 안다. 그러나 전세계적으로 방송되는 그 잔인한 내전이 인간 본성의 ① 파괴적인 면을 증명한다고 나는 확신한다.
① 파괴적인
② 유익한
③ 경험상의
④ 활기찬

| 정답해설 |
① However로 보아 인간이 선하다는 이론에 반대되는 부정적인 내용이 옴을 알 수 있다. '잔인한' 내전 등도 힌트가 된다.

| 어휘 |
advocate 옹호자　　be convinced that ~을 확신하다
civil war 내전　　nature 본성
salutary 유익한　　animated 활기찬

03 어휘 〉 빈칸 완성   오답률 33.3% | 답 ②

다음 빈칸에 들어갈 단어로 가장 적절한 것은?

> There is a _____ fear that we are constantly under surveillance. Many of us are overly conscious of the omnipresence of security cameras.

① limited
② pervasive
③ void
④ furtive

| 선지별 선택률 |

①	②	③	④
22.2%	66.7%	0%	11.1%

| 해석 |
우리가 끊임없이 감시 받고 있다는 ② 만연한 두려움이 있다. 우리들 중 많은 이들은 감시 카메라의 편재를 지나치게 의식한다.
① 제한된
② 만연한
③ 무효의
④ 은밀한

| 정답해설 |
② 어디에나 감시 카메라가 있다는 것을 지나치게 의식한다는 두 번째 문장으로 보아 이에 대한 두려움이 널리 퍼져 있음을 알 수 있다. 따라서 선지 중 pervasive가 가장 알맞다.

| 어휘 |
under surveillance 감시 받고 있는　　overly 지나치게
be conscious of ~을 의식하다　　omnipresence 편재
pervasive 만연한　　void 무효의
furtive 은밀한

04 어휘 〉 빈칸 완성   오답률 31.3% | 답 ④

다음 빈칸에 들어갈 단어로 가장 적절한 것은?

> It was a really _____ decision. Since that decision of the CEO, the enterprise has expanded into the world. The company is currently the highest ranked furniture manufacturer worldwide.

① trivial
② mediocre
③ meager
④ momentous

| 선지별 선택률 |

①	②	③	④
11.1%	11.1%	9.1%	68.7%

| 해석 |

그것은 정말 ④ 중대한 결정이었다. CEO의 그 결정 이후로, 그 기업은 세계로 진출해왔다. 그 회사는 현재 전세계적으로 가장 높게 평가되는 가구 제조업체이다.
① 사소한
② 보통의, 그저 그런
③ 빈약한
④ 중대한

| 정답해설 |

④ 회사가 세계로 진출하고 최고의 회사로 평가되었다는 것으로 보아 '중대한' 결정이었다는 흐름이 알맞다.

| 어휘 |

enterprise 기업
rank (순위 따위를) 매기다
mediocre 보통의, 그저 그런
momentous 중대한
expand into ~로 진출하다
trivial 사소한
meager 빈약한

05 독해 〉 Logical Reading 〉 연결사   오답률 5.1% | 답 ①

다음 글의 빈칸에 들어갈 말로 가장 적절한 것은?

> Short breath and gasping are brought about when an irritant such as cold or dry air, smoke, pollen, or dust adversely affects the airways. _____, stress, oscillations in the hormone profile, and anger also trigger an attack. Breathing difficulty arises because the bronchi which allow oxygen into the lungs go into a spasm. It is also associated with coughing and tightness in the chest. Severe conditions including wheezing, air hunger and chest pain can be alarmingly scary. Strenuous exercise, extreme temperatures, high altitude, and obesity have proved to set off shortness of breath in a healthy person. Other than these, if you experience breathlessness, it is typically indicative of a disorder and must be examined without delay.

① In addition
② Nonetheless
③ To illustrate
④ Specifically

| 선지별 선택률 |

①	②	③	④
94.9%	5.1%	0%	0%

| 해석 |

숨가쁨과 헐떡거림은 차갑거나 건조한 공기, 연기, 꽃가루 또는 먼지와 같은 자극물이 기도에 부정적인 영향을 미칠 때 발생된다. ① 그밖에, 스트레스, 호르몬 측면의 변동, 그리고 분노 또한 발작을 촉발시킨다. 호흡 곤란은 산소를 폐 속으로 들이는 기관지들이 경련을 하기 때문에 발생한다. 그것은 또한 기침과 가슴의 긴장과 관련 있다. 쌕쌕거림, 공기 부족, 그리고 가슴 통증을 포함한 심각한 상태는 놀라울 정도로 무서울 수 있다. 격렬한 운동, 극단적인 온도, 높은 고도, 그리고 비만은 건강한 사람들에게 숨가쁨을 촉발시킨다고 밝혀졌다. 이것들 이외에, 만약 당신이 숨가쁨을 겪는다면, 그것은 보통 질환을 나타내며 지체 없이 검사되어야 한다.
① 그밖에, 게다가
② 그럼에도 불구하고
③ 예를 들면, 예증하자면
④ 구체적으로 말하면

| 정답해설 |

① 앞 문장에서 숨가쁨의 원인들(차거나 건조한 공기, 연기, 꽃가루, 먼지)이 제시되어 있고, 빈칸이 포함된 문장에서는 다른 원인들(스트레스, 호르몬 변화, 분노)이 제시되므로 추가의 의미인 In addition이 적합하다.

| 어휘 |

short breath 숨가쁨	gasping 헐떡거림
bring about 야기시키다	irritant 자극물
pollen 꽃가루	dust 먼지
adversely 부정적으로, 불리하게	airway 기도
oscillation 변동, 진동	hormone profile 호르몬 측면
trigger 촉발시키다	attack 발발, 도짐
arise 발생하다	bronchi bronchus(기관지)의 복수형
lung 폐	spasm 경련, 발작
cough 기침하다	tightness 긴장
severe 극심한	wheeze 쌕쌕거리다
air hunger 공기 부족	alarmingly 놀랄 만큼
strenuous 격렬한, 몹시 힘든	altitude 고도
obesity 비만	set off 유발시키다
other than ~ 이외에	
be indicative of ~을 나타내다, ~을 시사하다	
to illustrate 예를 들면, 예증하자면	specifically 구체적으로 말하면

06 생활영어 〉 회화/관용표현   오답률 0% | 답 ②

다음 대화의 빈칸에 들어갈 말로 가장 적절한 것은?

> A: Would you show me that scooter?
> B: Sure. It's the latest model, so it's popular with kids.
> A: Well, I'm a little concerned about its weight, though.
> B: _____
> A: I mean, this is for my daughter. So this looks too heavy for a six-year-old girl to carry around with.
> B: Then, I'll bring you another model.
> A: That would be great. Thanks.

① Do you mean you need a bigger one?
② Do you think it's too heavy for you?
③ What color would you like?
④ How much do you weigh?

| 선지별 선택률 |

①	②	③	④
0%	100%	0%	0%

| 해석 |

A: 저 킥보드 좀 보여주실래요?
B: 물론이죠. 최신 모델이라서 아이들에게 인기 있어요.
A: 음 그런데 무게가 조금 걱정되네요.
B: ② 그것이 당신에게 너무 무겁다고 생각하시나요?
A: 제 말은, 이건 제 딸을 위한 거예요. 그래서 이게 6살짜리 여자아이가 가지고 다니기에는 너무 무거워 보이네요.
B: 그렇다면, 제가 당신에게 다른 모델을 보여드릴게요.
A: 그러면 좋을 것 같아요. 감사합니다.
① 당신이 더 큰 것이 필요하다는 말씀이세요?
② 그것이 당신에게 너무 무겁다고 생각하시나요?
③ 어떤 색을 원하세요?
④ 몸무게가 얼마 나가시나요?

| 정답해설 |

② 빈칸 다음에 A가 아이에게는 너무 무거워 보인다는 말을 한 것으로 보아, B가 킥보드의 무게에 관한 것을 물었음을 알 수 있다.

| 오답해설 |

①은 크기를, ③은 색을 언급하므로 관련이 없으며, ④는 킥보드의 무게가 아닌 상대의 몸무게를 묻는 내용이므로 대화에 적합하지 않다.

| 어휘 |

scooter 킥보드, 스쿠터 weight 무게
carry around 가지고 다니다 weigh 무게가 나가다

07 독해 〉 Macro Reading 〉 제목 오답률 33.3% | 답 ④

다음 글의 제목으로 가장 적절한 것은?

In newspaper literature, women made her entrance at an early period and in an important manner. The first daily newspaper in the world was established and edited by a woman, Elizabeth Mallet, in London, March, 1702. It was called *The Daily Courant*. The first newspaper printed in Rhode Island was by Anna Franklin in 1732. She was aided by her two daughters, who were correct and quick compositors. The woman servant of the house usually worked the press. The third paper established in America was *The Mercury* in Philadelphia. After the death of its founder, in 1742, it was suspended for a week, but his widow, Mrs. Cornelia Bradford, revived it and carried it on for many years, making it both a literary and a pecuniary success.

① American newspapers
② The history of newspapers
③ Literary value of newspapers
④ Women in newspapers

| 선지별 선택률 |

①	②	③	④
0%	33.3%	0%	66.7%

| 해석 |

신문학에서 여성은 초기에 그리고 중대한 방식으로 진출했다. 세계 최초의 일간신문은 1702년 3월 런던에서 Elizabeth Mallet이라는 여성에 의해 설립되고 편집되었다. 그것은 The Daily Courant라고 불렸다. 로드 아일랜드에서 인쇄된 최초의 신문은 1732년 Anna Franklin에 의한 것이었다. 그녀는 두 딸의 도움을 받았는데, 그들은 정확하고 빠른 식자공들이었다. 보통은 그 집의 하녀가 그 언론사를 운영했다. 미국에서 설립된 세 번째 신문사는 필라델피아의 The Mercury였다. 1742년 설립자의 사망 후, 그것은 일주일 간 중단되었었지만, 그의 과부인, Cornelia Bradford가 그것을 되살렸고 여러 해 동안 그것을 지속시켜, 그것을 저술적인 그리고 금전적인 성공으로 이끌었다.

① 미국의 신문들 ② 신문의 역사
③ 신문의 문학적 가치 ④ 신문 분야의 여성들

| 정답해설 |

④ 초기 신문에서 활약했던 여성들의 예들이 소개되고 있다. 따라서 '신문 분야의 여성들'이 글의 제목으로 가장 알맞다.

| 오답해설 |

① 특정 국가의 신문이 아닌, 여성이 참여하거나 여성에 의해 설립되었던 신문에 대한 글이다.
② 단순한 신문의 역사가 아닌, 여성들이 관여한 신문의 역사가 정확하다.
③ 신문의 문학적 가치는 글에서 다루고 있지 않다.

| 어휘 |

literature 문학
make one's entrance 진출하다, 들어가다
compositor 식자공(골라 뽑은 활자를 원고대로 조판하는 사람)

servant 하인 founder 설립자
suspend 중단시키다 widow 과부
revive 되살리다 carry on 계속하다
pecuniary 금전상의

08 독해 〉 Logical Reading 〉 문맥상 다양한 추론 오답률 44.4% | 답 ③

다음 밑줄 친 부분이 가리키는 대상이 나머지 셋과 다른 것은?

For more than 42 years, the Centerville Fire Academy has offered fire fighter training. With service demands on fire departments expanding, ① it has developed EMS(emergency medical service) training, hazardous materials courses, rescue technician training, and other programs to meet those increasing needs. ② Its capacity to accommodate these changes is directly attributable to the commitment of the full and part-time staff and to the guidance and direction of the Fire Academy's governing body, the Centerville Education Commission. Since ③ it is our duty to provide local, state, and federal fire fighters with training, ④ it is devoted to ensuring they receive the best educational experience possible and the training also meets national standards.

| 선지별 선택률 |

①	②	③	④
11.1%	22.2%	55.6%	11.1%

| 해석 |

42년 넘게, Centerville Fire Academy는 소방관 교육을 제공해왔습니다. 소방서에 대한 서비스 수요가 확대되는 상황에서, 그 증가하는 요구들을 충족시키기 위해 ① 그것은 EMS(비상의료 서비스) 훈련, 위험물질 과정들, 구조 기술자 훈련, 그리고 다른 프로그램들을 개발해왔습니다. 이런 변화들에 부응할 수 있는 ② 그것의 능력은 직접적으로는 정규 및 비정규 직원들의 헌신 그리고 Fire Academy의 관리 기관인 Centerville Education Commission의 지도와 감독 덕분입니다. 지역, 주, 그리고 연방 정부의 소방관들에게 훈련을 제공하는 것이 우리의 의무이기 때문에, ④ 그것은 반드시 그들이 가능한 한 최고의 교육 경험을 받고 그 훈련이 국가의 기준을 충족하도록 하는 데 헌신합니다.

| 정답해설 |

③ 뒤의 to부정사구(to provide ~)가 진주어이며 밑줄 친 it은 가주어이다. 나머지 ①, ②, ④는 모두 Centerville Fire Academy를 가리킨다.

| 어휘 |

expand 확대되다 hazardous 위험한
meet 충족시키다 capacity 능력
accommodate ~에 부응하다 attributable to ~ 덕분인, ~가 원인인
direction 지시 governing body 관리 기관, 이사회
be devoted to -ing ~하는 데 헌신하다
ensure 반드시 ~하게 하다

09 독해 〉 Logical Reading 〉 문맥상 다양한 추론 오답률 11.1% | 답 ④

다음 글의 Wells가 마감시한을 지키기로 결정하면 생기게 될 일은?

Dear Ms. Wells,

Just yesterday, I received an urgent phone call from our contractor informing me that some paints are currently unavailable. He said that we can wait until the manufacturer can provide those paints next month, but then we cannot meet our original work deadline and have to put off our grand opening. In order to meet the deadline, we can grand opening. In order to meet the deadline, we can purchase the same colors from a different manufacturer, but, in this case, we will have to pay about 10 percent more than we originally planned. Since you are a general manager, please decide which option would be better and let me know as soon as possible. I will take care of the rest.

Michael Dawson

① They will hold their grand opening in a different venue.
② They will have to cancel the whole project.
③ They are likely to do business with the existing manufacturer.
④ The final cost will exceed the original one.

| 선지별 선택률 |

①	②	③	④
11.1%	0%	0%	88.9%

| 해석 |

Wells 씨께,

바로 어제, 저는 우리의 하청업자가 일부 페인트들이 현재 구입이 불가하다는 것을 저에게 알리는 급한 전화를 받았습니다. 그가 말하길 다음 달에 제조업자가 그 페인트들을 제공할 수 있을 때까지 우리가 기다릴 수 있지만, 그렇게 되면 우리는 원래 마감시한을 지킬 수 없고 우리의 그랜드 오프닝을 미뤄야만 합니다. 마감시한을 지키기 위해서는, 우리는 다른 제조업체로부터 같은 색깔들을 구입할 수 있지만, 이 경우, 우리는 우리가 원래 계획했던 것보다 대략 10% 더 많이 지불해야만 할 것입니다. 당신이 총지배인이니, 어느 옵션이 더 나은지를 결정해서 저에게 최대한 빨리 알려주세요. 제가 나머지를 처리하겠습니다.

Michael Dawson
① 그들은 다른 장소에서 그들의 그랜드 오프닝을 개최할 것이다.
② 그들은 전체 프로젝트를 취소해야 할 것이다.
③ 그들은 기존의 제조업체와 거래할 것 같다.
④ 최종 비용이 원래 비용을 초과할 것이다.

| 정답해설 |

④ 중간 부분 In order to meet ∼의 문장에서 마감시한을 지키기 위해서는 제조업체를 바꾸고 10% 정도 더 지불해야 한다는 설명이 있으므로, 최종 비용이 원래 비용을 초과할 것임을 알 수 있다.

| 오답해설 |

① 다른 장소의 가능성은 글에 언급이 없다.
② 마감시한을 지킬 수 있으므로 프로젝트를 취소할 필요가 없을 것이다.
③ 세 번째 문장인 In order to meet ∼에 의하면 기존의 제조업체가 아닌 다른 제조업체와 거래하게 되는 경우이다.

| 어휘 |

urgent 긴급한　　　　　　　　contractor 하청업자
meet 충족시키다　　　　　　　venue 장소
do business with ∼와 거래하다　　exceed 초과하다

오답률 TOP 3

10 어휘 〉 유의어 찾기　　　　　　오답률 46.4% | 답 ②

다음 밑줄 친 표현과 가장 유사한 것은?

In expectation of a highly effective new medicine for lung cancer, the pharmaceutical company had steadily invested a lot of money. Surprisingly, however, the findings from the research were at odds with what the company had expected.

① faced　　　　　　　② conflicting
③ equipped　　　　　④ complying

| 선지별 선택률 |

①	②	③	④
33.3%	53.6%	2%	11.1%

| 해석 |

폐암에 상당히 효과적인 신약을 기대하여, 그 제약회사는 꾸준히 많은 돈을 투자했었다. 그러나 놀랍게도, 그 연구에서 나온 결과들은 회사가 기대했던 것과 상충되었다.
① 직면한　　　　　　　② 상충하는
③ 갖춘　　　　　　　　④ 준수하는

| 정답해설 |

② at odds는 전치사 with와 함께 사용되어 '∼와 상충되는'의 뜻이 된다. 따라서 선지 중에서 conflicting이 의미상 가장 유사하다.

| 어휘 |

lung cancer 폐암　　　　　　　pharmaceutical 제약의
at odds with ∼와 상충되는, ∼와 불화하는
be faced with ∼에 직면하다　　　conflict with ∼와 충돌하다
be equipped with ∼을 갖추다　　comply with ∼을 준수하다

11 독해 〉 Macro Reading 〉 주제　　　　오답률 15.1% | 답 ②

다음 글의 주제로 가장 적절한 것은?

The art of China and Japan appears to have been more influenced by this view of natural appearances than that of the West has been, until quite lately. The Eastern mind does not seem to be so obsessed by the objectivity of things as is the Western mind. With us the practical sense of touch is all powerful. "I know that is so, because I felt it with my hands" would be a characteristic expression with us, whereas I do not think it would be an expression the Eastern mind would use. With them the spiritual essence of the thing seen appears to be the more real, judging from their art.

① Reevaluating techniques used in the Eastern art
② The difference that the Eastern art has from the Western art
③ Lack of practicality and reality in the Eastern art
④ Similarities between the Eastern art and the Western art

| 선지별 선택률 |

①	②	③	④
0%	84.9%	4%	11.1%

| 해석 |

꽤 최근까지는 중국과 일본의 예술은 서양의 예술보다는 자연스러운 모습이라는 이 관점에 더 많은 영향을 받아온 것처럼 보인다. 동양의 정신은 서양의 정신이 그런 것만큼은 사물들의 객관성에는 그렇게 집착하는 것처럼 보이지는 않는다. 우리에게는 실질적인 터치감이 모두 강력하다. "내 손으로 그것을 느꼈기 때문에 그것이 그런 것을 나는 안다"가 우리에게는 특징적인 표현일 것이고, 반면에 나는 그것이 동양의 정신이 사용하는 표현은 아닐 것이라고 생각한다. 그들의 예술로부터 판단하건대, 그들에게는 보여지는 사물의 정신적인 본질이 더 진짜로 보인다.
① 동양 예술에서 사용되는 기술들을 재평가하는 것
② 동양 예술이 가지고 있는 서양 예술과의 차이점들
③ 동양 예술에 있어 실용성과 현실감의 부족
④ 동양 예술과 서양 예술 간의 유사성들

| 정답해설 |

② 첫 문장에서 중국과 일본의 예술이 서양 예술보다는 자연스러운 모습에 더 많은 영향을 받아온 것처럼 보인다는 내용이 나오고 이후의 문장들은 구체적인 차이를 설명한다. 따라서 동양 예술과 서양 예술과의 차이가 주제로 가장 적합하다.

| 오답해설 |
① 예술에서 사용된 기술의 재평가에 관한 내용은 언급이 없다.
③ 실용성과 현실감의 부족은 글에 언급되지 않은 내용이다.
④ 동서양 예술의 유사성에 대한 언급은 없다.

| 어휘 |

lately 최근에	obsess 사로잡다, 집착하게 하다
objectivity 객관성	spiritual 정신의
essence 본질	reevaluate 재평가하다
practicality 실용성	

12 독해 〉 Macro Reading 〉 주제   오답률 13.1% | 답 ②

다음 글의 주제로 가장 적절한 것은?

I am now prepared to give the following general direction; Fix upon a high standard of character. To be thought well of is not sufficient. The point you are to aim at is the greatest possible degree of usefulness. Some may think there is danger of setting too high a standard of action. I am fully convinced, however, that this is not so. The more perfect homework you demand from a student, the better. He who only aims at little, will accomplish but little. Expect great things, and attempt great things. A neglect of this rule produces more of the difference in the character, conduct, and success of men, than is commonly supposed.

① Risks of high standards
② Aiming high in forming character and its benefit
③ Achieving great things from a humble start
④ Disadvantages of changing your aim

| 선지별 선택률 |

①	②	③	④
2%	86.9%	11.1%	0%

| 해석 |
이제 나는 다음의 전반적 방향을 제시할 준비가 되었다. 높은 수준의 인격을 목표로 하라. 좋게 여겨지는 것은 충분하지 않다. 당신이 목표로 삼아야 하는 지점은 가능한 가장 큰 정도의 유용성이다. 어떤 사람들은 너무 높은 기준의 행동을 정하는 것에는 위험이 있다고 생각할 수 있다. 그러나 나는 이것이 그렇지 않다고 완전히 확신한다. 당신이 학생에게서 더 완벽한 숙제를 요구할수록, 더 좋다. 적은 것만을 목표로 하는 사람은 오직 적은 것만 성취할 것이다. 위대한 것을 예상하고, 위대한 것을 시도하라. 이 규칙을 무시하는 것은 인격, 행동, 그리고 사람의 성공에서 흔히 생각되는 것보다 더 큰 차이를 만들어낸다.
① 높은 기준의 위험성들
② 인격 형성에 있어 높게 목표를 갖는 것과 그것의 이점
③ 초라한 시작으로부터 위대한 것들을 성취하는 것
④ 당신의 목표를 바꾸는 것의 단점들

| 정답해설 |
② 첫 문장에서 높은 수준의 인격을 목표로 하라는 주장이 제시되어 있고 이후 문장들에서 목표가 높을수록 더 큰 것을 성취할 수 있다는 이유가 제시되어 있으므로 ②가 주제로 적합하다.

| 오답해설 |
① Some may think ~의 문장에 언급되어 있으나, 그 다음 문장들에서 그 주장을 반박한다.
③ 초라한 시작에 대한 내용은 없다.
④ 목표 변경에 대한 내용도 없다.

| 어휘 |
fix upon[on] ~을 선택하다, ~으로 정하다

think well of ~을 좋게 생각하다	aim at ~을 겨냥하다
be convinced that ~을 확신하다	but 단지(only)

---

neglect 무시, 경시	humble 초라한
disadvantage 단점	

13 독해 〉 Logical Reading 〉 문맥상 다양한 추론   오답률 11.1% | 답 ④

다음 밑줄 친 부분 중 문맥상 낱말의 쓰임이 적절하지 않은 것은?

The soil is cleared to a great extent, fit for the reception of the best seeds, ready to give a rich return for the skill and labor spent upon it — a return more than sufficient for all the wants of humanity. The methods of rational cultivation are known. While the ancient hunter had to search a vast area to find food for his family, the ① civilized man supports his household, with far ② less pains, and far more certainty. Climate is no longer an ③ obstacle. When the sun fails, man replaces it by artificial heat; and we see the coming of a time when artificial light also will be used to stimulate vegetation. Man makes a given space ten and fifty times ④ less productive than it was in its natural state.

| 선지별 선택률 |

①	②	③	④
11.1%	0%	0%	88.9%

| 해석 |
최고의 씨앗을 수용하기에 적합하고, 토양에 쓰여진 기술과 노동에 대한 풍부한 수익 – 인류가 필요로 하는 모든 것에 충분한 것 이상의 수익 – 을 제공할 준비가 된 토양이 엄청난 정도로 개간된다. 이성적인 경작의 방법들이 알려져 있다. 고대의 사냥꾼이 그의 가족을 위한 식량을 찾기 위해 광대한 지역을 찾아야만 했던 반면에, ① 문명화된 사람은 그의 가정을 훨씬 ② 더 적은 고통으로, 그리고 훨씬 더 확실하게 부양한다. 기후는 더 이상 ③ 장애물이 아니다. 태양이 부족하면, 인간은 그것을 인공적인 열기로 대체한다. 그리고 우리는 식물을 자극하기 위해 인공 조명 역시 사용될 시대의 도래를 본다. 인간은 주어진 공간을 그것이 자연 상태에 있던 것보다 10배 그리고 50배 ④ 덜(→ 더) 생산적으로 만든다.

| 정답해설 |
④ 인공 조명을 이용하여 식물을 자극한다는 등의 내용으로 보아 생산성이 높아짐을 알 수 있다. 따라서 less가 아닌 more가 쓰여야 한다.

| 오답해설 |
① 고대 사냥꾼이 힘들게 생계를 꾸렸다는 종속절의 내용과 대조되는 대상으로 '문명화된' 인간이 문맥에 맞게 쓰였다.
② 뒤의 and 이하에 '훨씬 더 확실하게'라는 내용으로 보아 상황이 나아졌음을 알 수 있다. 즉, 고통이 준 상황임을 알 수 있으므로 less가 문맥에 맞게 쓰였다.
③ 뒤 문장에서 태양이 부족하면 인공적인 열기로 대체할 수 있다는 것으로 보아 기후가 더 이상 '장애물'이 아님을 알 수 있다.

| 어휘 |

clear 개간하다, 개척하다	reception 수용, 받음
seed 씨, 종자	give a return 수익을 올리다
rational 이성적인	vast 광대한
civilized 문명화된	no longer 더 이상 ~가 아니다
obstacle 장애물	fail 부족하다, 기대에 못 미치다
artificial 인공적인	stimulate 자극하다
vegetation 식물	

14 문법 〉Expansion 〉관계사 오답률 22.2% | 답 ③

다음 밑줄 친 부분 중 어법상 어색한 것은?

You will see the terrible snow-storms which sweep over the northern portion of Eurasia in the later part of the winter, and the ① glazed frost that often ② follows them; the frosts and the snow-storms which return every year in the second half of May, ③ which the trees are already in full blossom and insects swarm everywhere; the early frosts and, occasionally, the heavy snowfalls in July and August, which suddenly ④ destroy myriads of insects.

| 선지별 선택률 |

①	②	③	④
22.2%	0%	77.8%	0%

| 해석 |

당신은 볼 것이다. 겨울의 후반에 유라시아의 북부 전역을 휩쓰는 끔찍한 눈 폭풍들과 종종 그것들을 뒤따르는 얇게 덮인 서리를. 나무들이 이미 완전히 만개하고 곤충들이 모든 곳에서 무리 지어 다니는 5월의 후반에 매년 돌아오는 서리들과 눈을. 그리고 수많은 곤충들을 갑자기 죽게 만드는 7월과 8월의 이른 서리들과 가끔씩 오는 폭설들을 말이다.

| 정답해설 |

③ 선행사가 시간(the second half of May)이며 뒤에 완전한 절(in full blossom이 주격 보어)이 오므로 관계대명사가 아닌 관계부사 when이 쓰여야 한다.

| 오답해설 |

① 동사 glaze는 타동사로 '얇게 덮다'의 의미이다. 명사 frost를 수식하는 분사의 형태인데 문맥상 수동(덮여진 서리)이므로 과거분사 glazed가 적합하게 사용되었다.

② 선행사(frost)가 단수이며 뒤에 목적어(them)가 있으므로 단수동사 follows가 능동으로 알맞게 쓰였다. 목적어인 them은 앞에서 언급된 복수명사인 snow-storms를 적합하게 대신하고 있다.

④ 선행사(frosts~snowfalls)가 복수이며 뒤에 목적어(myriads of insects)가 있으므로 복수동사 destroy가 능동으로 적합하게 쓰였다.

| 어휘 |

sweep 휩쓸다 portion 부분, 지역
glaze 얇게 덮다, 바르다 frost 서리
in blossom 꽃이 핀 swarm 무리를 지어 다니다
myriads of 수많은, 무수한

오답률 TOP 1

15 문법 〉Balancing 〉일치 오답률 66.7% | 답 ④

다음 밑줄 친 부분 중 어법상 어색한 것은?

They all tried ① to prove that Man, owing to his higher intelligence and knowledge, may mitigate the harshness of the struggle for life between men; but they all recognized at the same time that the struggle for the means of existence of every animal against all its congeners ② and of every man against all other men ③ was "a law of Nature." This view, however, I could not accept, because I was persuaded that to admit a pitiless inner war for life within each species and to see in that war a condition of progress ④ was to admit something which not only had not yet been proved, but also lacked confirmation from direct observation.

| 선지별 선택률 |

①	②	③	④
0%	33.4%	33.3%	33.3%

| 해석 |

그들 모두는 인간은 그의 더 높은 지능과 지식 때문에 인간들 사이의 삶을 위한 투쟁의 가혹함을 완화시킬지도 모른다는 것을 증명하려고 노력했다. 그러나 그들 모두는 동시에 그것의 동류를 상대로 하는 모든 동물의, 그리고 모든 다른 인간들을 상대로 하는 모든 인간의 생존의 수단을 위한 투쟁이 "자연의 법칙"이었다는 것을 인정했다. 그러나 이 견해를 나는 수용할 수 없었는데, 그것은 각 종 내에서의 생존을 위한 냉혹한 내부 전쟁을 인정하는 것 그리고 그 전쟁 속에서 진화의 조건을 보는 것은 아직 증명되지 않았을 뿐만 아니라 직접적 관찰로부터의 확인이 결여된 무언가를 인정하는 것이라고 내가 확신했기 때문이다.

| 정답해설 |

④ 주어가 「A and B」의 형태(to admit ~ and to see ...)이기 때문에 동사는 복수동사가 쓰여야 한다. 따라서 was가 아닌 were가 적합하다.

| 오답해설 |

① 동사 tried가 to부정사를 목적어로 취해 '~임을 증명하려고 노력했다'는 의미로 적합하게 쓰였다.

② 밑줄 속의 등위접속사 and가 전명구(of every animal ~)와 전명구(of every man ~)를 알맞게 연결하고 있다.

③ 주어(struggle)가 단수이므로 단수동사 was가 적합하게 쓰였다.

| 어휘 |

mitigate 완화시키다 means 수단
congener 동류
be persuaded[convinced] that ~을 확신하다
pitiless 냉혹한

| 더 알아보기 | 등위·상관접속사와 수일치

- (both) A and B: 복수 취급
- (either) A or B: B에 수일치
- neither A nor B: B에 수일치
- not only A but also B = B as well as A: B에 수일치
- not A but B: B에 수일치

16 독해 〉Macro Reading 〉요지 오답률 33.3% | 답 ①

다음 글의 요지로 가장 적절한 것은?

Numbers govern the world — *mundum regunt numeri*. This proverb applies as aptly to the moral and political as to the sidereal and molecular world. The elements of justice are identical with those of algebra; legislation and government are simply the arts of classifying and balancing powers; all jurisprudence falls within the rules of arithmetic. Filled with admiration and enthusiasm for this profound and majestic simplicity of Nature, we shall shout with the apostle: "Yes, the Eternal has made all things by number, weight, and measure!" We shall understand not only that equality of conditions is possible, but that all else is impossible.

① 만물이 수의 법칙에 지배된다.
② 법학은 연산 법칙에 속한다.
③ 우리는 자연의 단순함에 감탄해야 한다.
④ 수는 도덕과 정치 분야에 적용된다.

| 선지별 선택률 |

①	②	③	④
66.7%	0%	0%	33.3%

| 해석 |

숫자들이 세상을 지배한다 – mundum regunt numeri. 이 속담은 항성과 분자의 세계에 만큼이나 도덕과 정치 분야에도 적절히 적용된다. 사법의 요소들은 대수학의 요소들과 동일하다. 입법 행위와 통치는 단순히 권력들을 분류하고 균형 잡는 기술들이다. 모든 법학은 연산의 법칙에 속한다. 이 심오하고 장엄한 자연의 단순함에 대한 감탄과 열정으로 가득한 우리들은 사도와 함께 외칠 것이다. "그렇다, 신은 모든 것들을 수, 무게, 그리고 치수로 만들었다!" 우리는 조건들의 동일성이 가능하다는 것뿐 아니라 다른 모든 것이 불가능하다는 것을 이해하게 될 것이다.

| 정답해설 |

① 첫 문장이 주제 문장이다. 이후의 문장들은 여러 세부 분야들이 숫자의 지배를 받는다는 예들이다.

| 오답해설 |

② 중반부의 all jurisprudence falls within ~에 언급되어 있으나 주제 문장인 첫 문장의 주장을 뒷받침하기 위한 예시이다.

③ 자연의 단순함에 대한 감탄이 언급되지만 지엽적인 내용이다.

④ 첫 두 문장에서 알 수 있는 내용이나, 역시 첫 문장인 주제를 뒷받침하기 위한 예로, 요지로는 부적합하다.

| 어휘 |

govern 지배하다	proverb 속담
apply to ~에 적용되다	aptly 적절히
moral 도덕적인	sidereal 항성의, 별의
molecular 분자의	justice 사법
algebra 대수학	legislation 입법 행위
jurisprudence 법학	fall within ~에 포함되다
arithmetic 연산	admiration 감탄
majestic 장엄한	apostle 사도, 주창자
the Eternal 신	

17 독해 > Logical Reading > 삭제　　　　　오답률 11.1% | 답 ②

다음 글에서 전체 흐름과 관계 없는 문장은?

The forests which once covered it have been cleared, the marshes drained, the climate improved. It has been made habitable. ① The soil, which bore formerly only a coarse vegetation, is covered today with rich harvests. ② There have been some evident signs of nature's revenge: global warming, depletion of natural resources, and new diseases to name a few. ③ The rivers have been made navigable; the coasts, carefully surveyed, are easy of access; artificial harbors, laboriously dug out and protected against the fury of the sea, afford shelter to the ships. ④ At the crossings of the highways have sprung up great cities, and within their borders all the treasures of industry, science, and art have been accumulated.

| 선지별 선택률 |

①	②	③	④
0%	88.9%	0%	11.1%

| 해석 |

한때 그것을 덮고 있던 숲들은 개간되었고, 습지는 배수되었으며, 기후는 개선되었다. 그것은 거주 가능하게 만들어졌다. ① 이전에는 오직 거친 식물들만 지녔던 토양이 오늘날에는 풍부한 수확물로 덮여있다. ② 자연의 보복이라는 몇몇 분명한 징후들이 있어왔다. 몇 가지 예를 들자면, 지구 온난화, 천연 자원의 고갈, 그리고 새로운 질병들이다. ③ 강은 항해가 가능해졌다. 신중하게 측량된 해안가들은 접근이 쉬워졌다. 열심히 파내어지고 바다의 분노로부터 보호되는 인공적인 항구들은 배들에게 피난처를 제공한다. ④ 고속도로들이 교차되는 곳에는 대도시들이 빠르게 생겨났고, 그것들의 경계선들 내에는 산업, 과학, 그리고 예술이라는 모든 보물들이 축적되었다.

| 정답해설 |

② 첫 두 문장에서 자연환경이 거주에 적합하도록 개선되었다는 내용이 제시되며 개발로 인한 긍정적 변화에 대한 내용이 이어지는데, ②의 문장은 부정적 결과들(지구 온난화, 자원 고갈, 새로운 질병들)이 나열되어 있으므로 흐름에 맞지 않다.

| 어휘 |

clear 개간하다, 개척하다	marsh 습지
drain 배수시키다	habitable 거주 가능한
bear 품다, 지니다	coarse 거친
vegetation 식물	revenge 보복
depletion 고갈	navigable 배가 다닐 수 있는, 가항의
survey 측량하다	easy of access 접근하기 쉬운
laboriously 힘들게, 열심히	fury 분노
afford 제공하다	crossing 교차지점
spring up 빠르게 생겨나다	accumulate 축적하다

오답률 TOP 2

18 독해 > Logical Reading > 삽입　　　　　오답률 48.4% | 답 ③

다음 주어진 문장이 들어가기에 가장 적절한 곳은?

For example, man begin them with the drawing of nourishment from the mother's breast.

The egoistic activities mean that the effort is directed towards the ego or self, and includes all of those activities directed to the support, protection, defense and development of oneself. As illustrated in the plant organism, the taking of nourishment from the air and soil, the development of the stem, branches, roots and leaves, are egoistic activities. (①) However, the plant is by no means the only one engaging in egoistic activities. (②) In the animal, the egoistic activities begin as soon as it is born. (③) A very large part of the activities of the self-supporting human subject are directed towards the earning of his daily bread, and of clothing and shelter. (④)

| 선지별 선택률 |

①	②	③	④
4%	0%	51.6%	44.4%

| 해석 |

자기 중심적 행동들은 그 노력이 자아 혹은 자신을 향하고, 자신의 부양, 보호, 방어, 그리고 발달로 향하는 그러한 모든 활동들을 포함하는 것을 의미한다. 식물 유기체에 분명히 나타나듯, 공기와 토양으로부터 양분을 취하는 것, 줄기, 가지, 뿌리, 그리고 나뭇잎의 발달은 자기 중심적인 행동들이다. ① 그러나 식물이 자기 중심적 행동들에 관여하는 유일한 생물은 아니다. ② 동물에 있어, 자기 중심적 행동들은 그것이 태어나자마자 시작된다. ③ 예를 들면, 인간은 어머니의 가슴으로부터 영양을 끌어내는 것으로 그것들을 시작한다. 자신을 부양하는 인간 대상의 활동 중 아주 큰 부분은 그의 매일의 양식, 그리고 옷과 거주지를 획득하는 것으로 향한다. ④

| 정답해설 |

③ 주어진 문장에서는 인간은 어머니의 가슴으로부터 영양을 끌어내는 것으로 '그것들(them)'을 시작한다고 했는데, 이 them은 ③ 앞의 동물의 경우에서의 자기 중심적 행동들(the egoistic activities)을 의미하므로 ③의 위치가 알맞다.

| 어휘 |

drawing 끌어내기	nourishment 영양
egoistic 자기 중심적인	ego 자아
illustrate 분명히 보여주다	stem 줄기
by no means 결코 ~가 아닌	engage in ~에 관여하다
earning 획득	daily bread 나날의 양식
shelter 주거지, 피난처	

19 독해 > Logical Reading > 삽입   오답률 11.1% | 답 ③

다음 주어진 문장이 들어가기에 가장 적절한 곳은?

> Marriage is primarily an economic arrangement, an insurance pact.

> The popular notion about marriage and love is that they are synonymous, that they spring from the same motives, and cover the same human needs. Like most popular notions, this also rests not on actual facts, but on superstition. (①) Marriage and love have nothing in common; they are as far apart as the poles. (②) At any rate, while it is true that some marriages are based on love, and while it is equally true that in some cases love continues in married life, I maintain that it does so regardless of marriage, and not because of it. (③) It differs from the ordinary life insurance agreement only in that it is more binding, more exacting. (④) Its returns are insignificantly small compared with the investments.

| 선지별 선택률 |

①	②	③	④
0%	11.1%	**88.9%**	0%

| 해석 |

결혼과 사랑에 관해 흔한 개념은 그것들이 동의어이며, 그것들은 같은 동기에서 생겨나고, 같은 인간의 욕구를 다룬다는 것이다. 대부분의 흔한 개념들처럼, 이것 또한 실질적 사실이 아닌 미신에 근거하고 있다. ① 결혼과 사랑은 공통점이 전혀 없다. 그것들은 양극단만큼 멀리 떨어져있다. ② 어쨌든, 어떤 결혼은 사랑에 근거하고 있다는 것이 사실인 반면, 그리고 일부 경우에 있어 사랑이 결혼 생활에서도 지속된다는 것도 똑같이 사실인 반면, 나는 사랑은 결혼 때문이 아니라 결혼과 상관없이 지속된다고 주장한다. ③ 결혼은 주로 경제적 합의, 보험 계약이다. 그것은 오직 그것이 더 법적 구속력이 있고 더 까다롭다는 점에서만 일반적인 생명보험 계약과 다르다. ④ 그것의 수익은 투자와 비교해볼 때 무의미할 정도로 적다.

| 정답해설 |

③ 주어진 문장에서는 결혼을 '보험 계약'에 비유했는데 ③ 다음 문장에서 결혼이 법적 구속력이 더 강하고 더 까다롭다는 점에서만 생명보험 계약과 다르다며 이를 비교하고 있으므로 ③이 주어진 문장의 위치로 적합하다.

| 어휘 |

arrangement 합의, 협의	pact 협정, 약속
synonymous 동의어의	motive 동기
rest on ~에 기초하다	superstition 미신
pole 극	at any rate 어쨌든
while ~인 반면에	maintain 주장하다
regardless of ~에 상관없이	in that ~라는 점에서
binding 법적 구속력이 있는	exacting 까다로운
return 수익	insignificantly 무의미하게

20 독해 > Logical Reading > 배열   오답률 11.1% | 답 ③

주어진 글 다음에 이어질 글의 순서로 가장 적절한 것은?

> A lecture "On the Law of Mutual Aid," which was delivered at a Russian Congress of Naturalists, in January 1880, by the well-known zoologist, Professor Kessler, the then Dean of the St. Petersburg University, struck me as throwing a new light on the whole subject.

> (A) Unfortunately, however, he had not lived to develop the idea further. He died in 1881.

> (B) Kessler's idea was that besides the law of Mutual Struggle there is in Nature the law of Mutual Aid, which, for the success of the struggle for life, and especially for the progressive evolution of the species, is far more important than the law of mutual contest.

> (C) This suggestion seemed to me so correct and of such great importance, that I began to collect materials for further developing the idea, which Kessler had only cursorily sketched in his lecture.

① (A) - (C) - (B)
② (B) - (A) - (C)
③ (B) - (C) - (A)
④ (C) - (A) - (B)

| 선지별 선택률 |

①	②	③	④
0%	0%	**88.9%**	11.1%

| 해석 |

St. Petersburg 대학의 당시 학장이었던 잘 알려진 동물학자인 Kessler교수에 의해 1880년 1월 러시아 박물학자 회의에서 연설되었던 "상호 원조의 법칙에 관하여"라는 강연은 나에게 그 전체 주제에 대한 새로운 빛을 던져주는 것 같은 인상을 주었다.
(B) Kessler의 아이디어는 상호 투쟁의 법칙 이외에도 자연에는 상호 원조의 법칙이 있다는 것인데, 그것은 삶의 투쟁의 성공을 위해, 그리고 특히 종의 점진적 진화를 위해 상호 경쟁의 법칙보다 훨씬 더 중요하다는 것이다.
(C) 이 제안은 나에게 아주 옳고 매우 중요해서 나는 Kessler가 그의 강연에서 피상적으로만 묘사했던 그 아이디어를 더 발전시키기 위한 자료들을 수집하기 시작했다.
(A) 그러나, 불행히도, 그는 생존하여 그 아이디어를 더 발전시키지는 못했다. 그는 1881년에 사망했다.

| 정답해설 |

③ 주어진 글은 Kessler 교수의 '상호 원조의 법칙'이라는 소재를 제시하고 있고 (B)에서 그 법칙의 핵심 내용을 상술하고 있으므로 첫 순서로 알맞다. 그 핵심 내용을 This suggestion으로 지칭하면서 글쓴이가 흥미를 느껴 자료를 수집하기 시작했다는 내용의 (C)가 그 다음 순서가 된다. 그리고 마지막으로 (A)에서 주창자의 사망으로 글을 마무리하는 흐름이 적절하다. 따라서 (B) - (C) - (A)의 순서가 적합하다.

| 어휘 |

mutual 상호의	aid 원조
congress 회의	naturalist 박물학자
zoologist 동물학자	dean 학장
strike 인상[느낌]을 주다	besides ~ 이외에도
cursorily 피상적으로	sketch 묘사하다

문제편 p.72

01	②	02	④	03	①	04	②	05	③
06	③	07	④	08	①	09	②	10	②
11	②	12	④	13	③	14	④	15	④
16	①	17	③	18	④	19	①	20	①

▶풀이시간: /25분 나의 점수: /100점

01 어휘 〉유의어 찾기 오답률 8.5% | 답 ②

밑줄 친 부분과 의미가 가장 가까운 것은?

Attendance is mandatory. That means you are required to attend the event unless you get permission from the management.

① repetitive
② compulsory
③ mediocre
④ plentiful

| 선지별 선택률 |

①	②	③	④
1%	91.5%	7.5%	0%

| 해석 |
출석은 의무적입니다. 그것은 당신이 경영진으로부터 허가를 얻지 않는다면 행사에 참석해야 한다는 것을 의미합니다.
① 반복적인
② 의무적인
③ 보통의
④ 풍부한

| 정답해설 |
② mandatory는 '의무적인'의 뜻으로 선지 중 compulsory가 의미상 유사하다.

| 어휘 |
mandatory 의무적인
compulsory 의무적인
mediocre 보통의

02 어휘 〉유의어 찾기 오답률 45.5% | 답 ④

밑줄 친 부분과 의미가 가장 가까운 것은?

The rumor about the possible layoff attracted a lot of attention from the media. The directors have evaded the press for a few weeks.

① dismissed
② integrated
③ withdrawn
④ eluded

| 선지별 선택률 |

①	②	③	④
9.1%	9.1%	27.3%	54.5%

| 해석 |
해고 가능성에 관한 루머가 미디어로부터의 많은 관심을 끌었다. 이사들은 몇 주 동안 언론을 피해왔다.

① 해고했다
② 통합했다
③ 철수했다
④ 피했다

| 정답해설 |
④ evade는 '피하다'라는 뜻으로 elude와 의미상 가장 유사하다.

| 어휘 |
layoff 해고
evade 피하다
integrate 통합하다
elude 피하다
attract 끌다
dismiss 일축하다, 해고하다
withdraw 철수하다

03 어휘 〉빈칸 완성 오답률 13.1% | 답 ①

다음 빈칸에 들어갈 말로 가장 적절한 것은?

A stroke can harm your brain by _____ the supply of oxygen to it. Brain cells start to die in minutes, so immediate treatment is vital. Prompt action can minimize brain damage.

① disrupting
② retaining
③ enlarging
④ dispersing

| 선지별 선택률 |

①	②	③	④
86.9%	9.1%	0%	4%

| 해석 |
뇌졸중은 뇌로 가는 산소의 공급에 ① 지장을 줌으로써 당신의 뇌에 손상을 가할 수 있다. 뇌세포들은 몇 분 이내에 죽기 시작하기 때문에 즉각적인 치료가 필수적이다. 신속한 대응이 뇌 손상을 최소화할 수 있다.
① 지장을 주기
② 보유하기
③ 확대하기
④ 분산하기

| 정답해설 |
① 뒤 문장들에서 뇌세포가 죽고 뇌에 손상이 간다는 것으로 보아 뇌졸중이 뇌로 산소가 공급되는 것에 '지장을 준다'는 흐름이 적합하다. 따라서 선지 중 disrupting이 알맞다.

| 어휘 |
stroke 뇌졸중
disrupt 지장을 주다, 방해하다
enlarge 확대하다
vital 필수적인
retain 보유하다
disperse 흩뜨리다

04 독해 〉Reading for Writing 〉빈칸 절 완성 오답률 27.3% | 답 ②

다음 빈칸에 들어갈 말로 가장 적절한 것은?

The name of Greece _____.
They called their land HELLAS, and themselves HELLENES. At first the word HELLAS signified only a small district in Thessaly, from which the Hellenes gradually spread over the whole country. The names of GREECE and GREEKS come to us from the Romans, who gave the name of GRAECIA to the country and of GRAECI to the inhabitants.

① was first used in prehistoric times
② was not used by the inhabitants of the country
③ was determined by some Greek leaders
④ was legally accepted by its government

| 선지별 선택률 |

①	②	③	④
27.3%	72.7%	0%	0%

| 해석 |

Greece라는 이름은 ② 그 국가의 주민들에 의해서 사용되지 않았다. 그들은 그들의 땅을 HELLAS라고, 자신들은 HELLENES라고 불렀다. HELLAS라는 단어는 처음에는 Thessaly의 오직 작은 구역만을 의미했는데, 거기서부터 Hellenes가 전국적으로 점차 퍼졌다. GREECE와 GREEKS라는 이름들은 로마인들로부터 우리에게로 온 것인데, 그들은 그 나라에는 GRAECIA라는 이름을, 그 주민들에게는 GRAECI라는 이름을 주었다.
① 선사시대 때 처음으로 사용되었다
② 그 국가의 주민들에 의해서 사용되지 않았다
③ 몇몇 그리스 지도자들에 의해 결정되었다
④ 그것의 정부에 의해 법적으로 수용되었다

| 정답해설 |

② 두 번째 문장에 의하면 주민들은 Greece가 아닌 다른 이름을 사용하였고, 마지막 문장에서는 Greece라는 이름은 로마인들에 의해 유래되었음이 설명되어 있다. 따라서 ②가 빈칸에 적절하다.

| 오답해설 |

①, ③, ④ 글에서 근거를 찾을 수 없는 내용이다.

| 어휘 |

signify 의미하다   district 구역
gradually 점진적으로   inhabitant 주민, 서식 동물

05   독해 〉 Reading for Writing 〉 빈칸 절 완성   오답률 36.4% | 답 ③

다음 빈칸에 들어갈 말로 가장 적절한 것은?

It has already been stated that oxygen, hydrogen, and nitrogen _____. Accurate study has led to the conclusion that all gases work that way to some extent not only in water but in many other liquids. The amount of a gas which will dissolve in a liquid depends upon a number of conditions, and these can best be understood by supposing a vessel to be filled with the gas and inverted over the liquid. Under these circumstances the gas cannot escape or become mixed with another gas.

① are necessary for all living things
② are the most common elements on earth
③ are slightly soluble in water
④ are stable under normal conditions

| 선지별 선택률 |

①	②	③	④
0%	0%	63.6%	36.4%

| 해석 |

산소, 수소, 그리고 질소는 ③ 약간은 물에 녹는다고 이미 언급되었다. 정확한 연구는 모든 기체가 물 속 뿐만 아니라 많은 다른 액체 속에서도 어느 정도는 그런 방식으로 작용한다는 결론으로 이끌었다. 액체 속에 용해되는 기체의 양은 많은 조건들에 달려있는데, 기체로 채워지고 액체 위에 뒤집어져 있는 용기를 가정함으로써 이것들은 가장 잘 이해될 수 있다. 이 조건들 하에서, 기체는 빠져 나갈 수 없어 다른 기체와 섞일 수 없다.
① 모든 생물들에게 필요하다
② 지구상에서 가장 흔한 성분들이다
③ 약간은 물에 녹는다
④ 정상적인 상태에서는 안정적이다

| 정답해설 |

③ 두 번째 문장에서는 기체가 물 뿐 아니라 다른 액체에서도 그렇게 작용한다(work)고 했는데, 다음 문장의 주어인 '액체 속에 용해되는(dissolve) 기체의 양'이라는 내용으로 보아 이 작용은 '녹는' 것임을 알 수 있다. 이때 not only in water but in many other liquids라는 부분으로 보아 빈칸에는 '물에서 녹는다'는 내용이 알맞음을 유추할 수 있다.

| 오답해설 |

①, ②, ④ 글에서 그 근거를 찾을 수 없다.

| 어휘 |

nitrogen 질소   extent 정도
liquid 액체   dissolve 용해되다
vessel 용기   invert 뒤집다
soluble 녹는

06   독해 〉 Micro Reading 〉 내용일치/불일치   오답률 9.1% | 답 ③

다음 글의 내용과 일치하지 <u>않는</u> 것은?

The system of democracy was born in Greece around 500BC, specifically in the city-state of Athens. Athens used to be ruled by kings, but they were overthrown and a democratic system was established, the first in history and in the world. This system was unique in that political leaders could be random citizens voted in by their peers. Also, they had a public legislative forum in which all people with full citizenship could speak and express their views. However, not all were considered equal even under the democratic system, as women, slaves, foreigners, and people under 20 years old were not granted full citizenship, so they were not allowed to vote or express themselves politically.

① 최초의 민주주의는 그리스 아테네의 민주주의였다.
② 아테네는 원래 왕에 의해 통치되었으나 왕권이 무너지고 민주적 체계가 자리잡았다.
③ 아테네의 입법 포럼에는 시민권을 가진 이들 중 일부만 참여할 수 있었다.
④ 외국인들은 정치적 의사를 표현하는 것이 허용되지 않았다.

| 선지별 선택률 |

①	②	③	④
0%	0%	90.9%	9.1%

| 해석 |

민주주의 시스템은 대략 기원전 500년 그리스에서, 특히 도시국가 아테네에서 탄생했다. 아테네는 왕들에 의해 통치되었지만, 그들은 타도되었고 민주적 시스템이 역사상 세계 최초로 만들어졌다. 정치적 지도자들이 그들의 동년배들에 의해 투표되는 무작위 시민들일 수 있다는 점에서 이 시스템은 독특했다. 또한, 그들은 완전한 시민권을 가진 모든 사람들이 그들의 견해를 말하고 표현할 수 있었던 대중 입법 포럼을 가지고 있었다. 그러나, 심지어 이 민주적인 시스템 하에서도, 모든 이들이 동등하게 여겨지지는 않았는데, 여성들, 노예들, 외국인들, 그리고 20세 미만의 사람들에게는 완전한 시민권이 부여되지 않았고, 따라서 그들은 투표를 하거나 정치적으로 자신들을 표현하도록 허용되지 않았다.

| 정답해설 |

③ 네 번째 문장에서 완전한 시민권을 가진 모든 시민들은 입법 포럼에 참여하여 자신의 의견을 표현할 수 있다고 언급되어 있다.

| 오답해설 |

① 첫 문장에서 알 수 있는 내용이다.
② 두 번째 문장에 언급되어 있다.

④ 마지막 문장에 언급되어 있다.

| 어휘 |

city-state 도시국가   overthrow 전복시키다, 타도하다
in that ~라는 점에서   vote in ~를 선출하다
peer 또래   legislative 입법의
forum 토론회   grant 부여하다, 수여하다

07 독해 〉 Macro Reading 〉 주제   오답률 27.3% | 답 ④

다음 글의 주제로 가장 적절한 것은?

If there had been no real heroes, people would have created imaginary ones, because men cannot live without them. The hero is just as necessary as the farmer, the sailor, the carpenter and the doctor; society could not get on without him. There have been a great many different kinds of heroes, because in every age and among every people the hero has stood for the qualities that were most admired and sought after; and people have imagined or produced heroes as inevitably as they prepare to fight their enemies. To be some kind of a hero has been the ambition of children from the beginning of history; and if you want to know what the men and women of a country care for most, you must study their heroes. To children, the hero stands for the highest success; to the grown man and woman, he stands for the deepest and richest life.

① Young children in every culture or country needs heroes as their role models.
② Humans grow up as they base their values and actions on those of heroes.
③ There are various types of heroes since there are also many kinds of successes.
④ People need the hero in life because the hero represents what people want and pursue.

| 선지별 선택률 |

①	②	③	④
0%	9.1%	18.2%	72.7%

| 해석 |

만약 진정한 영웅이 없었다면, 사람들은 상상의 영웅들을 만들었을 것인데, 사람은 그들 없이 살 수 없기 때문이다. 영웅은 농부, 항해사, 목수, 그리고 의사만큼이나 필요하다. 사회는 그가 없다면 꾸려 나갈 수 없다. 많은 다른 종류의 영웅들이 있어왔다. 모든 시대에 그리고 모든 민족들 사이에서 영웅은 가장 존경 받고 가장 인기 있는 자질들을 상징해 왔기 때문이다. 그리고 사람들은 그들이 그들의 적과 싸울 대비를 하는 것만큼 필연적으로 영웅들을 상상해왔거나 만들어왔다. 일종의 영웅이 되는 것은 역사의 초기부터 아이들의 야망이었다. 만약 당신이 한 국가의 남녀들이 가장 좋아하는 것이 무엇인지를 알고 싶다면, 당신은 그들의 영웅들을 연구해야 한다. 아이들에게, 영웅은 최상의 성공을 의미한다. 성인 남녀들에게, 그는 가장 심오하고 풍성한 삶을 의미한다.
① 모든 문화와 국가의 어린이들은 그들의 롤모델로서 영웅들이 필요하다.
② 인간은 그들이 그들의 가치와 행동을 영웅들의 가치와 행동에 기반을 두며 성장한다.
③ 다양한 유형의 영웅들이 있는데, 성공의 종류 또한 많기 때문이다.
④ 영웅은 사람들이 원하고 추구하는 것을 나타내기 때문에 사람들은 삶에서 영웅이 필요하다.

| 정답해설 |

④ 사람들이 가장 존경하고 원하는 자질들을 영웅이 상징한다는 내용, 영웅은 성공과 풍성한 삶을 의미한다는 내용 등으로 보아 사람들은 그들의 바람을 대표하는 영웅을 필요로한다는 ④가 글의 주제로 가장 적합하다.

| 오답해설 |

① 어린이들에게만 해당하는 것은 아니고 성인들에게도 적용되는 내용이다.
② 인간이 영웅의 가치/행동에 기반을 두고 성장한다는 내용은 없다.
③ 마지막 문장에 아이들이 영웅을 성공으로 본다는 내용은 있으나 지엽적이다.

| 어휘 |

carpenter 목수   get on 꾸려 나가다, 성공하다
stand for ~을 상징하다, 의미하다, 대표하다
admire 존경하다   sought after 인기 있는, 수요가 많은
inevitably 필연적으로

08 독해 〉 Macro Reading 〉 요지   오답률 11.1% | 답 ①

다음 글의 요지로 가장 적절한 것은?

The man who works in the gymnasium knows that exercise increases the strength of muscles for a while, but not indefinitely. There comes a time when the limit of a man's hereditary potentiality is reached, and no amount of exercise will add another millimeter to the circumference of his arm. Similarly the handball or tennis player someday reaches his highest point, as do runners or race horses. A similar case is found in a student who takes a college examination. The student may be able to cram to his or her limit by spending all the time and effort he or she can devote. However, the mark the student get will have a limit. It is impossible that the mark rises indefinitely.

① Humans have limitations in ability.
② There are a few people who show abilities beyond limitations.
③ The most influential factor in taking exams is the amount of time one invests.
④ A person's physical potentiality cannot be measured accurately.

| 선지별 선택률 |

①	②	③	④
88.9%	9.1%	2%	0%

| 해석 |

체육관에서 운동하는 사람은 운동이 얼마간은 근육의 힘을 증가시켜주지만 무기한적이지는 않다는 것을 안다. 사람의 유전적 잠재력의 한계가 도달되는 때가 오며, 아무리 운동을 해도 그의 팔 둘레에 또 다른 밀리미터는 추가되지 않을 것이다. 마찬가지로 주자들이나 경주마들이 그러하듯, 핸드볼 또는 테니스 선수도 언젠가는 그의 최고점에 도달한다. 비슷한 경우가 대학 시험을 치르는 학생들에게서 발견된다. 그 학생들은 그가 할애할 수 있는 모든 시간과 노력을 기울이며 자신의 한계까지 벼락치기를 할 수도 있다. 그러나, 그 학생이 받는 점수는 한계가 있을 것이다. 그 점수가 무한정으로 오르는 것은 불가능하다.
① 인간은 능력의 한계를 지닌다.
② 한계를 넘어서 능력을 보여주는 일부 사람들이 있다.
③ 시험을 치르는 데 가장 영향이 큰 요소는 투자하는 시간의 양이다.
④ 인간의 신체적 잠재력은 정확히 측정될 수 없다.

| 정답해설 |

① 운동하는 사람들과 학생들의 예를 통해 발전에 한계가 있음을 설명하는 글이다. 특히 두 번째 문장에서 유전적 잠재력에 한계가 있다는 주장을 분명히 밝힌다. 따라서 선지 중 ①이 글의 요지로 가장 적합하다.

| 오답해설 |

② 한계를 뛰어넘는 사람의 예는 글에 언급이 없다.
③ 한계가 있다는 글의 내용과는 정반대이다.
④ 능력의 측정에 관한 내용은 글에 없다.

| 어휘 |

gymnasium 체육관
indefinitely 무기한으로
circumference 둘레
devote 바치다, 헌신시키다

for a while 잠시 동안
hereditary 유전적인
cram 벼락치기 공부를 하다
mark 점수

09 독해 〉 Logical Reading 〉 삭제　　　　오답률 54.5% | 답 ②

다음 글에서 전체 흐름과 관계 없는 문장은?

King Harald of Norway was only a boy of ten years of age when he came to the throne, but he determined to increase the size of his kingdom, which was then but a small one, so he trained his men to fight, built grand new ships, and then began his conquests. ① Norway was at that time divided up into a number of districts or small kingdoms, each of which was ruled over by an Earl or petty King, and it was these rulers whom Harald set to work to conquer. ② Norway on more than one occasion sent its fierce fighting men in ships across the North Sea to invade England. ③ He intended to make one united kingdom of all Norway, and he eventually succeeded in doing so. ④ But he had many a hard fight; and if the Sagas, as the historical records of the North are called, speak truly, he fought almost continuously during twelve long years before he had accomplished his task. And even then he was only just twenty-one years of age.

| 선지별 선택률 |

①	②	③	④
9%	45.5%	36.4%	9.1%

| 해석 |

노르웨이의 Harald 왕이 즉위했을 때 그는 겨우 10살짜리 소년이었으나, 그는 그때는 작았던 그의 왕국의 크기를 넓히기로 결정해서, 그의 국민들을 싸우도록 훈련시켰고, 웅장한 새로운 배들을 건조했으며, 그리고 나서 그의 정복을 시작했다. ① 당시 노르웨이는 여러 지역들, 즉 작은 왕국들로 나뉘어져 있었고, 각각은 Earl, 즉 작은 왕에 의해 통치되었는데, Harald 왕이 정복하고자 했던 이들은 바로 이 통치자들이었다. ② 노르웨이는 영국을 침략하기 위해 그것의 맹렬한 전사들을 한 차례 이상 배를 태워 북해를 건너게 했다. ③ 그는 모든 노르웨이의 하나의 통합된 왕국을 만드려고 의도했고, 결국 그렇게 하는 데 성공했다. ④ 그러나 그는 많은 힘겨운 전쟁을 치렀다. 그리고 북부의 역사 기록들이라고 불리듯, 사가가 진실을 이야기한다면, 그의 업적을 성취하기 전 12년의 긴 기간 동안 그는 거의 계속 전쟁을 했다. 그리고 그때에도 그는 겨우 21세였다.

| 정답해설 |

② 노르웨이의 Harald 왕의 영토 확장 및 노르웨이 통합을 위한 노력과 전쟁 등에 대한 내용인데, ②는 노르웨이가 아닌 영국에 대한 침략에 대한 문장으로 전체 문맥에 맞지 않는다.

| 어휘 |

come to the throne 왕위에 오르다
conquest 정복
petty 작은
invade 침략하다

grand 웅장한
rule over 통치하다, 지배하다
set to 시작하다
saga 북유럽 전설, 사가

10 독해 〉 Logical Reading 〉 연결사　　　　오답률 81.8% | 답 ②

빈칸 (A)와 (B)에 들어갈 말로 가장 적절한 것은?

Fast and efficient ventilation of a building fire removes heat, smoke, and toxic fire gases away from trapped residents and firefighters alike. Ventilation improves the chances that trapped occupants will survive. Ventilation, at the same time, decreases the chances of a rollover, flashover, or backdraft, which in turn diminishes the probability of firefighters being injured. ＿＿(A)＿＿, ventilation reduces the number of threats that the firefighters working inside the structure can face during search, rescue, and fire suppression operations. It is essential part of fire oppression for ventilation to be efficient and safe. Ventilation is usually regarded a main duty to be performed by truck companies. It is ＿＿(B)＿＿ a function at which all firefighters must be skilled. The results from mindless and indiscriminate breaking of windows or cutting of holes without considering could be injurious or fatal to both citizens and firefighters.

	(A)	(B)
①	Moreover	consequently
②	Moreover	nevertheless
③	Conversely	likewise
④	Conversely	in the end

| 선지별 선택률 |

①	②	③	④
81.8%	18.2%	0%	0%

| 해석 |

건물 화재의 빠르고 효율적인 통풍은 열, 연기, 그리고 유독한 화재 가스를 갇혀있는 거주자들과 소방관들로부터 똑같이 제거해준다. 통풍은 갇혀있는 거주자들이 살아남을 수 있는 가능성을 향상시켜준다. 동시에 통풍은 전복, 섬락, 또는 역류의 가능성을 낮추는데, 그 결과로 소방관들이 부상을 당하는 확률을 감소시킨다. (A) 게다가, 통풍은 수색, 구조, 그리고 화재진압 작전 동안 구조물 내에서 일하는 소방관들이 직면할 수 있는 위협의 수를 줄여준다. 통풍이 효율적이고 안전하게 되는 것은 화재진압의 중대한 부분이다. 통풍은 일반적으로 자동차 중대에 의해 수행되는 주요 업무로 여겨진다. (B) 그럼에도 불구하고, 그것은 모든 소방관들이 능숙해야만 하는 기능이다. 생각 없고 무분별한 창문의 파괴 또는 생각 없이 구멍을 내는 것으로부터의 결과는 시민들과 소방관들 모두에게 부상을 초래하거나 치명적일 수 있다.

① 게다가 – 결과적으로
② 게다가 – 그럼에도 불구하고
③ 역으로 – 비슷하게
④ 역으로 – 마침내, 결국

| 정답해설 |

② (A) 앞 문장에서 통풍의 긍정적 역할들(전복, 섬락, 역류의 가능성을 낮춤)을 열거하고, 빈칸이 포함된 문장에서는 또 다른 긍정적 역할들(작전상 소방관들이 직면하는 위협을 줄여줌)을 추가하므로 Moreover가 적합하다.

(B) 앞 문장에서 통풍은 자동차 중대의 주요 업무라고 했는데, 빈칸이 포함된 문장에서는 모든 소방관들이 능숙해야 하는 일이라고 했으므로 역접의 의미인 nevertheless가 알맞다.

| 어휘 |

ventilation 환기, 통풍
trap 가두다
rollover 전복
backdraft 역류
probability 확률
truck company [군사] 자동차 중대
be skilled at ～에 능숙하다, ～을 잘 하다
mindless 생각 없는, 어리석은

toxic 유독성의
alike 둘 다, 똑같이
flashover 섬락
in turn 그 결과로
operation 작전

indiscriminate 무분별한, 무차별적인

11 어휘 〉 빈칸 완성
오답률 0% | 답 ②

다음 빈칸에 들어갈 말로 가장 적절한 것은?

_____ is stoppage of respiration in the airway. It usually happens when a foreign body enters the airway, leading to choking. Every five days, a child dies of choking on food.

① Food poisoning
② Airway obstruction
③ Migraine
④ Hyperventilation

| 선지별 선택률 |

①	②	③	④
0%	100%	0%	0%

| 해석 |
② 기도폐색은 기도 내 호흡의 폐색이다. 그것은 보통 이물질이 기도에 들어올 때 발생하는데, 질식으로 이어진다. 매 5일마다, 한 명의 어린이가 음식물로 인한 질식으로 사망한다.
① 식중독
② 기도폐색
③ 편두통
④ 과호흡(증)

| 정답해설 |
② choking으로 보아 선지 중 Airway obstruction이 가장 적합하다.

| 어휘 |
stoppage 폐색
respiration 호흡
airway 기도
foreign body 이물질
choking 질식
airway obstruction 기도폐색
migraine 편두통
hyperventilation 과호흡(증)

12 어휘 〉 빈칸 완성
오답률 9.1% | 답 ④

빈칸에 들어갈 말로 가장 적절한 것은?

_____ is a serious heat illness, which is caused by the loss of body fluid through sweating. So it is preventable through water, rest, and shade. Elderly people and infants are especially vulnerable to it because of impaired thermoregulations.

① Heart attack
② Shivering
③ Blackout
④ Heat exhaustion

| 선지별 선택률 |

①	②	③	④
9.1%	0%	0%	90.9%

| 해석 |
④ 열사병은 심각한 열 관련 질병으로, 이는 땀 배출로 인한 체액의 손실로 발생된다. 따라서 그것은 물, 휴식, 그리고 그늘을 통해 예방이 가능하다. 노인들과 유아들은 제 기능을 못하는 체온 조절 때문에 그것에 특히 취약하다.
① 심장마비
② 몸 떨림
③ 기절
④ 열사병

| 정답해설 |
④ 땀 배출로 인한 체액 부족이 원인인 열 관련 질병은 Heat exhaustion(열사병)이다.

| 어휘 |
body fluid 체액
infant 유아
vulnerable 취약한
impaired 제 기능을 못하는, 손상된
thermoregulation 체온 조절
shivering 몸 떨림
blackout 기절
heat exhaustion 열사병

13 생활영어 〉 회화/관용표현
오답률 8.1% | 답 ③

다음 대화의 빈칸에 가장 적절한 것은?

A: What did you get?
B: This is my new baseball cap. It costs me only $3.
A: _____
B: It is, isn't it? I could save a lot of money.

① I'm flattered.
② What a rip-off!
③ That's a really good deal.
④ You owe me an apology.

| 선지별 선택률 |

①	②	③	④
1%	7.1%	91.9%	0%

| 해석 |
A: 뭐 샀어?
B: 이건 내 새 야구모자야. 3달러 밖에 안 들었어.
A: ③ 정말 저렴하게 잘 샀네.
B: 그렇지? 난 많은 돈을 절약할 수 있었어.
① 우쭐해지는데.
② 완전 바가지야!
③ 정말 저렴하게 잘 샀네.
④ 넌 내게 사과해야 해.

| 정답해설 |
③ 앞 문장에서 B가 3달러 밖에 들지 않았다고 말하고, 빈칸 이후에 돈을 많이 절약했다고 하는 것으로 보아 A는 저렴한 구입에 대해 호응하는 말을 했음을 유추할 수 있다.

| 어휘 |
flatter 아첨하다
be flattered 우쭐해지다
rip-off 바가지
good deal 특가품

14 독해 〉 Logical Reading 〉 문맥상 다양한 추론
오답률 9.1% | 답 ④

다음 밑줄 친 they[They]가 가리키는 대상이 나머지 셋과 다른 것은?

For the last fifteen years, the subject of bacteriology has developed with a marvelous rapidity. In the past, bacteria were scarcely heard of outside of scientific circles, and very little was known about them even among scientists. Today ① they are almost household words, and everyone who reads is beginning to recognize that ② they have important relations to our everyday life. ③ They comprise simply a small class of low plants, but scientists have proved that they are of such vast importance in its relation to the world in general. As ④ they have learned more and more of them for the last fifty years, it has become more and more evident that life of both animals and plants is based on them.

| 선지별 선택률 |

①	②	③	④
0%	0%	9.1%	90.9%

| 해석 |
지난 15년 동안 세균학이라는 주제는 경이로운 속도록 발전해왔다. 과거, 박테리아는 과학계 외부에서는 들려진 적이 거의 없었고, 심지어 과학자들 사이에서도 그것들에 대해서는 알려진 것이 거의 없었다. 오늘날 ① 그것들은 거의 누구나 알고 있

는 단어이고, 글을 읽는 모든 사람들은 ② 그것들이 우리 일상 생활에 중요한 관련성을 가지고 있음을 인정하기 시작한다. ③ 그것들은 단순히 하등 식물들의 작은 부류를 구성하지만, 과학자들은 전반적으로 세상과의 관련성에 있어 그것들이 그렇게 방대하게 중요함을 증명해왔다. 지난 50년 동안 ④ 그들이 그것들에 관해 점점 더 많이 배워감에 따라, 동물과 식물 모두의 생명이 그것들에 근거를 두고 있다는 것이 점점 더 분명해져 왔다.

| 정답해설 |
④ '그들이 점점 더 배워감에 따라'라는 의미로, 여기서 they는 앞 문장의 scientists를 지칭한다. ①, ②, ③은 모두 박테리아(bacteria)를 의미한다.

| 어휘 |

bacteriology 세균학	marvelous 경이로운
rapidity 속도	scarcely 거의 ~ 않다
scientific circle 과학계	household 귀에 익은, 누구나 아는
comprise 구성하다	in general 전반적으로, 대개
be based on ~에 기반을 두다, ~에 근거하다	

15 독해 > Logical Reading > 배열   오답률 27.3% | 답 ④

주어진 글 다음에 이어질 글의 순서로 가장 적절한 것은?

In the last six months of the first World War, Germany sent six submarines to America at intervals starting in April, to lay mines along our shipping lanes, attack merchantmen, drive the fishing fleet ashore, and try to force this country to call back part of its European fleet for home defense — and in any case to give America, geographically aloof from the war, a taste of what war was like.

(A) But in those three weeks, these six submarines destroyed exactly 100 ships and killed 435 people. Most of the ships were peaceful unarmed merchantmen from the West Indies and South America and fishing ships heading back from the Grand Banks.

(B) Moreover, it was in no sense an all-out effort. Only a handful of submarines were used. The attack was launched late in the war. In fact one of them didn't even reach American waters. It was called back by news of the Armistice. Submarines of that day had a cruising range of some three months, could spend only three weeks in our coastal waters, and used the rest of the time getting over and back.

(C) However, these activities didn't get much attention at the time by more serious events, or were hidden by military secrecy. Few people even today know that ships were sunk and men killed by German U-boats within sight of our coast. Few people even today know that ships were sunk and men killed by German U-boats within sight of our coast.

① (A) − (B) − (C) ② (A) − (C) − (B)
③ (C) − (A) − (B) ④ (C) − (B) − (A)

| 선지별 선택률 |

①	②	③	④
18.2%	9.1%	0%	72.7%

| 해석 |
1차 세계대전의 마지막 6개월 동안, 독일은 우리의 선박 항로를 따라 기뢰를 부설하고, 상선들을 공격하고, 어선단을 해안가로 몰아내고, 이 나라가 그것의 유럽 선단들 중 일부를 국내 방어를 위해 불러들이도록 강제하려고 노력하기 위해 − 그리

고 어쨌든 전쟁에서 지리적으로 멀리 떨어진 미국에 전쟁의 맛이 어떤지를 보여주기 위해서 4월부터 간격을 두고 미국으로 여섯 척의 잠수함을 보냈다.

(C) 그러나, 이 활동들은 그때 당시에는 더 심각한 사건들에 의해 많은 주목을 받지 않았거나 군사기밀에 의해 숨겨졌다. 배들이 가라앉고 사람들이 우리 해안이 보이는 곳에서 독일의 U 보트들에 의해 죽임을 당했다는 것은 심지어 오늘날에도 아는 사람들이 거의 없다.

(B) 게다가, 그것은 절대 전면적인 노력은 아니었다. 오직 소수의 잠수함들만이 사용되었다. 공격은 전쟁의 후반에 시작되었다. 사실 그것들 중 하나는 미국 해역에 도달조차 하지 않았다. 그것은 휴전 소식에 의해 다시 불려갔다. 그 당시의 잠수함들은 약 3개월의 항속거리를 지녔는데, 우리의 해안에서는 3주만 지낼 수 있었고, 나머지 시간은 건너오고 복귀하는 데 사용했다.

(A) 그러나 그 3주 동안, 이 여섯 척의 잠수함들은 정확히 100척의 선박들과 435명의 사람들을 죽였다. 그 선박들의 대부분은 서인도제도와 남미에서 온 평화로운 비무장 상선들과 Grand Banks에서 복귀하던 어선들이었다.

| 정답해설 |
④ 주어진 글에는 독일 잠수함들이 미국에 잠수함을 보내 공격했던 사건이 언급되어 있다. 이 공격이 (C)에서 these activities로 언급되므로 첫 순서가 된다. (B)에서는 잠수함이 3주간 머물렀음이 설명되는데, 이것이 (A)에서 those three weeks로 언급된다. 따라서 (C) − (B) − (A)의 순서가 적합하다.

| 어휘 |

at intervals 간격을 두고	lay mines 기뢰를 부설하다
shipping lane 선박 항로	merchantman 상선
fishing fleet 어선단	ashore 해안으로, 물가로
aloof 떨어져 있는, 무심한	unarmed 비무장의
head 향하다	in no sense 결코(never)
all-out 전면적인	a handful of 소수의
armistice 휴전	cruising range 항속거리
get over 넘어오다	military secrecy 군사기밀
within sight of ~가 보이는 곳에서	

16 독해 > Logical Reading > 배열   오답률 0% | 답 ①

주어진 글 다음에 이어질 글의 순서로 가장 적절한 것은?

A tornado is a strong rotating wind that moves across the ground in a narrow trail. An updraft develops when the Earth's surface becomes warm and the heated air goes up and becomes powerful.

(A) However, the speeds at which a tornado travels on the ground are not the same as those of the inside. The tornado moves at varying speeds and frequently changes directions. Most tornadoes are destructive.

(B) This can eventually form a tornado. The air rushes in from all directions at a very high velocity, and the air starts to spin. As the tornado gets violent, a funnel will form and in most of the time it will ultimately touch the ground. In the heart of a tornado, the air can move at the rate of around 500 kilometers an hour.

(C) Any object in the course of a tornado can be crushed. Every year, they cost quite a few lives of both humans and livestock. The US Midwest is the place where most tornadoes occur especially during spring and summer.

① (B) − (A) − (C) ② (B) − (C) − (A)
③ (C) − (A) − (B) ④ (C) − (B) − (A)

| 선지별 선택률 |

①	②	③	④
100%	0%	0%	0%

| 해석 |

토네이도는 좁은 경로로 지면을 가로질러 움직이는 강한 회전의 바람이다. 지구 표면이 따뜻해지고 가열된 공기가 상승하여 강력해질 때 상승기류가 발생한다.

(B) 이것은 결국 토네이도를 형성시킬 수 있다. 공기가 매우 높은 속도로 모든 방향들로부터 몰려들고, 공기는 회전하기 시작한다. 토네이도가 격렬해질 때, 깔때기 모양이 형성되고 대부분의 경우 그것은 결국 지면에 닿게 된다. 토네이도의 중심에서, 공기는 대략 시속 500킬로미터의 속도로 움직일 수 있다.

(A) 그러나, 토네이도가 지면에서 이동하는 속도는 내부의 속도와는 같지 않다. 토네이도는 변화하는 속도로 움직이며 자주 방향을 바꾼다. 대부분의 토네이도들은 파괴적이다.

(C) 토네이도의 경로에 있는 어떤 물체든 부숴질 수 있다. 매년, 그것들은 꽤 많은 사람과 가축의 목숨을 희생시킨다. 미국의 중서부는 대부분의 토네이도들이 특히 봄과 여름에 발생하는 지역이다.

| 정답해설 |

① 주어진 글에서는 토네이도의 형성 조건(따뜻한 공기의 상승으로 인한 상승기류)을 언급하고 있다. (B)의 This는 이 An updraft를 지칭하므로 첫 순서로 알맞다. 이어 (B)에서는 토네이도의 중심 속도가 시속 500km에 이를 수 있다고 했는데, 이에 대한 부연 설명으로 (A)에서는 땅에서의 속도는 내부의 속도와 다르다고 언급하므로 (B)의 다음 문단으로 적합하다. (A)의 마지막 문장에서 토네이도가 파괴적일 수 있다는 언급이 있고 이에 대한 구체적인 설명이 (C)에 묘사되어 있다. 따라서 (B) – (A) – (C)의 순서가 적합하다.

| 어휘 |

rotate 회전하다
updraft 상승기류
velocity 속도
rate 속도
livestock 가축

trail 경로, 길, 흔적
varying 바뀌는, 변화하는
funnel 깔때기
quite a few 꽤 많은

오답률 TOP 2

17 문법 〉 Modifiers 〉 부사   오답률 74.7% | 답 ③

다음 밑줄 친 부분 중 어법상 어색한 것은?

Kenton Furniture reported its annual sales figures for its new line of armchairs yesterday. The sales report ① indicates that this year's sales level increased by 15.4% from that of last year, and the figure exceeded the original sales goal, ② which was 8.0% sales increase. Although this number is ③ comparative low compared to the 18.2% increase which the company recorded in 2012, the management is excited. The directors, especially, showed their confidence, ④ announcing that Kenton Furniture decided to increase the production of other lines of furniture for the next 3 years.

| 선지별 선택률 |

①	②	③	④
24.8%	25%	25.3%	24.9%

| 해석 |

Kenton Furniture는 그것의 새로운 팔걸이 의자 라인의 연간 판매수치를 어제 보고했다. 올해의 판매 수준은 작년의 판매 수준으로부터 15.4%가 증가했음을 영업 보고서는 보여주는데, 그 수치는 원래 판매 목표였던 8.0% 판매 증가를 초과했다. 이 숫자는 2012년 회사가 기록했던 18.2% 증가와 비교했을 때 상대적으로 낮지만, 경영진은 흥분했다. 특히 이사들은 Kenton Furniture가 향후 3년 간 다른 라인의 가구의 생산을 증가시키기로 결정했다고 발표하며 그들의 자신감을 보였다.

| 정답해설 |

③ 뒤의 주격 보어인 형용사 low를 수식할 수 있는 부사인 comparatively가 되어야 한다.

| 오답해설 |

① 단수 주어(report)와 수일치가 되며 뒤에 목적어인 that절이 있으므로 능동의 동사인 indicates가 알맞게 사용되었다.

② 선행사(goal)가 사물이며 단수, 그리고 과거시점(원래 목표치)이므로 주격 관계대명사 which와 동사 was가 적합하게 쓰였다.

④ 분사구문으로, 원래 문장 when they announced that ~에서 접속사와 주어(주절의 directors와 일치)가 생략되고 동사가 현재분사인 announcing으로 바뀐 문장으로 쓰임이 알맞다.

| 어휘 |

sales figure 판매수치
exceed 초과하다
compared to ~와 비교했을 때
management 경영진

indicate 보여주다
comparative 상대적인

18 문법 〉 Expansion 〉 관계사   오답률 18.2% | 답 ④

다음 밑줄 친 부분 중 어법상 어색한 것은?

At the press conference yesterday, Bolton Electronics announced that its current CEO, James Norton, would be resigning from his position ① on November 30. Samantha Lloyd, current president of marketing, will take over Mr. Norton's position. Ms. Lloyd ② started working as a 6 month intern for Bolton Electronics while she was in college. Thanks to her excellent performance, she was offered a full time position in 1994 and has been promoted several times. In 2010, she became a president of marketing, and she ③ has successfully completed many marketing projects so far. Mr. Norton said at the press conference, "I have always enjoyed working for Bolton Electronics, but, after 35 years at Bolton, I believe this is about time for me to go back to Toronto, my hometown ④ which my grand children live. I want to spend more time with my family." In honor of Mr. Norton, Bolton Electronics will hold a banquet and plan to give him a certificate of appreciation.

| 선지별 선택률 |

①	②	③	④
0%	0%	18.2%	81.8%

| 해석 |

어제 기자회견에서, Bolton Electronics는 그것의 현재 CEO인 James Norton이 11월 30일에 그의 직책에서 사임할 것을 발표했다. 현재 마케팅 담당 사장인 Samantha Lloyd가 Norton 씨의 직책을 물려 받을 예정이다. Lloyd 씨는 그녀가 대학에 있던 동안 Bolton Electronics에서 6개월짜리 인턴으로 일하기 시작했다. 그녀의 뛰어난 실적 덕분에, 그녀는 1994년에 정규직을 제안 받았고 몇 차례 승진되었다. 2010년, 그녀는 마케팅 담당 사장이 되었고 지금까지 많은 마케팅 프로젝트를 성공적으로 완수해왔다. 기자 회견에서 Norton 씨는 말했다. "나는 늘 Bolton Electronics에서 일하는 것을 즐겨왔지만, Bolton에서의 35년이 지나고 나니, 내 생각에는 내 손자 손녀들이 살고 있는 내 고향 토론토로 돌아가야 할 때인 것 같습니다. 나는 내 가족과 더 많은 시간을 보내고 싶습니다." Norton 씨를 축하하여, Bolton Electronics는 연회를 열고 그에게 감사장을 수여할 계획이다.

| 정답해설 |

④ 밑줄 뒤에 완전한 절(1형식 문장)이 있고 선행사가 장소(hometown)이므로 관계대명사 which가 아닌 관계부사인 where가 쓰여야 한다. 혹은 which를 in which 로 바꿔도 된다.

| 오답해설 |

① 날짜와 요일 앞에는 관용적으로 전치사 on을 사용한다.

② 문맥상 과거 시점의 일이며 동사 start는 to부정사와 동명사 모두 목적어로 취할 수 있다.

③ 문장에 과거부터 지금까지의 기간을 나타내는 부사구 so far(지금까지)가 있으므로 현재완료 시제가 적합하게 쓰였다. 부사의 위치와 쓰임도 알맞다.

| 어휘 |

press conference 기자회견   resign 사임하다

take over 인계 받다, 장악하다   thanks to ~ 덕분에
banquet 연회   certificate of appreciation 감사장

| 더 알아보기 | 시간 표현 앞 주요 전치사 |

시간 표현 앞에 관용적으로 사용되는 주요 전치사는 다음과 같다.
• at + 정확한 시간
  – at 3:25 A.M.
• on + 날짜 요일
  – on May 5; on Sunday
• in + 월, 계절, 연도, 연대, 세기
  – in May; in summer; in 1990; in the 1990's; in the 21st century

오답률 TOP 3

19 독해 〉 Logical Reading 〉 문맥상 다양한 추론   오답률 72.7% | 답 ①

밑줄 친 it이 가리키는 대상이 나머지 셋과 다른 것은?

If steam is let into one end of a cylinder behind an air-tight but freely-moving piston, ① it will strike the piston; then ② it must move. Having thus partly got their liberty, the molecules become less active, and do not rush about so vigorously. The pressure on the piston decreases as ③ it moves. But if ④ it were driven back to its original position against the force of the steam, the molecular activity — that is, pressure — would be restored. We are here assuming that no heat has passed through the cylinder or piston and been radiated into the air; any loss of heat means loss of energy, since heat is energy.

| 선지별 선택률 |

①	②	③	④
27.3%	9%	18.2%	45.5%

| 해석 |

만약 증기가 밀폐되어 있지만 자유롭게 움직일 수 있는 피스톤 뒤 실린더 한쪽 끝으로 들어간다면, ① 그것은 피스톤을 강타할 것이다. 그러면 ② 그것은 움직여야만 한다. 따라서 부분적으로 그것들의 자유를 얻게 되었던 분자들은 덜 활발해지고, 그다지 힘차게 덤벼들지는 않는다. 피스톤에 가해진 압력은 ③ 그것이 움직임에 따라 감소한다. 그러나 만약 ④ 그것이 증기의 힘에 반대로 원래 위치로 후진된다면, 분자의 활동, 즉 압력은 복구될 것이다. 우리는 여기서 어떠한 열도 실린더나 피스톤을 빠져나가 공기 중으로 방출되지 않았다는 것을 가정한다. 열은 에너지이기 때문에 어떠한 열 손실도 에너지의 손실을 의미한다.

| 정답해설 |

① 종속절에서 증기가 피스톤 뒤로 들어간다는 내용이 있고, it이 피스톤을 강타한다는 것으로 보아 it은 steam(증기)이다. 나머지 ②, ③, ④는 모두 piston을 지칭한다.

| 어휘 |

air-tight 밀폐된   molecule 분자
rush about 덤벼들다, 분주하다   vigorously 힘차게
drive back 후진시키다   that is 즉, 다시 말해서
restore 복구시키다   pass through 빠져 나가다
radiate 방출하다

20 독해 〉 Macro Reading 〉 주장   오답률 0% | 답 ①

다음 글에서 필자가 주장하는 바로 가장 적절한 것은?

The chief value of nature study is that, like life itself, it deals with realities. One must in life make his own observations, frame his own inductions, and apply them. Nature-study, if

it is genuine, is essential and helpful. The rocks and shells, the frogs and lilies, always tell the absolute truth. Every leaf on the tree is an original document in botany. By the study of realities through nature study, wisdom is built up. So long as we deal with realities, wisdom in the form of natural laws stands in front of us. "So simple, so natural, so true," says Agassiz. "This is the charm of dealing with nature herself. She brings us back to absolute truth so often, as we wander."

① 자연을 연구하는 것은 우리에게 진실과 지혜를 준다.
② 자연 과학은 모든 다른 과학들의 근간이 되는 중요한 분야이다.
③ 자연 연구의 핵심은 관찰, 귀납, 그리고 적용이다.
④ 단순한 자연 현상의 연구일수록 더 많은 지혜를 가져다 준다.

| 선지별 선택률 |

①	②	③	④
100%	0%	0%	0%

| 해석 |

자연 연구의 주요 가치는 그것이 인생 그 자체처럼 현실을 다루고 있다는 것이다. 삶에서 사람은 자신만의 관찰을 해야 하고, 자신의 귀납법의 틀을 잡아야 하며, 그것들을 적용해야 한다. 자연 연구는, 그것이 진짜라면, 중대하고 이롭다. 바위와 껍데기, 개구리와 백합은 항상 절대적 진실을 말해준다. 나무의 모든 잎은 식물학에서 독창적인 서류이다. 자연의 연구를 통한 현실의 연구에 의해, 지혜가 쌓인다. 우리가 현실을 다루는 한, 자연의 법칙 형태의 지혜는 우리 앞에 선다. Agassiz가 말하길, "아주 단순하고, 아주 자연스럽고, 아주 진실합니다. 이것이 자연 자체를 다루는 것의 매력입니다. 우리가 배회할 때 그녀(자연)는 우리에게 매우 자주 절대적 진실을 되가져다 줍니다."

| 정답해설 |

① 세 번째와 네 번째 문장에서 자연의 연구는 이롭고 진실을 말해준다고 했으며, 중반의 By the study of ~부터는 이를 통해 지혜가 생긴다고 했다. 따라서 ①이 필자의 주장으로 가장 적합하다.

| 오답해설 |

② 글에 언급이 없는 내용이다.
③ 두 번째 문장에서 삶에서 관찰, 귀납, 적용이 중요하다는 내용이 나오지만, 이것이 자연 연구의 핵심이라는 내용은 없다.
④ 글에 언급이 없는 내용이다.

| 어휘 |

frame ~의 틀을 잡다   induction 귀납(법)
genuine 진짜의   absolute 절대적인
botany 식물학   so long as ~하는 한
charm 매력   wander 돌아다니다, 배회하다

여러분의 작은 소리
에듀윌은 크게 듣겠습니다.

본 교재에 대한 여러분의 목소리를 들려주세요.
공부하시면서 어려웠던 점, 궁금한 점,
칭찬하고 싶은 점, 개선할 점, 어떤 것이라도 좋습니다.

에듀윌은 여러분께서 나누어 주신 의견을
통해 끊임없이 발전하고 있습니다.

에듀윌 도서몰 book.eduwill.net
• 부가학습자료 및 정오표: 에듀윌 도서몰 → 도서자료실
• 교재 문의: 에듀윌 도서몰 → 문의하기 → 교재(내용, 출간) / 주문 및 배송

2022 에듀윌 소방공무원 실전동형 모의고사 영어

발 행 일	2022년 1월 13일 초판
편 저 자	방재운
펴 낸 이	이중현
펴 낸 곳	(주)에듀윌
등록번호	제25100-2002-000052호
주 소	08378 서울특별시 구로구 디지털로34길 55
	코오롱싸이언스밸리 2차 3층

• 이 책의 무단 인용 · 전재 · 복제를 금합니다.   ISBN 979-11-360-1456-6 (13350)

www.eduwill.net
대표전화 1600-6700

에듀윌 소방공무원

실전동형 모의고사 | 영어 10회

최신 기출문제와
1:1 유형 매칭

오답률 TOP 3 문항
& 선지별 선택률 수록

전 회차
무료 해설강의

기출재구성 모의고사
2회 추가 제공

1초 합격예측!
모바일 성적분석표

합격자 수
1.495%
수직 상승
2017/2020 공무원 온라인 과정 환급자 수 비교

4년 연속
1위
2022, 2021 대한민국 브랜드만족도 소방공무원 교육 1위 (한경비즈니스)
2020, 2019 한국브랜드만족지수 소방공무원 교육 1위 (주간동아, G밸리뉴스)

고객의 꿈, 직원의 꿈, 지역사회의 꿈을 실현한다

펴낸곳 (주)에듀윌   **펴낸이** 이중헌   **출판총괄** 김형석
개발책임 진현주   **개발** 고원
주소 서울시 구로구 디지털로34길 55 코오롱싸이언스밸리 2차 3층
대표번호 1600-6700   **등록번호** 제25100-2002-000052호
협의 없는 무단 복제는 법으로 금지되어 있습니다.

에듀윌 도서몰 book.eduwill.net
• 부가학습자료 및 정오표: 에듀윌 도서몰 → 도서자료실
• 교재 문의: 에듀윌 도서몰 → 문의하기 → 교재(내용, 출간) / 주문 및 배송

한국사능력검정시험 기본서/2주끝장/기출/우선순위50/초등

조리기능사 필기/실기

제과제빵기능사 필기/실기

SMAT 모듈A/B/C

ERP정보관리사 회계/인사/물류/생산(1, 2급)

전산세무회계 기초서/기본서/기출문제집

어문회 한자 2급 | 상공회의소한자 3급

ToKL 한권끝장/2주끝장

KBS한국어능력시험 한권끝장/2주끝장/문제집/기출문제집

한국실용글쓰기

매경TEST 기본서/문제집/2주끝장

TESAT 기본서/문제집/기출문제집

스포츠지도사 필기/실기구술 한권끝장

산업안전기사 | 산업안전산업기사

위험물산업기사 | 위험물기능사

무역영어 1급 | 국제무역사 1급

운전면허 1종·2종

컴퓨터활용능력 | 워드프로세서

월간시사상식 | 일반상식

월간NCS | 매1N

NCS 통합 | 모듈형 | 피듈형

PSAT형 NCS 수문끝

PSAT 기출완성 | 6대 출제사 기출PACK

한국철도공사 | 서울교통공사 | 부산교통공사

국민건강보험공단 | 한국전력공사

한수원 | 수자원 | 토지주택공사

행과연 | 기업은행 | 인천국제공항공사

대기업 인적성 통합 | GSAT

LG | SKCT | CJ | L-TAB

ROTC·학사장교 | 부사관

꿈을 현실로 만드는
에듀윌

DREAM

공무원 교육
- 선호도 1위, 인지도 1위!
  브랜드만족도 1위!
- 합격자 수 1,495% 폭등시킨
  독한 커리큘럼

자격증 교육
- 합격자 수 최고 기록 공식 인증 3회 달성
- 가장 많은 합격자를 배출한
  최고의 합격 시스템

직영학원
- 직영학원 수 1위, 수강생 규모 1위!
- 표준화된 커리큘럼과 호텔급 시설
  자랑하는 전국 50개 학원

종합출판
- 4대 온라인서점 베스트셀러 1위!
- 출제위원급 전문 교수진이
  직접 집필한 합격 교재

학점은행제
- 96.9%의 압도적 과목 이수율
- 13년 연속 교육부 평가 인정 기관 선정

콘텐츠 제휴 · B2B 교육
- 고객 맞춤형 위탁 교육 서비스 제공
- 기업, 기관, 대학 등 각 단체에 최적화된
  고객 맞춤형 교육 및 제휴 서비스

공기업 · 대기업 취업 교육
- 브랜드만족도 1위!
- 공기업 NCS, 대기업 직무적성,
  자소서와 면접까지
  빈틈없는 온·오프라인 취업 지원

부동산 아카데미
- 부동산 실무교육 1위!
- 전국구 동문회 네트워크를 기반으로 한
  부동산 실전 재테크 성공 비법

국비무료 교육
- 고용노동부 인증 우수훈련기관
- 4차 산업, 뉴딜 맞춤형 훈련과정

에듀윌 교육서비스 **공무원 교육** 9급공무원/7급공무원/경찰공무원/소방공무원/계리직공무원/기술직공무원/군무원 **자격증 교육** 공인중개사/주택관리사/전기기사/세무사/전산세무회계/경비지도사/검정고시/소방설비기사/소방시설관리사/사회복지사1급/건축기사/토목기사/직업상담사/전기기능사/산업안전기사/위험물산업기사/위험물기능사/ERP정보관리사/재경관리사/도로교통사고감정사/유통관리사/물류관리사/행정사/한국사능력검정/한경TESAT/매경TEST/KBS한국어능력시험·실용글쓰기/IT자격증/국제무역사/무역영어 **직영학원** 공무원학원/기술직공무원 학원/군무원학원/경찰학원/소방학원/공인중개사 학원/주택관리사 학원/전기기사학원/취업아카데미 **종합출판** 공무원·자격증 수험교재 및 단행본/월간지(시사상식) **공기업·대기업 취업 교육** 공기업 NCS·전공·상식/대기업 직무적성/자소서·면접 **학점은행제** 교육부 평가인정기관 원격평생교육원(사회복지사2급/경영학/CPA)/교육부 평가인정기관 원격사회교육원(사회복지사2급/심리학) **콘텐츠 제휴·B2B 교육** 교육 콘텐츠 제휴/기업 맞춤 자격증 교육/대학 취업역량 강화 교육 **부동산 아카데미** 부동산 창업CEO과정/부동산 실전재테크과정/부동산 최고위과정 **국비무료 교육(국비교육원)** 전기기능사/전기(산업)기사/빅데이터/자바프로그래밍/파이썬/게임그래픽/3D프린터/웹퍼블리셔/그래픽디자인/영상편집디자인/전산세무회계/컴퓨터활용능력/ITQ/GTQ/실내건축디자인

교육
문의 **1600-6700** www.eduwill.net

- 한국리서치 '교육기관 브랜드 인지도 조사' (2015년 8월)
- 2022 대한민국 브랜드만족도 공무원·자격증·취업 교육 1위 (한경비즈니스)
- 2017/2020 공무원 온라인 과정 환급자 수 비교
- YES24 공인중개사 부문, 2022 에듀윌 공인중개사 1차 기본서 부동산학개론 (2022년 1월 월별 베스트) 그 외 다수
- 공인중개사 최다 합격자 배출 공식 인증 (KRI 한국기록원 / 2019년 인증, 2022년 현재까지 업계 최고 기록)

eduwill